罗春秋 ◎编著

从零开始学理财
实操版

理财

Wall Street

中国铁道出版社有限公司
CHINA RAILWAY PUBLISHING HOUSE CO., LTD.

内 容 简 介

本书从家庭收入与支出的实际出发，分析现状，发现问题，从生活的各个方面，重点突破，让我们不仅能积累财富，还能留住财富，甚至使这些财富不断增值。

本书通过案例分析、图示或表格等形式，通俗、直观地告诉读者关于债券、基金、股票、信托等理财产品该如何去挑选，购买时该从哪些方面着手，以及相关的操作步骤和投资技巧。同时将生硬的理论知识具体化，帮助读者在读完本书后，了解理财产品有哪些，不同的收入该如何理财，如何做到成本与价值的最优化。

总体来说，本书内容阅读起来比较轻松，对有无理财经验的读者都适用，无论你是居家人士还是上班族，无论你是青年人还是中老年人，它都能帮到你，了解你不知道的，拓展你所掌握的知识。

图书在版编目（CIP）数据

从零开始学理财：实操版/罗春秋编著. — 北京：中国铁道出版社，2014.7（2023.4 重印）

ISBN 978-7-113-18364-6

Ⅰ.①从… Ⅱ.①罗… Ⅲ.①私人投资-通俗读物
Ⅳ.①F830.59-49

中国版本图书馆 CIP 数据核字（2014）第 073096 号

书　　名：从零开始学理财（实操版）
　　　　　CONG LING KAISHI XUE LICAI（SHICAOBAN）
作　　者：罗春秋

策　　划：张亚慧　　编辑部电话：（010）51873035　　电子邮箱：lampard@vip.163.com
责任编辑：张　丹
编辑助理：刘建玮
封面设计：多宝格
责任印制：赵星辰

出版发行：中国铁道出版社有限公司（100054，北京市西城区右安门西街 8 号）
印　　刷：三河市宏盛印务有限公司
版　　次：2014 年 7 月第 1 版　　2023 年 4 月第 26 次印刷
开　　本：710 mm×1 000 mm　1/16　印张：21.25　字数：426 千
书　　号：ISBN 978-7-113-18364-6
定　　价：39.80 元

如果以对投资理财的态度来对我们身边的人进行分类，那么我们身边大致会存在三种人，一种是毫无理财愿望的人，一种是想要理财却无从下手的人，还有一种是正在进行投资理财的人。不管你现在属于哪种类型，在阅读本书之前，首先来问自己几个问题。

- 首先问问毫无理财愿望的人，10 年前你吃一顿饭多少钱？今天你吃一顿饭又是多少钱？你如何能保证自己拥有钱的价值在 10 年后还能和现在一样？
- 接着再问问想要理财却无从下手的人，你对自己收入的支出比例有明确的概念吗？你对自己的未来生活的质量有充足的准备吗？你了解理财市场的现状吗？
- 最后问问正在投资理财的人，你有制定切合实际的理财计划吗？你对各类理财产品的风险有明确了解吗？你懂得目前最新流行的网络理财吗？

如果你对以上问题还存有一丝疑惑，那么请和我们一起翻开这本《从零开始学理财（实操版）》吧。

本书共有 11 章，可以大致分为以下三个部分。

- 第一部分为本书的第 1 章，这部分简单介绍了一些有关理财的基本概念，并且介绍了理财与生活的关系。通过这一部分的学习，可以让我们正视当前的宏观经济的现状，了解理财究竟是什么，并且试着走进理财市场。
- 第二部分为本书的第 2~9 章，也是本书的重要部分，分别介绍了银行理财、债券、基金、期货、股票、信托、保险 7 大类理财工具，其内容由浅及深，从投资是什么、为什么要投资、如何投资三个方面逐一介绍这些理财工具。
- 第三部分为本书的第 10~11 章，介绍的是房产、收藏等金融渠道外的理财方式，同时，对当下非常火爆的余额宝等网络理财方式做了重点介绍。

在了解本书所讲的内容之后，可能你已经解决了之前的几个问题，但是新的也是关键的问题却又出现了——我该如何理财？

对于这个问题，我们同样可以通过阅读本书来找到答案。通过本书，你可以了解如下的知识与技能。

- 从生活中总结经验，正确认识投资理财，并带着正确的心态走进理财市场；
- 学会控制个人和家庭收支，制定适合自己的理财计划；
- 了解各类理财产品的基本概念、风险大小、适合人群；
- 学会对各类理财产品进行开户、购买、卖出、实时分析管理的步骤与操作；

- 提升理财技能，学会每种理财产品的投资技巧，包括时间技巧、获利方式、风险控制等内容。
- 了解网络理财的各类方式，学会在网上投资余额宝等理财产品；
- 总结各类产品的特点，结合自身实际情况，运用组合投资的方法实实在在地保值赚钱。

本书的全名是《从零开始学理财（实操版）》，可见，操作性是本书的特色之一。本书在创作过程中，通过图形、表格、案例等形式，对重要的知识点，尤其是投资方法等内容进行了重点介绍，一步一步、手把手教会你如何投资理财。

在内容上，本书在创作过程中尽量体现了"从零开始"，并没有采用过多的金融专业术语，也尽量使用通俗易懂的生活化语言，让每个人都可以看懂。

另外，本书在创作过程中，增添了大量生动有趣的插图，让读者能够直观地理解知识点，同时，引用了很多与理财相关的小故事，将理财知识运用到生活中，为读者带来了更多的阅读乐趣。

最后，从适应读者对象上来说，本书适合所有的投资理财者，但不同的人阅读的方法会有所不同，具体如下。

- 对于以前从没有接触过理财的人来说，无论是刚进入社会的年轻人，还是有一定经济基础的中年人，或是退休在家的老年人，详细阅读本书，可以学会很多理财知识与技巧，是走入投资理财市场的必备工具。
- 对于刚入市的投资者来说，阅读本书要重点看实际操作与投资技巧的部分，它可以帮你快速找到一个投资理财的好方法。
- 对于具备了一定投资经验的人来说，可以通过本书系统地总结出适合自己的投资方法，并结合自己的经验，实现最完美的投资。

由于创作时间的仓促，加上编者的水平有限，书中可能会出现疏漏与错误之处，敬请各位读者朋友批评指正。

编　者
2014 年 6 月

目　录

1

左手生活，右手理财

很多时候，我们都在感慨，我们的收入相比过去几年，有了大幅度地增长，但是为什么我们的积蓄还停留在原地，甚至有时还入不敷出。那是因为，大多数人都只是紧紧地握紧了左手的生活，却忽略了那一直带着期待的右手的理财。从现在开始，就来让它们相互握紧，从此不放手。

◇ 为什么我们的钱越来越少
◇ 小财小理，大财大理
◇ 正确处理积累与消费
◇ 轻松生活"理"出来
◇ "财盲"大学生，如何脱"光"
◇ 月收入3 500元，如何理财
◇ 家庭理财的10个小妙招

1.1　生活与理财

人们都说"金钱不是万能的，但是没有金钱却是万万不能的"，自古就有"一文钱难倒英雄汉"的说法。在当代，金钱更是充斥在我们生活的每个角落，无论是吃饭、穿衣、住房，还是去旅游，都离不开它。所谓"君子爱财，取之有道"。如果我们对这些君子财不闻不问，它是会另觅"佳人"的。那么我们该如何留住它呢？首先，让我们看看它的现状。

1.1.1　为什么我们的钱越来越少

每个人对于自己的童年时代，都有特别的记忆，小时候 1 角钱的冰棍，到如今价格却是 15 倍的翻涨。每天我们不停地上班、加班、应酬，等待升职加薪，潜意识里，觉得我们的财富在不断地直线增长，可是，某一天，当我们急需一笔资金，查看余额才发现，我们的积蓄为什么会这么少，我们的钱都飞哪去了？

※事例故事

张妈妈在一家超市上班，每月工资 1 500 元，老公是一家工厂的基层管理人员，每月收入 4 000 元，其母亲是工厂退休的职工，加上各种福利和额外收入，家庭月收入 7 000 元。

每月房租及生活消费支出 4 500 元；儿子小东上中学，由于是家里的独子，所以比较被骄纵，每天张妈妈给他零花钱 30 元（6 元的交通费，其余的 24 元自己安排）。

张妈妈简单计算了一下，每月需要花费 5 500 元左右，那每月的结余就在 1 500 元左右，而其中儿子的每天 30 元，着实令她困扰，一月下来几乎就要花费 1 000 元。

　　她打算减少儿子的零花钱，可是儿子告诉他，他还是班上花费最少的，其他同学花费得更多。他说，一般朋友过生日时需要送礼物，购买的礼品的价格要在两位数，周末同学一起外出游玩也需要花费零花钱，平时还需要购买一些学习用品、参考资料等，总体来说，就是现在的零花钱实际上只少不多。

　　张妈妈想，以前自己和老公工资比现在的工资更低，家里还不会像现在这样拮据，而现在，工资增加了，为什么会更拮据了呢？能握在手里的钱为什么越来越少了呢？

　　如上例的张妈妈的家庭，收入处于中等水平，家里花费加上儿子上学，使每月积蓄较少，甚至有时候会入不敷出，总体来说，就是钱越来越少。

※知识看板

　　在这个"飞速运转"的社会，提前消费、超前消费已是常见现象，房贷、车贷、信用卡等"跳窜"在各个角落。对于年轻人来说，大多数都加入到"月光族"的行列了，握在手里的大多是消费账单而非大笔闲钱，其结果就是钱越来越少。

　　每一个活跃在都市的身影，都在努力的工作，渴望将来能过上幸福美满的生活，这是一种需求的体现。

　　马斯洛的需求理论告诉我们，人的一生有需求层次之分，最低层次追求温饱，在其基础上不断实现各种层次的需求，而满足这些需求的前提是在一定的财务基础上，只有制定一定的理财计划，才能实现需求的满足，也才能达成生活的目标。

　　对于个人理财，并没有明确、科学的定义，相对来说，对于资金的运用是"财务学"的主题，对客观的事实做一定的财务记录是"会计学"实质，追求价值最大化是"经济学"的核心，而个人理财就是这些学科的综合运用。

以最少的成本，获得最大的收益，不仅是经济学的要求，更是投资理财之本。在生活的旅程中，要不停面对各种抉择。如何在荆棘之路找出一条代价最小、收益最大的出路，是我们需要思考的问题。

对于没有的财富如何去争取？对于掌握的财富如何去留住？对于未来的养老如何能一笑置之？这一切都需要我们去理财，正所谓你不理财，财不理你，它的金主不会只是你一个，所以你应该在它溜走前，仅仅抓住不放手。

总的来说，不是钱越来越少，而是我们丢掉的钱越来越多。作为一个成年人，不能学习"小猴掰玉米"的故事，要学习如何去理财，不要说你不会，在最初的时候，每一个人都是一张白纸，一切都可以从零开始。

1.1.2 小财小理，大财大理

理财不是富人的专利，不是一个人非得闲置 10 万元、50 万元、100 万元，才能理财，就算你手里只有 1 元钱，你也可以通过这 1 元钱，以钱生钱。理财之本，不在于金额的大小，而在于一种态度与习惯。

※事例故事

午休时间，小张突然给大伙发了一张纸和一支笔，在大家都还不明白怎么回事的时候，他开口了，原来他想让大伙做一道财富题，题目现在就在他手上。

题目很简单，如果今天一次性让你拥有 100 万元或者从今天开始第一天给你 1 元，连续 30 天，每天都给你前一天的两倍的金额，你会怎么选？

看完题目，大伙就开始计算起来，第一天 1 元，第二天 2 元，第三天 4 元，如此成倍数地增长下去，小张看着大家白纸上的数字，最远的算到了 13 天，金额为 4 096 元。

看着金额，大家摇摇头，于是纷纷选择，今天拥有 100 万元，都认为是这最理想的状态。而此时，小张告诉大家，如果大家坚持第二种方法，就会发现，到第30天的时候，就能拥有财富5亿元。

所有人都不敢相信，今天1元的价值，在30天以后，怎么可能增加到5亿元呢？于是纷纷开始推算，结果出乎所有人的预料。

如上例的故事，我们不能轻视1元钱的力量，小财也是财，通过一定的积累，也能实现成大财。古有水滴石穿，同样的道理可用在理财上，每个人都希望过富裕的生活，也有很多人通过自己的理财，积累一定的财富，所有的富人并不是大额理财而成，他们也是一步一步迈上顶端的，正所谓大财大理，小财小理。

※知识看板

上面的故事，体现的就是一种小财小理，1元钱的投入，到最后收获巨额的回报，虽然在实际生活中，并不存在如此高、如此快速的财富增长。

但不常见并不代表不会成为现实，比如理财者通过一定的时间积累，最终在股市中，抓住机遇，看准市场，重点突击，那么一切都有可能。但总的来说，这更重要的是体现了一种理财的习惯，小财我们也可以把它大财化。

当然，如果我们手里拥有闲置的大笔资金，那么同样，我们更需要通过一定的理财手段，来守住这些财富，看下面一个故事。

某天，在纽约银行来了一位妇人，她要求银行借贷给她1美元，经理望了望她，虽然不明白她为什么只需要借贷1美元。

但是因为妇人的贷款没有违反任何的规定，最终他还是同意了，不过前提是，要求她为这笔钱提供一个担保，于是妇人拿出几张票据，总值50万美元，他更迷惑了。

妇人告诉他，"为了存放这些票据，得租用一个保险箱，这需要一笔不少的费用，而现

在存在你们这里，只需要支付每年 6 美分的利息，而且有安全保障，很实惠。"这时，基金经理才明白她为什么只借款 1 美元了。

从上面的故事可以看出，理财没有一定的规律，不是非得投资股市、债市、基金，如这位妇人，采取另一种创新的方式也可以实现大财大理。我们不能总抱怨，财富总是与我们擦肩而过。

关键在于，在每一次财富降临的时候，紧紧抓住，同时，采取一定的方式，留住这些财富，无论是大财还是小财，都是一种财富的资本，只要运用得当，百万富翁、千万富翁，不会只是一个奇迹。

> **李嘉诚关于理财名言**
>
> 我国香港首富李嘉诚曾说过，精明的商家可以将商业意识渗透到生活中的每一件事，甚至是一举手一投足。充满商业细胞的商人，赚钱可以是无处不在、无时不在。

1.1.3　正确处理积累与消费

从信用卡诞生开始，超前消费就日渐成为一种时尚，有人会问，到底是先消费好还是先积累好？有人说这个问题就好像问的是，这世界先有母鸡，还是先有鸡蛋。所谓仁者见仁，智者见智，关键在于你自己。

※事例故事

这天哈佛大学的斯特教授，给同学们上了一节经济课，课程是以两个小故事开始，具体如下。

故事一：李先生和吴先生都是 10 年前哈佛商学院毕业的本科生，在毕业后，他们都回国参加了工作。

5 年以后，他们都积攒了 30 万元，在 5 年前，李先生用这 30 万元按揭了一套新房，而吴先生则用它购买了一辆奥迪车。到今天，李先生的房价市值 80 万元，而吴先生的奥迪车，市场价值仅为 8 万元。

故事二：大卫的父母准备用积攒的 1 000 美元，购买一辆汽车，但是为了迎接大卫的出生，他们准备将这 1 000 美元留给大卫，于是他们选择了一种最稳健的投资——美国中小企业的发展指数基金。由于搬家以及工作繁忙等原因，全家人都忘记了购买基金的这件事情，直到父母过世，大卫自然拥有了这笔权益。

在大卫 75 岁生日这天，大卫收拾屋子，发现了当年的基金权利凭证，于是打电话给自己的基金经理询问基金状况。在听完以后，大卫给自己的儿子打了个电话，告诉儿子，他已经是百万富翁了，此时，大卫的账户余额有 400 万美元左右。

如上例的故事一，买房的行为体现的就是一种积累的行为，虽然已经消费，但是其实钱还是积累在账户里，只是转移到了房屋上，以后还可以收回；而买车的行为，体现的就是一种消费行为，钱已经转移到他人的手上，经过时间的推移，在 10 年以后，价值严重的贬值。

而第二个故事，则体现的是一种积少成多的理财方式，经过了 75 年的积累，大卫最终成为百万富翁。

※知识看板

正确地处理积累与消费的关系，那么首先就得了解家庭消费，才能具体问题具体分析，之后制定出相应的理财规划。

一般来说，家庭支出主要包括四大部分，一是固定支出，如每月的房租、水电费等；二是必要的支出，如每月的生活费、教育费、书本费等；三是机动性支出，包括购物、社交、旅游等；四是大项支出，包括购置电视、冰箱、沙发等。

在家庭收入已经确定的情况下，应当适当消费，在必要的开支之外，采取一定的措施进行积累。

相对来说，一般对于两人家庭，普遍采取的办法是各自拿出一定的收入，作为家庭的开支，剩余作为各自的积累，然而当遇见家里需要添置一些大型的家具时，就需要动用各自的储蓄，这时如果处理不好就会出现一定的问题。

面对此种情况，一般可以采取将双方的工资、奖金、其他收入等，都拿出来作为家庭的共同资金，对每月的家庭花费记账，那么就能使双方都能对家庭消费做到清楚透明，双方不分彼此，共同为家庭奋斗。

当家庭的收入以及消费观念不断变化时，个人也应不断地调整自己的理财措施。如何做到科学的理财，简单建议如下。

- **制定理财目标**：双方都可以给自己指定两个财务目标，短期和长期，短期到1月、半年、1年，长期为3年、5年、10年，但注意理财目标要实际，不能太夸大。

- **确定目标的重要性**：双方相互讨论，确定最重要的和次要目标，找到理财的重点。

- **计算每月的积累**：从目标出发，计算出每月能消费多少，能积累多少，要实现的预定目标，需要每月积累多少，同时计算出每月的净资产。

- **控制支出**：根据每月的消费账单，列出每月的费用项目，比较每月的收入和费用支出，确定可以压缩支出或可以增加支出的项目。

- **坚持储蓄**：在计算每个月应该积攒的资金后，在发放工资后，将需要储蓄的资金存入银行。

- **合理使用信用卡**：对于超出支出的花费，进行适当的控制。

- **适当的投资**：选择购买风险较低的国债、基金、信托或风险较高的股票。

- **一定的保险**：保险是一种应对风险的投资。对于年轻的家庭来说，意外险及重疾险相对来说较重要，要注意控制一定比例进行投资。

- **购房规划**：相对来说，购房可以节省租金费用，通过一定的积累，可以考虑利用住房公积金购房。

当然，以上只是简单建议，读者可以根据自己的情况，进行具体的调节，也可以作为制定理财规划时的一个参考。

※知识延伸

对于繁忙的上班族来说，节假日具有很大的诱惑，很多的规划都安排在了这些日子里，购物、结婚、与朋友团聚、出外旅行等。

而同时，这一切的背后都"潜伏"着一笔不小的消费。此时的消费，一不小心就是一笔巨额的支出。那么对于上班族来说，如何才能做到在节假日节省与消费两不误呢？

节假日省钱消费小妙招，具体介绍如下。

- **选择购物时间**：一般可以在每日上午或每周一、周二购物，并且提前购物，如果等到急需时再购买，那么很大的概率将是以较高的价格购买了不是很中意的产品。

- **设置购物限度**：一般在节假日开始购物前，列出要购买物品的清单，同时设置一个限度，当超过这个限度就停止购物，以避免因为抵御不了商场打折的诱惑而购买了没用的东西。

- **旅行安排**：在节假日到来时，上班族们可以安排一次旅行，享受节假日的打折旅游，并根据时间长短来决定旅程的远近。

- **控制礼品费用**：可以通过网络发送一些免费的贺卡，也可以通过烧制一些艺术品或工艺品，并做出精美的包装。这样礼品虽然廉价，但贵在特别，适合于一些好友间的问候。

- **节省客人招待费**：朋友聚会时，可以采取 AA 制；在家招待客人时，可以通过简单的家常便饭代替昂贵的晚餐。

- **根据气候调整购物**：相对来说，一般反季节购物，会有较大的折扣；同时可利用节假日商家打折，储存一些廉价的食物。

相对来说，如果在节日过后再购物，那么就可以为下一年的节日节省大量的金钱。

1.1.4　轻松生活"理"出来

对于年轻的上班族来说，不仅要解决日常花费，同时还需要赡养父母，到一定的阶段，还要供车供房，同时还要养育孩子，此时，如果没有一个合理的理财计划，那么就会增加自己的生活压力。那么我们该如何理财才能使自己的生活轻松起来呢？

※事例故事

李先生，30 岁，年薪 12 万元左右，妻子是一家私企员工，年收入约 3 万元。他和妻子目前还没有孩子，几年前在市区按揭了一套房子，每月需要还贷 3 800 元，已还款 4 年，还需还款 16 年。

每月生活花费 2 000 元，父母有自己的退休基金，不需要他们再额外资助。李先生每月基金定投 1 500 元，已经定投了 6 个月，他为妻子购买了一份意外险和重疾险，自己购买了一份 3.6 万元的分红险及每年投入 3 500 元的投资连结保险。

最近，他和妻子打算买辆车，并且把将来小孩的养育问题以及将来的养老都准备好，但是不知道该如何调整投

资比例。

上例的李先生的家庭，还处于家庭的形成期，此时夫妻二人都面临经济独立、储蓄较少、消费较高、责任逐年增大等情况，然而在未来还会面临孩子以及养老的问题，从目前的投资来看，每月的基金定投 1 500 元可以追加到 2 000 元，为孩子的教育提前规划。

同时他打算购车，那么可以采取信用卡分期付款的方式，可以参加一些免息贷款服务，如某车型的购车可享受 3 年免息贷款，手续费 4%，如果车价为 10 万元，30% 的首付，那么只需要月供 1 944 元，只要满足每月闲置资金在 2 500 元以上，就可以进行首付购车。

李先生对于保险的购买，注重在理财上，而对于重疾险及意外险等，则无投资比例，而他作为家庭的经济支柱，更应作为保障的重点，他的保额应为他收入的 10 倍，所以，他应该追加保费。

※知识看板

我们要想轻松地生活，需要进行一定的理财，那么理财时，我们不仅要注意储蓄，更要注重投资，看下面一个故事。

从前有一个富翁，他有很多金子，他将其中的大部分做成了一张金床，并将剩余的部分放在床头或床下，这样他每天睡觉前都能看到黄金，躺在黄金上，感受黄金。

但是，他也担心自己的黄金会被小偷偷走，于是他就跑到森林里，将那些闲散的黄金埋在了一个大石头底下，但是，每隔一天，他就会去埋黄金的地方，看看自己埋下的黄金。

有一天，一个小偷跟着他到了森林，发现了富翁的秘密，等富翁走后，他偷走了那些黄金。过了几天，当富翁发现自己埋藏的黄金被偷走时，非常伤心。

后来富翁遇见一位智者，智者告诉他，他有办法帮富翁把金子找回来，于是智者通过金色油漆将埋藏黄金的大石头涂成了和黄金一样的颜色，并且在上面写下"一万两黄金"，他告诉富翁，他再也不用担心黄金被人偷走了。

上面的故事告诉我们，不是智者的脑袋有问题，而是如果黄金没有发挥它的投资价值，那么和一块涂成金黄色的大石头相比没有任何区别，所以如果投资者手中拥有闲钱，那么就不能将钱死守在银行，不用于其他的投资。

根据"1234"法则，个人理财时各种产品的投资比例可为 10%、20%、30%、40%，其中 10%投资为保险，20%存于银行，30%用于日常生活开支，40%用于股票、债券、基金等的投资，相对来说，20%的银行存款可用来购买货币基金，而购买的具体细节将在第 4 章节详述。

※知识延伸

提到生活就离不开衣、食、住、行，而房子问题是个严肃的话题，也是理财时不得不考虑的问题，那么对于住房，是租房好还是购房呢？看下面一个例子。

小刘，今年 26 岁，每月收入 5 000 元，现在手中拥有 10 万元储蓄，每月结余 2 000元，他将其中的 1 000 元用于定投，而剩余 1 000 元则用来灵活支出。

他现在租住一套 60 平方米的房子，房东当时买价为 48 万元，现在他需要每月缴纳房租 1 400 元，一年下来的租金为 1.68 万元。他计算了一下投资回报率，此房的投资回报率大概在 3%左右，而对于自己购买的理财产品，收益都在 3%以上。

朋友们都劝他用手里的 10 万元，去按揭一套房子，但是他认为房子的投资回报率还不如继续拿去购买理财产品，他可以通过首付去进行投资，赢得更多的回报。

对于小刘来说，拥有较好的理财观念，他认为租房比买房好，但是他也忽略了租金上涨的成本，而且房屋也存在升值的可能，但相对来说，他的考虑比较合理，他现在正处于人生的准备阶段，要更多着眼于资金的积累，等到购房的能力更强时，再进行购房。

1.2 不同的收入群体如何理财

当我们已经明白理财的重要性以及要理财的对象以后，就可以再细分，从不同的收入群体出发，找到理财的关键点。

1.2.1 "财盲"大学生如何脱"光"

对于刚走出校门，踏上社会岗位的大学生们来说，工作动荡，收入不稳，在日益加剧的社会竞争中，工资较低，但大多习惯了超前消费，于是"月月光"成为一种代表，有时甚至还会入不敷出。那么对于这些"财盲"的大学生，该如何脱离月光一族呢？

※事例故事

在 2012 年 4 月的时候，还是大三的小薇瞒着父母拿出 5 000 元，开起了网店，从网店的摄影、美工、售前售后都是自己一步一步摸索。开始时网店主要销售手机壳，经过一个多月的打理，第一个月经营收入 2 000 元。

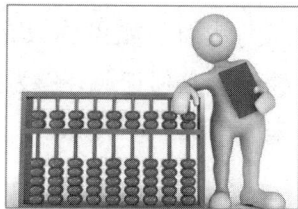

后来，她发现同学们中网购学生包的人挺多，于是打算做学生包市场，但是其他淘宝店家的包包也挺多，她就开始寻找怎样才能卖出自己店铺的特色。

后来一个去国外留学的朋友送给她一个牛皮包，样式简单大方，但是风格又独具特色，于是她将它的图片放在店铺内展示，过了几天，她发现点击的人数越来越多，而且订单也挺多，最多的一天达到 300 个单子。

在 2013 年 4 月，她经过一番计算，发现已经盈利 30 万元，现在她的网店每周有 200 件的成交量，每月大概总收入 6 万～7 万元，扣除成本，净利润大概 3 万元。

于是在 6 月的时候，她给自己购买了一辆价值 16 万元的汽车，给男友购买了一辆 13 万元的哈雷摩托车，而现在她还打算雇佣几个专业的摄影、美工、客服人员，将自己的网店扩大并且更加专业化。

如上例的小薇，用她的故事告诉我们，大学生也可以不做啃老族，不做月光族，只要自己懂得理财，你也可以月收入过万，你也可以成功地脱"光"。

※知识看板

曾经马丁•路德•金的"我有一个梦想"，激励了多少雄鹰展翅高飞，即便走出社会，梦想被现实压得弯了腰。

但是在每一个繁忙的身影背后都贴着梦想两个大字，梦想经过现实与时间的打磨，于是大多数人有了共同的梦想，给最在乎的人最好的生活。

然而，如果你只是一个月光族，那么梦想该从何谈起，作为刚走上工作岗位的大学生，是不是就不能谈梦想，来看下面一个故事。

小原，去年刚刚大学毕业，10 月份的时候，开始在一家事业单位工作，平均月收入 2 500 元，每年的年终奖是 5 000 元，由于他是外地人，他觉得只有买下一套房才算安定下来，因此他的梦想就是购房、购车，并且在 3~5 年的时间完成这个目标，然后找个人结婚成家。

他现在手里闲置资金为 5 000 元，基金投资 3 000 元，定期储蓄 2 000 元，孝顺父母 3 000 元，刚花掉 1.2 万元，除了 2 000 多元的数码相机，还有就是给女朋友购买礼物等，由于平时没有记账的习惯，所以他对日常的花费都不清楚，所以他咨询一个做理财的朋友给自己做了一个理财规划。

朋友告诉他，他指定的目标需要支付较大数目的资金，从常规来说，一般的家庭都需要在 5~10 年的时间甚至更长才能完成购车购房的梦想，所以只能一步一步慢慢规划。

朋友告诉他，从他目前的情况，可从以下几方面理财。

- **提高储蓄，减少支出**：可以通过电脑或手工记录的方式，将日常花销进行记账，找出其中不合理的支出项，减少支出，控制每月的花费。

- **提高风险投资比例**：他可以将开放式基金的投资比例提高在 60%~70%，20%投资在证券市场来选择股票或债券投资。

- **扩展收入**：仅仅通过控制日常支出的形式，实现购车购房的目标存在一定的难度，他可以通过提高自己的业务技能，实现一些业务收入，同时也可以自己参加一些投资，做到不仅节流也开源。

- **公积金购房**：任何的理财方式，贵在坚持，如果按上例的理财方式，在 3~4 年可以积累购房的首付款，其余部分可以利用公积金贷款。

- **适当的保障**：他应该每年投入少量的资金在保险上，包括意外险及重疾险，一般保费的支出控制在年收入的 10%以内。

从以上故事可以看出，作为"财盲"的大学生，也可以摆脱"月月光"，甚至实现购房购车的梦想。只要掌握良好的理财渠道、消费观念和理财目标，并持之以恒，那么一切都不会只是空想。

※**知识延伸**

都说大学生是温室里的花朵，在学生时代，有家长、老师、朋友的关心爱护，他们远离一切金钱的烦忧。

可是一旦走出象牙塔，投入社会，他们将

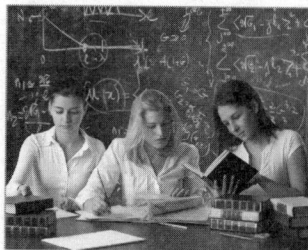

不得不面对金钱的世界，不得不理财。那么在理财的世界中，大学生会呈现怎样的状态呢？具体分类如下。

- **缺乏一定理财知识的"温室族"**：据统计，此族中有15%的大学生不知道自己的家庭年收入，7.9%的大学生没有关注收支问题，18.5%的大学生对上一周的收支混乱，18.9%的大学生认为理财可有可无，37.1%的大学生没有理财意识，总体来说他们从不为金钱烦恼。

- **认为自己财务状况良好的"财盲族"**：此族主要缺乏一定的理财知识，70%以上的学生认为自己还不具备足够的理财知识；44%的学生希望能听取名家讲座，并学习到一定的创业经验；33.1%的学生希望听取职业规划类的课程；43.5%的学生希望听取基础理财知识讲座，他们拥有一些理财理念，但是对于理财渠道模糊。

- **难有结余的"月光族"**：据统计，39.9%的大学生有一定的结余，7.9%的大学生从未想过收支问题，15.2%的大学生认为投资理财就是收支平衡，其中有的大学生有强烈的理财欲望，但是最后到月底时却发现没有多余的积蓄，不是不理财，而是无财可理。

- **懒于理财的"懒惰族"**：据统计，此族占较大的比例，其中8.2%的大学生会将结余用于金融理财产品的投资，37.1%不参加理财，16%的大学生有记账的习惯。总之采取理财行动的人群还不到50%，其他的人都懒于理财。

理财不分时间先后，大学生理财不在于能赚多少、省下多少，而在于将理财融入生活，养成一种理财的习惯。

1.2.2　月收入 3 500 元，如何理财

在当今物价飞涨的年代，每一样东西可以用金钱来衡量，价值都在飞速上涨，除了工资。它总是几年一小涨，车贷、房贷、信用卡带来的"负"翁越来越多，那么多少工资才算脱离贫困呢？据统计，在成都，平均工资在 3 500 元以下，就已经掉入贫民窟了，那如果你的收入只有 3 500 元，你是不是就只能待在"贫民窟"了呢？

※事例故事

袁先生今年 24 岁，去年大学毕业，现在在一家文化公司做人事，月收入 3 500 元左右，和女友一起开始"北漂"，女友在一家公司做文秘，月收入 2 000 元左右。

两人现在住在一起，收入与开销也合并在一起，每月总计开销在 3 500 左右，现在两人拥有存款 1 万元。

他打算过两年和女友结婚，但是如今存款太少，而且花费也越来越高，所以他去咨询一个做理财规划的朋友，该如何投资才能在两年后，轻松结婚。

朋友告诉他，以他现在的情况，存款较少，在 1 万元的银行存款里，首先得留出 3 个月的紧急备用金，剩余部分可用来购买货币基金或债券基金，相比放置在银行，在本金安全同样保障的前提下，收益会更高一点。

同时在他时间以及精力允许的情况下，可以通过兼职工作，获取额外的劳动报酬，并同时养成记账理财的好习惯。对于现阶段，他可以主要以储蓄为主，因为每月资金剩余不多，可以考虑基金定投。

如果未购买意外险，那么首先建议他给自己投保一份，保额可以设置在 20 万元。

如上例的故事，因为存储剩余不多，就更要理财，只有通过理财，

才可能使自己的财富更上一个台阶，才可能带你走出那个拮据的境地，才有可能成为富翁而非"负"翁。

※知识看板

若你的收入只有 3 500 元，如果你还在贫困线下挣扎，你会怎么办？

从一个理财的角度来说，如果我的收入仅仅只有 3 500 元，那么我会将这 3 500 元分为 5 份额，具体配置如下。

- **生活费**：所谓民以食为天，首先就得考虑活之根本，以每日花费 25 元计算，那么生活费为 750 元，水电房租等 900 元，总计花费可预估为 1 650 元。

- **交际投资**：电话联系或者请客，请比你有思想、更有钱的人、你需要感恩的人，每个月坚持请客一次，一年下来，你的朋友圈会为你带来意想不到的价值，你的声望、影响、附加值都能产生回报，可投资在 1 000 元左右。

- **学习投入**：每月可购买 50~100 元的书籍，买的书就要认认真真看完，看懂了，用到实处，同时可每月存储 100 元，等到有足够的金额再参加一些高级培训，如各种理财培训等，不断提高自己。

- **旅游花费**：人生的成长来自于不断的历练，热爱自然是人的天性，每年至少该奖励自己一次旅行，在繁忙的工作之外，旅游花费投入的比例，在于这一年的规划。

- **参与投资**：对于 3 500 元的月收入，每月剩余不多，可考虑收益高于银行存款的货币基金或债券基金，考虑每月基金定投 500 元。

虽然月收入在 3 500 元以下，同样可以实现理财，但是这样，生活会总处于一种拮据的状态。因此，这样的月收入，最多保持一年，第二

年你应该通过一定的理财方式，去提高你的收入，以钱生钱，而不是以等时间等钱。

1.2.3　家庭理财的 10 个小妙招

有句俗话这样说，"吃不穷，穿不穷，算计不到就受穷"，这也从根本上体现了理财的重要性，理财的根本目的在于让生活更有质量，活得更有品味。不同的家庭，因为收入状况、家庭构成、风险承担等因素不同而存在不同，但家庭理财就如成功一样，总是存在一定的技巧。

※事例故事

袁先生，今年 28 岁，4 年前开始工作，如今年收入 14 万元，妻子在一家事业单位工作，年收入 6 万元。

两人目前还没有孩子，打算最近两年生孩子。目前夫妻俩仍在租房，租金每月 2 000 元，他和妻子共有银行存款 30 万元。

目前他考虑的问题是，先买车还是先买房，一时之间自己无法做出决定。

对于上例的袁先生来说，首先，从其需求出发，最近两年打算生孩子，那么相对来说对于房子的刚性需求较大，由于租住的房子对于上班地不远，因此，对于汽车的需求小于房子。

其次，房子属于一种个人的资产，而汽车属于一种消费品，现在他仅有存款 30 万元，那么应该提高家庭资产的积累，而不是消耗家庭资产；最后，房屋具有一定的抵抗通货膨胀的特性以及未来的投资性，而汽车仅作为一种家庭的消费品，存在折旧和贬值。

如果考虑买房，对于他来说，仅有银行存款 30 万元，那么可以适当地参与各大银行推出的以 30 万元为起点的贵宾理财，购买期限在 1 个月、3 个月、6 个月等较短期的理财，保证收益、变现、流通等，同时还可以配置适当比例的债券基金。

同时，对于他和妻子每月的可支配收入，可转为较短期的 7 天或 3 个月的定期存款，加强对于资金的管理。

当然，如果他还是打算先买车，建议分期付款，可参加一些银行推出的"无息分期购车"活动，这样可以减少利息占用的资产。如果一次性购置 30 万元的车，那么他将失去一些投资机会。

※知识看板

要找到个人家庭理财的小诀窍，那么首先就得避开家庭理财的误区。家庭理财存在哪些误区呢？具体介绍如下。

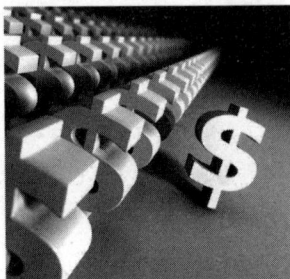

- **盲目随大流**：一些投资者对于一些投资方式、投资行情、投资项目等不完全理解，只是看见大伙都抱得利润归，于是也盲目跟随，不但没有盈利还出现了亏本，得不偿失。

- **贪图高利息**：对于一些理财产品的高利息，有些投资者对于风险没有具体进行分析，只看见高利润就盲目投资，结果不仅没有实现高利润，而且还亏损了本金。

- **借钱炒股**：相对来说，用于股市的投资，一般是闲置的资金，如果借钱炒股，那么就等于慢性自杀，在股市动荡中，不能保持一个良好的心态，容易做出买卖股票的错误决定。

- **参与民间借贷**：当银行的存款利率开始下调，一些投资者就会取出存款用于民间的借贷，获得相对较高的利息，但是此种方式存在一定的风险，民间借贷机构不完全规范，缺乏一定的公正与法律保证。

- **单一投资**：相对来说，大多投资者喜欢单一的投资，如将资金的大部分投资于股市，结果在股市动荡中，血本无归。

避开了投资误区以后，我们就可以去寻找理财的小妙招了。家庭理财的小妙招简单总结如下，如图 1-1 所示。

强制储蓄

利用银行的"一本通"业务，开立一个零存整取的账户，当工资账户金额达到一定的额度后，银行自动转存一部分为定期存款，从而达到资产积累的目的，进行强制的储蓄。

了解每月的资金流向

可对每月的消费进行记录，看看每月有哪些花费为必要的开支，哪些为不必要的开支，从而在下月开始调整，并根据余额调整自己的消费习惯。

抵制诱惑

对于商家常推出的促销活动，容易使消费者产生此时不消费就会错过消费时机的心理。此时应注意需要的才购买，暂时不用的可以推迟购买，抵制住各种诱惑，不做"月光族"。

合理透支

刷卡消费成为新一代人的消费代表，但对于信用卡的消费需要慎重，不过度透支，透支了也一定要在规定的时间内还上，不然会影响个人的信用记录，影响以后的车贷、房贷。

节省生活开支

对于大多月光族来说，一日三餐几乎都在外解决，在时间充足的情况下，可自己对饭菜进行烹饪，不仅卫生而且也节省开支。

合理的储蓄

对于每月的收入，在扣除必要的开支后，对于剩余的部分，可以存于银行，同时可以将活期的比例定为 20%，定期比例为 80%。

降低房租

对于长期租住的消费者来说，可以与房东协商适当地降低房租，同时当有一定积蓄的时候，可以考虑利用公积金购房，这样每月还款会比商贷少一些。

适当的投资

可以将闲置的资金用于投资一些股票、债券、基金等，根据自己承受风险的高低，选择高风险高回报还是低风险稳收益。

建立账本

对于每月的支出，找一个账本做一个记录，做到花钱有数，同时根据账本的每月超支、平衡、结余等情况，做到一目了然，从而据此对于下月的资金花费做一个规划。

老人当家

当条件成熟，可以将父母接来一起居住，请父母帮忙管家，这样不仅能节省一些花费，同时也可以实现家庭的融洽。

图 1-1　家庭理财的 10 个小妙招

※知识延伸

消费，一般定义为了满足生产和生活的需求而消耗的物质财富，而对于个人消费者来说，可以简单地理解为为了满足基本物质生活与精神追求的金钱支出。

当我们了解消费时，可以从 5 个"W"和一个"H"出发，具体介绍如下。

- **What（买什么）**：在消费前，首先你得了解自己需要购买的东西是什么，有哪些具体的品种可以选择。

- **Why（为什么）**：做任何一件事，总得有一个支撑的理由。消费也一样，在购买前，一定要想好，购买的东西对于家庭的需要性，并且该种需要是否正常、迫切、合理等。

- **When（什么时候买）**：分清东西购买的时间顺序，哪些东西及时买，哪些东西看准时机再买，哪些东西晚点儿买。

- **Who（谁去买）**：从购买主体出发，家里谁最懂该产品、谁最空闲、谁最方便，然后决定谁去购买。

- **Where（去哪买）**：对于同一种商品，不同的地区有不同的价格以及不同质量，在购买前需要做个考量，相对来说，一般要货比三家。

- **How（怎样买）**：当选好产品以后，消费者就得考虑付账单的问题，考虑采取哪种方式，抱回该产品，一般可以通过借钱、积蓄、分期付款等，选择其中一种方式买到该产品。

总的来说，不仅投资要有计划，消费同样要有计划，通过了解消费的六大因素，我相信，你一定能制订出一个省钱的消费计划。

2

最常见的理财方式——银行理财

作为理财的左右手，一边消费，一边储蓄，而对于一些工作繁忙、没有时间打理自己的闲置资金，同时又追求低风险稳收益的投资者来说，他们一般会将钱投入银行，以定期储蓄或者购买银行理财产品的方式来进行理财。那么如何才能将它们理得漂亮，本章将告诉你答案。

◇ 通知存款与活期储蓄的技巧
◇ 快速计算各类银行的存款利息
◇ 为什么我们存于银行的钱越来越不值钱
◇ 如何在有限的收入中分配储蓄与消费
◇ 外币的储蓄与收益计算
◇ 认识银行理财产品
◇ 银行产品利息计算
◇ 银行理财产品的购买技巧

2.1　你该如何储蓄

据央行的调查显示，44.5%的居民建议加大储蓄，但是相比上季度下降了2.6%，而17.9的居民建议加大消费，相对于上季度下降了1.5%，倾向于加大投资的居民比例为37.6%，相对于上季度增加了4.1%。而对于理财产品来说，前三位为基金及银行的理财产品、房地产、债券，三者的投资比例分别为25.9%、19.9%、14.6%。

2.1.1　通知存款与活期储蓄的技巧

储蓄是人们生活中常见的一种理财，储蓄的对象可分为一般的居民、企业和政府等。相对来说，我们常常提到的储蓄，指的就是一般居民的储蓄，而且是将自己的积蓄储蓄于银行，一般被称为各种银行存款。

储蓄一般是将个人结余或暂时闲置的资金存于银行，存款的对象是货币资金，不包括各种实物。

※事例故事

章先生，今年65岁，年轻时和老伴做些家具小生意，现在子女已经长大成人，于是他们也退休在家安享晚年，每月通过养老保险的领取以及年金的领取，生活也算过得随意。

他和老伴将他们拥有的积蓄都放在了银行，最近银行的工作人员提醒他，他的5年续存5年的10年期存款50万元已经到期，工作人员询问他，是不是继续续存？

他自己一时也拿不定注意，一来自己和老伴年纪较大，容易生病，随时会动用这笔钱，如果选择长期，那么中途将钱取出，就将损失一部分利息收益。

二来，小儿子今年打算出国留学，他也想在自己的能力范围之内，支援一下。

当他去到银行，工作人员听完他的情况，建议他可以将20万元作为备用金，以备不时只需，20万元可以用来进行银行储蓄，可选择7天通知存款，利率高于活期收益，取出方便、迅速，10万元可以用来购买风险较低的货币基金，当急需现金时，1~3个工作日就可赎回。

如上例的章先生，已经退休在家，平时花费较少，有一定的积蓄，主要消费就来自于一些日常疾病以及生活花费，大多会将自己的积蓄存于银行。

※知识看板

7天通知存款就是银行储蓄中的一种存款方式，它主要有两个要素，分别是时间为7天和存款类型为通知存款。储蓄中常见的方式有通知存款与活期储蓄，下面具体对其进行讲解。

1. 通知存款

通知存款，一般指储户在开户时没有约定支取的存款日期及金额，当储户需要支取资金时，事先通知银行的一种个人存款方式。

一般可分为1天和7天通知存款，前者一般指存期要大于两天，后者一般指支取前7天通知银行，但存期要在7天以上。

通知存款和其他存款一样，一般最低存款金额为5万元，如果投资者存入的为外币，则为5 000美元，一般一次性存入。

2. 活期储蓄

一般投资者常用的储蓄就是活期储蓄，它相对于通知存款而言，流动性较好，也非常方便，投资者可随时存入或取出。对于投资者办理的活期账户，一般存在最低额为1元的规定。当投资者在五大银行之一开立账户后，银行一般会将存折和银行卡同时提供给投资者使用。

使用银行卡还是存折？这根据投资者自身需要来定。如投资者当前有闲置资金、存入金额较大、预计未来会有现金支出的个体经营户，则适合使用存折，而对于一般的消费人群，则适合使用银行卡。

无论使用银行卡还是存折，在平时的打理中，都要注重一定的存储技巧。看下面的一些小建议。

- 对于活期储蓄账户，投资者可以将每月的一些固定收入，存于该存折作为日常的开销，如购物、吃饭、交水电费等。

- 当存折中有大量的结余时，可以将其转为定期，提高存款利率。

- 对于一些个体工商户或投资者暂时将大额的流动资金放置在活期账户中，因为本金额较大，可以通过一定的存储技巧，提高自己的利息收益，如选择每两个月结清账户，再用该本利息重开一本活期存折，这样就能实现"利滚利"。

- 记住自己的账户密码，不仅便于跨储蓄所或跨地区进行存取，而且一旦忘记密码，重置密码也相当麻烦。

※知识延伸

在银行存款或取款中，一般会听到人们所说的 3 年期、5 年期的存款，这就是除活期存款外，常被人们使用的另一种储蓄方式，称为定期存款。

定期存款的特点主要在于它的时间上，常见的就是 3 年期和 5 年期的存款，对于这个时间，是投资者们在银行开立账户时，就和银行约定了的。当到达这个期限后，投资者就可以支取本金和利息。

相对来说，无论是定期储蓄还是活期储蓄，都存在一定的限制，因此银行推出了定活两用的储蓄，它一般指投资者在开户时，可以不和银行约定存款期限，而是根据实际的存款期限按照规定标准计息。

- **存款期限在 6 个月以下**：存款后储户可以随时支取，最低的存取额为 50 元，利息根据存期日计算，3 个月≤存期＜6 个月，按当日的 60%的定期整存整取中 3 个月期限的存款利率计算。存期＜3 个月，利息按活期利率计算。

- **存款期限在 6 个月以上：** 当 6 个月≤存期＜1 年时，利息按照定期整存整取半年期的利率的 60%计算；当存期≥1 年时，计息按照取款日的定期的整存整取的一年期存款利率的 60%。

- **取款时机：** 对于定期和活期储蓄，投资者存取款前要考虑存期是否已经超过了 3 个月，不然就会给投资者带来利率的损失。

2.1.2　是整存整取还是零存整取

整存整取属于定期存款中的一类，一般指在开户时的一次性整笔存入，到期一次性支取。一般整存整取的最低限额为 50 元，外币为 100 元人民币的等值交换。如果用人民币存入，则一般存款期限有 3 个月、6 个月、1 年、2 年、3 年、5 年等，外币则有 1 个月、3 个月、6 个月、1 年、2 年等。

相对来说，存款期限越长，利率会越高，收益也会较高，但是，如果投资者中途急需资金该怎么办呢？

首先，投资者需要准备资料，如存折或银行卡，还需要投资者的身份证。代取时，还要加上代取人的身份证，并且提前支取只能支取其中的一部分时，利息才能按照约定的利率进行计算。

投资者可以采取分批支取的方式支取存款，避免利息的损失，如将账户余额为 50 万元的存款，按照 5 万元、10 元、15 万元、20 万元的方式，分批提前支取。

对于整存整取也会存在长短期调整的情形，如在存期中，当利率降低时，就选择长期储蓄；利率升高时，就选择短期储蓄。当然前提是，在开户时已经约定了自动转存。

并不是所有的储户储蓄都是一次性整笔存入，实现整存整取或整存零取，将整存零取的"零"与"整"交换位置时，便变为整存零取。

那什么是零存整取呢？零存整取就是开户时双方约定好存期，分批次的每月存入，到期一次性的支取本利息的存款。最低限额为 5 元，每月存入，如果中途漏存，可在下月补存，一般有 1 年、3 年、5 年的存期，它的利率按照开户当日的零存整取的利率计算，未到期前支取则按活期利息计算。

零存整取还会要求储户按照 1 000 元的最低限额起存，而支取的批次则分为 1 个月、3 个月、6 个月中任意一个，储户可自由的选择。

不同的存款将适用于不同的投资人群，相对来说，零存整取适用于固定的小额存款储蓄者，如一些上班族，每月拿出工资的一部分进行储蓄，一般最好不要连续两个月都漏存，该种储蓄贵在坚持。

※知识延伸

当投资者选择如上的零存整取账户时，一般会选择另一种存款方式相搭配，那便是存本取息储蓄。它和其他存款相似，在投资者开户时，就和银行约定一定的存款期限，如 3 年或 5 年，而它的利息可以提前分批次支取。

一般存本取息的存款最低限额为 5 000 元，一般可以 1 个月或几个月支取利息一次。利率按照开户日的存本取息的利率计算，到期未支取或者提前支取利率时，可按照活期的利率计算，存期一般可分为 1 年、3 年和 5 年。

那么投资者该如何管理存本取息账户呢？投资者可先将固定的资金以存本取息的方式储存起来，然后将利息以零存整取的方式存储，同时在开户时，与银行约定"自动转息"业务。

此外，储户还可以和银行约定在总计支取限额里，支取的次数，一般当它与零存整取账户搭配使用时，更能体现存款利滚利的效果。

华侨人民币储蓄

　　我们曾听说过一些特殊的储蓄——华侨人民币储蓄，它一般指专为华侨以及港澳同胞为储蓄对象的一种存款，华侨或港澳同胞从国外或港澳地区汇入或携入外币、黄金、白银，与中国银行进行交易，将交易所得的人民币用于参加储蓄，开户时通过外汇兑换证明办理，到期以人民币的方式支取 3.5%，不过国家也正在采取措施，将通货膨胀率控制在一定的水平。

2.1.3　快速计算各类银行的存款利息

　　无论是哪一种投资，我们最终的目都在于获得收益，银行储蓄也一样，在风险较低、保本的情况下，我们要选择利息相对来说较高的存款。

　　那么如何通过网络快速计算利息呢，具体操作如下。

1)　利息计算方法一

　　首先我们要借助网络来计算，打开"融 360"首页，网址为 https://www.rong360.com/。再选择"贷款"选项，如图 2-1 所示。

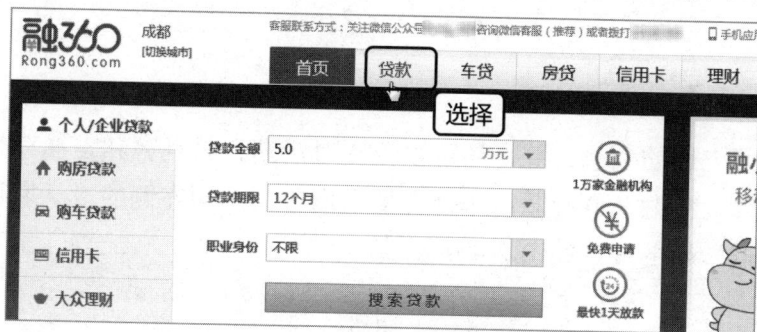

图 2-1　进入融 360 首页

　　在打开的页面中，单击"常用工具"栏旁的 ⋯ 超链接。接下来选择计算工具，这里单击"存款利率计算器"超链接，如图 2-2 所示。

图 2-2　选择存款工具

在打开的页面中对存款金额、周期和利率进行设置，再单击"计算"
按钮，在页面下方会自动显示计算结果，如图 2-3 所示。

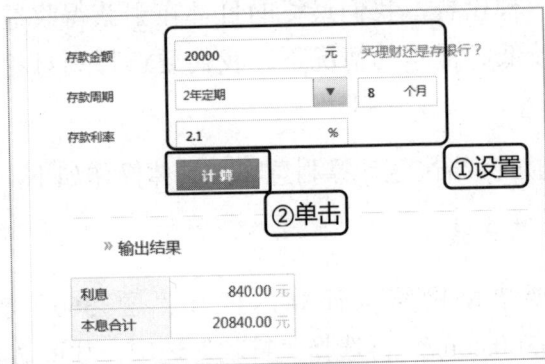

图 2-3　利息计算

2)　利息计算方法二

除了上述的利息计算，还可以分别对活期存款利率和定期存款利率
进行计算。在融 360 存款利率计算器页面单击页面左侧的"活期存款利
率计算器"超链接，如图 2-4 所示。

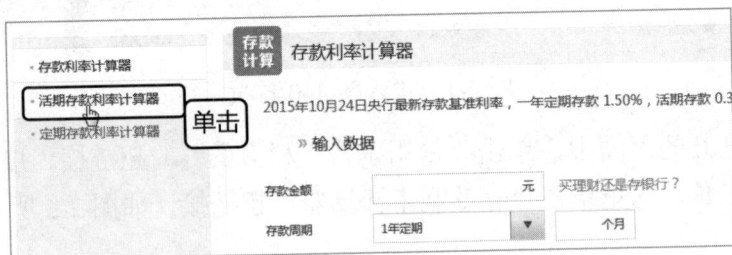

图 2-4　选择活期存款利率计算器

在打开的页面中设置存款金额、存款周期和存款利率，单击"计算"

按钮，即可得到计算结果，如图 2-5 所示。

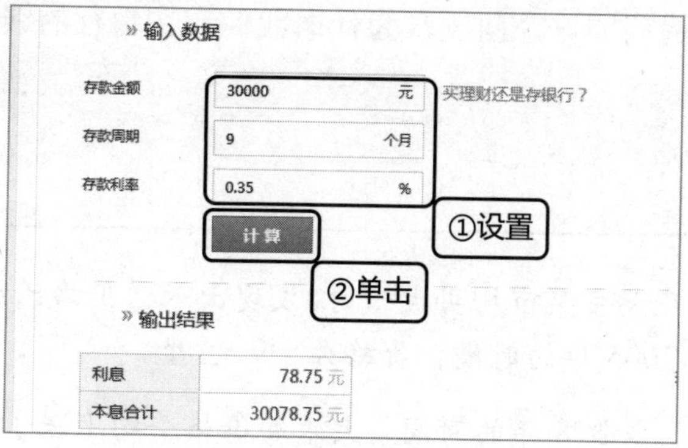

图 2-5 活期存款利息计算结果

若要计算定期存款的利息，则在上图页面中单击"定期存款利率计算器"超链接。在打开的页面中输入存款金额、存款周期和存款利率，再单击"计算"按钮，如图 2-6 所示。

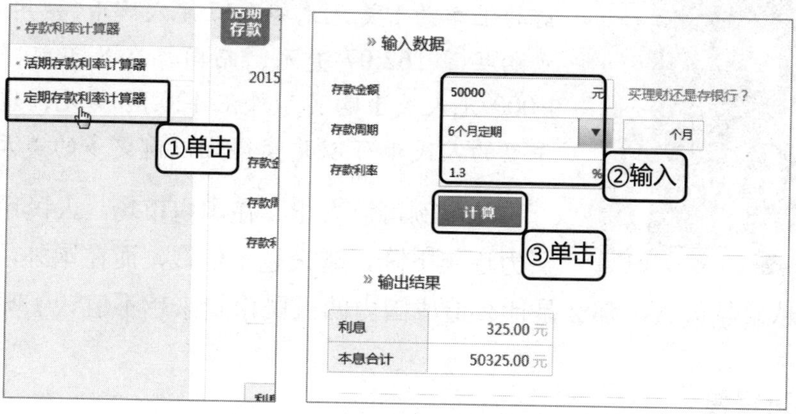

图 2-6 计算定期存款利率

由于不同银行的存款利率会有些许差异，因此投资者可以在网上查询了各大银行的存款利率后，再使用存款计算器对不同银行存款利息进行比较。在融 360 网站中，投资者可直接进行各大银行存款利率的查询。在"存款工具"下方就可以找到查询入口。

2.1.4 为什么我们存在银行的钱越来越不值钱

据调查，现在国内的投资者，大多将自己的闲置资金存于银行，而其中60%人群选择定期存款，而非债券、基金、信托等投资。近年来，人们几乎都在追问同一个问题，为什么我们存在银行的钱越来越不值钱了呢？

※事例故事

袁大妈前几天去菜市场买大米时，发现大米的价格已经为3.3元/斤，而此种大米在2005年的时候，价格为1.9元/斤。

由此计算，仅仅8年的时间，大米的价格平均上涨了9.2%，简单来说，就是现在的1 000元与2005年的1 000元相比，已经变为576元。因此可以看出人民币贬值了，购买力也下降了，原来1 000元的购买力，现在仅为576元。

又过了几天，袁大妈到银行去购买外汇，当前的汇率为1美元兑换6.17元人民币，她用1 000元购买了162.07美元，而同样在8年前，她用1 000元人民币购买了外汇120.77美元，现在她手里的人民币可以兑换得比以前更多的美元。

从上例可以看出，在国内市场，人民币的购买力逐年下降，越来越不值钱，而在国外，人民币却越来越值钱，那么是什么造成国内的人民币越来越不值钱了呢？

※知识看板

我们常听说，存于银行的钱越来越不值钱，已经无法抵御通货膨胀，那么什么是通货膨胀呢？

简单理解就是流通的货币超过了需求，引起货币贬值的现象，一般用消费指数（CPI）来衡量通货膨胀，不过它一般用来衡量中低收入群体，而对于高收入群体则用货币发行量减去实际产出来衡量。

当货币发行以后，会流向三个方向，一是基本消费品市场，二是奢侈品市场，三是投资市场。中国存在高通胀是中国经济增长的一种基本模式，通过高通胀来驱动高投资，实现高成长。

当个人或企业将钱存于银行，存于定期或活期都构成货币，然后银行会将这些积累的货币用于放贷，但是在放贷之前需要将一部分资金放置于中央银行，降低风险，这部分资金成为准备金。下面我们简单计算一下银行存款的循环利用。

当你将100元存进银行，这100元就是可流通的货币，但银行只能放贷80元，其中20元将上交央行。

当银行将80元放贷给其他的投资者，其他的投资者又将该80元存于银行，那么投资者可放贷的金额又可增加64元，如果有第三个投资者借贷这64元，然后再存回银行，如此循环，到最后100元的现金价值，最终就会变成500元的货币总量。

通过上面计算说明，市场存在过多的流通货币，不是国家印制过多货币数量所造成的，而是如此这般银行对于存款的循环利用带来的。

实际生活中，人们在进行银行储蓄时，首先会将银行利息率与通货膨胀率进行比较，那么在通货膨胀率的影响下，收益该如何计算呢？

相对来说，我们可以通过一些计算器来计算，一般可以利用各大网站提供的计算器计算，如和讯网、东方财富网、新浪财经等，这里以中国黄金投资网为例，来看看通货膨胀对投资收益的影响，具体操作如下所示。

如图2-7所示，在进入中国黄金投资网理财计算器页面后（http://www.cngold.org/tool/），在"消费类工具"栏中单击"通货膨胀影响投资计算器"超链接。

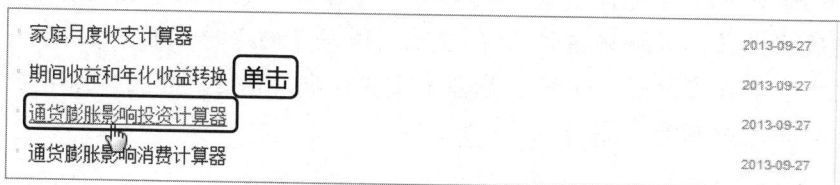

家庭月度收支计算器		2013-09-27
期间收益和年化收益转换	单击	2013-09-27
通货膨胀影响投资计算器		2013-09-27
通货膨胀影响消费计算器		2013-09-27

图2-7 使用通货膨胀影响投资计算器

在打开的页面中对初始投资金额、投资年限、预期的年收益率、预期的年通胀率参数进行填写，当所有的参数都已输入完成后，单击"开始计算"按钮。此时，系统自动计算得出到期本利总额、实际购买力、实际收益率等结果，并在如图 2-8 所示页面下方显示该计算结果。

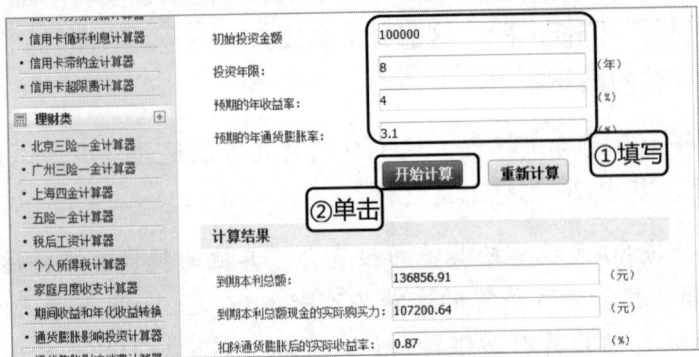

图 2-8　计算结果

从图 2-8 中可以看出投入的 10 万元在通货膨胀率的影响下，到期后的价值约为 13.69 万元，而实际购买力却只有 10.72 万元，并且在计算中，通货膨胀率是在预估的条件下进行计算的，实际中可能高于这个数字。

一般来说，当银行的利率低于通货膨胀率时，将钱放在银行就不值钱了。近年来，我国的银行储蓄已经不能抵御通货膨胀了，而且物价也上涨较快，因此人们会感觉钱越来越不值钱了，那么我们到底该将钱存于银行还是取出来投资呢？先看下面一个案例。

20 年前，李先生、张先生、袁先生都将 1 万元用于投资。其中李先生直接存于银行，采取的是利滚利的方式（到期后下一期的本金为这一期的本利和），最后到期的终值为 2.759 万元，则平均每年盈利为 879.5 元。

而张先生则先进行了 3 年的定期银行存款，然后就一直投资炒股，经过股市动荡，现在终值为 28.6 万元，则每年的平均盈利为 1.38 万元。而袁先生则在存款后，投资于基金，现在到期，基金终值为 18.67 万元，每年的平均盈利为 8 835 元。

上例中，3 人的本金都为 1 万元，而最终的收益却有较大的不同，炒股的盈利最大，而存款的利润最低，但是存款的风险最低，而基金无论是风险也好还是盈利，相对处于中间位置。

相对来说，投资者将钱存于银行时，可以考虑购买一些银行理财产品或者基金等，代替定期存款，这样在风险都较低的情况下，收益也会高一些。个人投资比例则将会在后面的章节中有详细的讲解。

通货膨胀率再创新高

据统计，2013 年 9 月底，国内的消费指数达到 7 个月以来的新高，具体指数为 3.1%，上涨了 0.8%，超过预期 0.5%，这与当年国情相关。受旱灾、洪灾影响，相对于 8 月来说，在 9 月份的粮食价格上涨了 1.5%。专家预测在接下来的几个月，通胀还会存在上涨的可能，可能超过 3.5%，不过国家也正在采取措施，将通货膨胀率控制在一定的水平。

※知识延伸

我们存于银行的钱除了越来越不值钱外，人们也发现存于银行卡里的钱也在越来越少。看下面一个例子。

小齐最近成为朋友们谈论的话题，因为他意想不到的是银行账户中的钱越来越少了，他在 2002 年的时候，开通了一银行账户，当时存了 100 元，在 2009 年的时候，银行开始每季度地对他的账户征收 3 元钱的小额账户管理费，在去年，他账户余额仅剩余 60 多元。

上例简单来看损失不多，仅仅几十元，可是如果我们细算就会发现，4 年的损失率为 40%，每年的损失率就为 10%，比银行的 5 年期的定期利率还高。

银行代为管理账户，收取一定的管理费，本来在可接受的范围内，可是近年来银行的收费项目从 2003 年的 300 多种，发展到如今的 3 000 多种，各种管理费正在飞速上涨。

现在对于消费者来说，银行对于账户收取的费用，除了小额账户管理费外还有短信提醒费、信用卡透支全额罚息、ATM 跨行手续费、网银跨行转账费、存折挂失费、重置密码费、柜台打印对账单费等。

现在四大银行对于账户余额不足 400 元的账户，每季度征收 3 元的费用，而中行与此相同，农行以及工行则以账户余额 500 元为征费标准，其他一些银行则征收 1~3 元不等，而兴业、光大、华夏等则免收。

2.1.5　如何在有限的收入中分配储蓄与消费

据统计，在 2012 年底，中国的城乡居民的储蓄达到 40 万亿人民币，其中存款中 75% 的比例是来自于富人的投资，而剩余的部分来自于其他的消费大众，平均储蓄还不到 1 万元。

不同的家庭考虑的情况不同，因此规划的储蓄与消费比例也存在差别，那么究竟怎样的配置才算合理呢？

※事例故事

小刘，今年 26 岁，在一家国企工作，月收入 5 000 元，单位购买五险一金，而且单位还提供吃住，在消费方面，他每年花费总计约为 1.8 万元，其中包括通讯花费 1 000 元、孝敬长辈 6 000 元、衣物花费 6 000 元、其他的一些支出为 5 000 元。

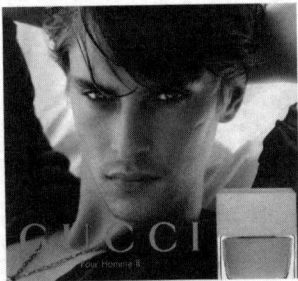

他打算在年底的时候，购买一套 110 平方米左右的房子，然后和女朋友在 30 岁左右结婚，而且最好能在婚前购买一辆汽车，但他不知道该如何安排消费和支出才能实现这些目标。

对于上例的小刘来说，在理财规划时，首先应该考虑建立家庭应急的备用金，以应付突然的意外状况发生，一般以 6 个月的支出为标准，从他的支出看，应为 9 200 元，其中 1 200 元可以作为活期存款，8 000 元用来投资货币基金。

总的来说，他还处于人生事业的起步阶段，根据需求及年龄出发，可以将储蓄额分为 3 份，50% 的储蓄投资股票基金、40% 用于基金定投、10% 用于定期存款。

对于他来说，每年收入 6 万元，每年支出 1.8 万元，储蓄约为 4.3 万元，他预计在 4~5 年后结婚，那么购房前每半年可储蓄 1.1 万元，购房后每月大概需要储蓄 1 600 元，那么预计 5 年可以超过 10 万元。

而对于小刘的购房计划来说，如果购买 110 平方米，按均价计算，那么总价约在 95 万元，月供的上限就在 2 600 元左右。

经过计算，此时小刘的首付需要约 45 万元，而贷款则需要 50 万元，如果选择 30 年期的公积金贷款，那么，他的月供就将为 2 600 元。

如果每月公积金 500 元，那么每月需要还贷 2 000 元，所以可以建议增大首付的比例或购买小户型，以减少月供的压力，在将来有更多积蓄的时候再换成大房子。

※知识看板

在分配收入前，首先我们得了解自己每个月具体收入是怎样的，是多还是少，下面将对收入的计算做详细讲解。

启动 IE 浏览器，在地址栏中输入 "http://www.cngold.org/tool/" 网址，按【Enter】键进入到中国黄金投资网理财计算器页面，在 "消费类工具" 栏中单击 "税后工资计算" 超链接，如图 2-9 所示。

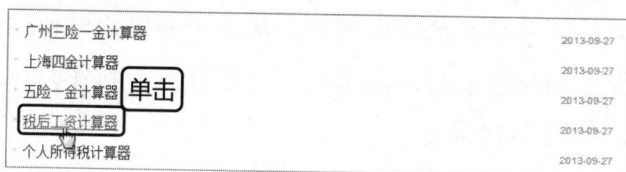

广州三险一金计算器	2013-09-27
上海四金计算器	2013-09-27
五险一金计算器 　单击	2013-09-27
税后工资计算器	2013-09-27
个人所得税计算器	2013-09-27

图 2-9　单击 "税后工资计算器" 超链接

此时将出现如图 2-10 所示的页面，在其中选择类型、交税类型和所在地区，输入税前工资，再单击 "开始计算" 按钮，在页面下方将显示计算的税后工资和个税缴纳金额。

此时在"社保与公积金缴费明细"板块中，可以对自己每月的社保的各项进行详细的了解，如图 2-11 所示。

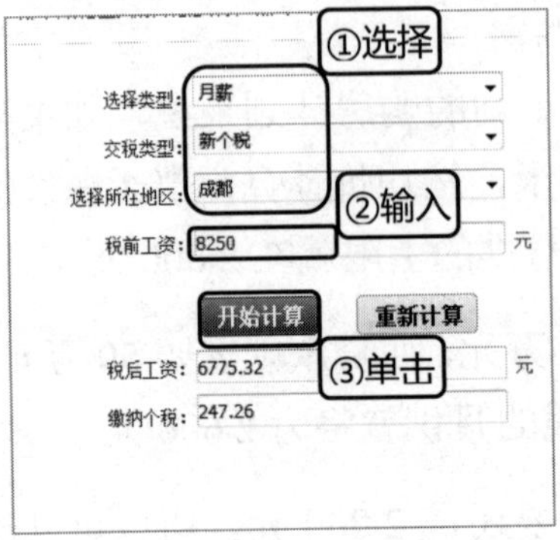

图 2-10 计算收入

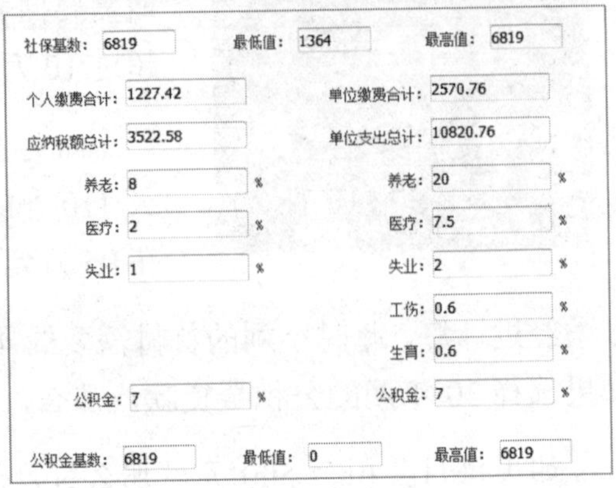

图 2-11 查看社保

在页面的左侧还提供了其他理财工具，如果要对个人家庭收支进行计算，可以单击"家庭月度收支计算器"超链接，如图 2-12 所示。

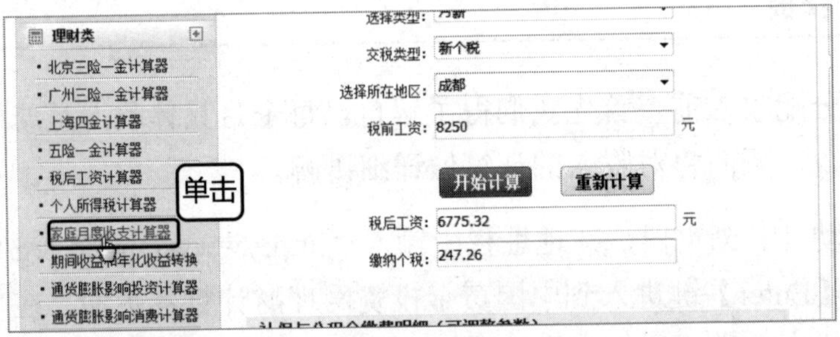

图 2-12 单击"家庭月度收支计算器"超链接

在上一步操作后，系统将自动打开如图 2-13 所示的页面，其中选择家庭类型，输入家庭每月的支出项目，如水电费、房租费、宽带费、存款等，然后在支出项目的最下面单击"开始计算"按钮，得出家庭每月支出的结果，如图 2-14 所示。

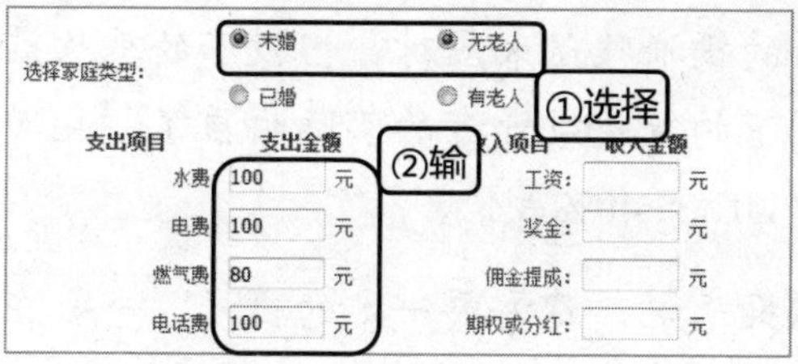

图 2-13 输入各项支出项目 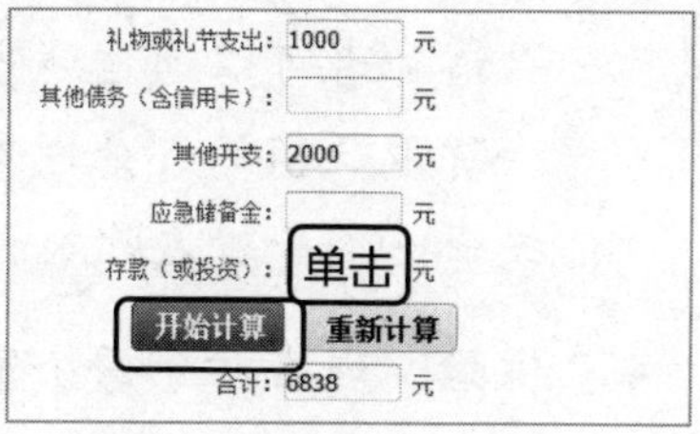　　图 2-14 计算家庭支出

当已经对每月支出计算完成后，那么接来我们也可以来算算每月的收入，是否足以支付每月的支出，具体操作如下。

首先，在"收入项目"栏中，输入家庭的每月收入，如工资收入、奖金、分红、租金、其他收入等，如图 2-15 所示，待所有的收入已经输入完毕后，就可以单击"开始计算"按钮，对家庭的总收入进行计算，如图 2-16 所示。

图 2-15 输入各项收入项目 　　图 2-16 计算家庭收入

当已经对个人的家庭收入进行计算后，那么就可以将自己的收入从以下几大方面作规划。

- **日常消费**：对于日常的消费，一般的配置比例建议在收入的 30%~40%最好，消费要注重消费的质量，同时节约消费，一般可以用投资收益来平衡消费。

- **储蓄**：严格来说，储蓄作为投资的一种，可以形成未来的财富，储蓄时尽量选择一些流动性比较强的日常开支，如一些用来应急的现金储备或银行存款等，一般可将收入的 10%~15%用于储蓄。

- **投资**：现在将钱存于银行已经无法抵御通货膨胀的需求了，那么消费者可以通过适当的投资收益来应对，当投资的总收益扣除货币贬值的部分，剩下的就是投资者的实际收益了，此部分投资比例一般占收入的20%～40%最佳。

- 保险：现在对于每个家庭来说，都需要一定的投资，一般在年收入的10%～20%最好，根据不同的年龄阶段配置不同的比例，以及区分不同的购买重点。有关购买的重点将在后面的第10章详细讲解。

以上就是对于家庭收入而做的简单分配，此外，我们再来看一个例子。

小媛今年28岁，在一家服装公司做财务工作，收入中等偏上，已经工作6年，习惯每个月透支消费，现在积蓄仅为6万元，无车无房，自己租房住。她想给自己在婚前购买一套120平方米的房产，但是不知道该如何理财。

对于小媛来说，首先要做到的就是节约，每个月消费要有计划性。她的消费主要在生活消费、娱乐消费、备用消费、存款等，建议养成强制储蓄的习惯，建议每月将自己的消费做一个记账，避免每月的盲目消费。

她可以留用3万元作为自己的备用资金，2万元平均分配到活期存款及货币基金，剩余1万元用来办理定期储蓄。

每月进行基金定投，500元为起点，分批次、不定时地投资，同时可以推迟购买计划，房产的首付一般在30%，而最低的首付需要30万元左右，公积金贷款为40万元，商业贷款为30万元。

※知识延伸

一般对于理财者来说，如果账户里有较多的闲钱，人们会拿去购买股票、债券、基金等，但是如果账户余额较少，那么，一般就会将账户里的资金闲置，不去搭理。那么我们对于账户的这些闲钱，该如何利用起来，而不是置之不理呢？

对于工资卡里的闲钱，一般可以有三大用途，看下面一个案例。

小刘对于自己工资卡里的闲钱，一般采取30%购买银行理财产品、30%购买活期存款、40%购买定期存款，通过计算他认为，工资卡里的闲钱，如果不去打理就只是活期存款，利息很低仅为每年0.35%。

如果将其中的40%转为定期存款，那么收益就将是活期的8倍以上，同时再通过购买银行理财产品、活期存款等，那么收益将大大提高。

小唐，对于自己工资卡里的闲钱，采取零存整取、定期储蓄、货币基金等方式，在每月固定转存一定的金额，并且和银行约定一年后到期一次性支取，利率为2.85%，他打算从下月起，换成每月定存，相对来说，这增加了现金的流动性。

小张，对于近年来工资卡里的闲钱，在中行购买了"周末理财"的银行理财产品8万元，利率高于同期的定存，他平时喜欢投资股票等，主要是为了保证现金的流动性，同时又不让资金闲置。

小杨，是一家大公司的白领，每月收入6 000元，他在工资卡的同一家银行办理了一张借记卡，主要用于日常的消费，如水电煤气费及电话等，同时他还将工资卡的余额用来抵交房贷，这充分利用了卡里的资金余额。

不同的人对于工资卡的闲钱有不同的用途与规划，但是无论怎样，投资者都需要记得一定不要将资金闲置，而要充分利用起来，选择适合自己的理财方式，就算不能以钱生钱，也不能将钱放在那让它贬值。

我国人民币存款首次突破百万亿元大关

中国作为储蓄位于前列的国家，储蓄率超过了50%,据银行的最新统计，在2013年6月末的时候，存款余额突破百万亿元，为100.91万亿元，是历史上的首次突破百万亿元，相对来说，中国储蓄在2012年的11月突破了90万亿元，在2010年突破了80万亿元，在2008年，突破50万亿元，这也再次说明了我国国民理财的首选是储蓄。

2.1.6 外币的储蓄与收益计算

当我们到各大银行存款时，除了不同期限的人民币存款外，我们还会看到各种外币储蓄，以及不同的外币存款利率，那么到底什么是外币储蓄，它的利率与人民币利率相比存在哪些不同呢？

※事例故事

如何将限制的资金产生最大的利益，是投资者普遍关注的问题，而对于章先生也一样，章先生和几个朋友一起经营了一家外贸公司，产品主要面向欧洲，因为工作需要，所以他和朋友们的手上都持有了一部分外币。

其中包括一些活期存款、7天通知存款、短期外币理财产品等，但是最近银行通知他，银行欧元利率下降，而且下调的幅度较大，而一些理财产品也调低了预期收益率。

他现在的困扰就是在汇率变动的情况下，如何保证手里拥有的外币资产贬值的幅度较小，以及是否该将外币存款及理财产品转换为人民币存款。

如章先生般拥有外币储蓄，当外币存款利率下调时，对于手中持有的外币存款，不知道该如何安排的储户大有人在。

在国内存款利率下调的情况下，外币存款也纷纷降息，有些外币理财产品的收益率几乎与银行存款利率相等，且伴有一定的风险，因此，在这样的形势下，投资者可以选择将外汇定存。

※知识看板

外币储蓄和人民币储蓄一样，简单来说，都是将手中持有的暂时闲置的资金存于银行，储蓄的对象是各种外币。

外币储蓄一般采取两种方式，现钞和现汇，现钞一般指我国国内居民将自己手里持有的外币存于商业银行，而现汇一般指投资者通过工薪或商品交易将外汇现金或票据转存于商业银行，有关外币利率如表 2-1 所示。

表 2-1 外币存款利率

货币名称	活期存款	定期存款					通知存款
		1 个月	3 个月	6 个月	1 年	2 年	7 天
美元	0.05	0.20	0.30	0.50	0.75	0.75	0.05
英镑	0.05	0.10	0.10	0.10	0.10	0.10	0.05
欧元	0.005	0.03	0.05	0.15	0.20	0.25	0.005
日元	0.0001	0.01	0.01	0.01	0.01	0.01	0.0005
港币	0.01	0.10	0.25	0.50	0.70	0.70	0.01
加拿大元	0.01	0.05	0.05	0.30	0.40	0.40	0.05
瑞士法郎	0.0001	0.01	0.01	0.01	0.01	0.01	0.0005
澳大利亚	0.2375	1.24	1.3125	1.325	1.50	1.50	0.2625
新加坡元	0.0001	0.01	0.01	0.01	0.01	0.01	0.0005

与人民币存款一样，外币存款也具有活期存款、储蓄存款、定期存款等，各大银行通过对外汇存款的运用可以带来丰厚的利润。

我国的各大银行一般都开通了外币存款业务，有的银行还允许在活期存款账户上存外币。

相对来说，外币储蓄作为一种理财手段时，人们在生活消费时很少用外币，所以投资者的外币存款，如果用在国内消费，那么一般需要兑换成人民币，而兑换的比例，有一定的标准。

很多时候，我们可以借助一些理财工具，来快速地计算利率。首先登录中国黄金投资网（http://www.cngold.org/），在首页单击"汇率"超链接，如图 2-17 所示。

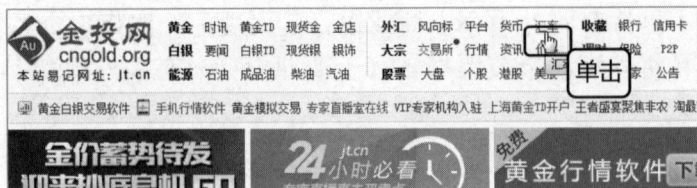

图 2-17　单击"汇率"超链接

在右侧单击"外汇储蓄计算器"超链接，如图 2-18 所示。在打开的页面中选择外币种类、存款期限种类，输入存款金额和存款年利率，再单击"计算"按钮，如图 2-19 所示。

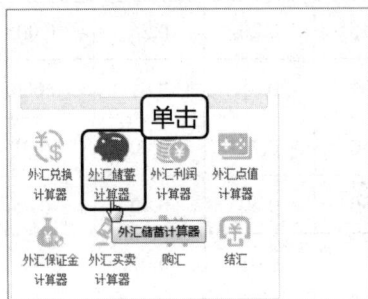

图 2-18　使用外汇储蓄计算器

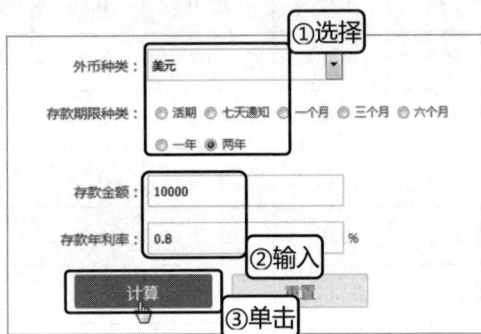

图 2-19　外汇储蓄计算

在页面下方就可以查看到计算结果，包括存款利息和本息合计，如图 2-20 所示。

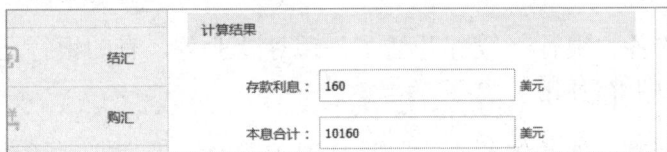

图 2-20　计算结果

※知识延伸

当我们在计算外币存款带来的利润时，也会关注各种存款的人民币存款利率，那么现在人民币的存款利率是怎样的呢？具体如表 2-2 所示。

表2-2 各大银行人民币存款利率

银行名称	活期存款	定期存款（整存整取）						零存整取、整存零取、存本取息			通知存款	
		3个月	半年	1年	2年	3年	4年	1年	3年	5年	1天	7天
央行	0.35	2.6	2.8	3	3.75	4.25	4.75	2.85	2.9	3.0	0.8	1.4
工商银行	0.35	2.85	3.05	3.25	3.75	4.25	4.75	2.85	2.9	3.0	0.8	1.35
农业银行	0.35	2.85	3.05	3.25	3.75	4.25	4.75	2.85	2.9	3.0	0.8	1.35
建设银行	0.35	2.85	3.05	3.25	3.75	4.25	4.75	2.85	2.9	3.0	0.8	1.35
中国银行	0.35	2.85	3.05	3.25	3.75	4.25	4.75	2.85	2.9	3.0	0.8	1.35
交通银行	0.35	2.85	3.05	3.25	3.75	4.25	4.75	2.85	2.9	3.0	0.8	1.35

提到银行存款，那么就不能不提到银行的准备金率，什么是银行准备金率呢？

存款准备金率，一般指央行根据国家的规定，要求各大商业银行将一定比例的存款放于央行的金额，从而来控制商业银行的贷款，它会规定缴存的比例，该比例就是准备金率。

准备金一般包括两部分，一是根据法定的存款准备金率来提取，就是法定准备金；二是超过法定以外的准备金，被称为超额准备金。

2.2 如何投资银行理财产品

由于银行储蓄已经不能抵御通货膨胀的现实，于是更多的人在银行储蓄时，会进行银行的另一种投资，那就是购买银行的理财产品，相对来说，它也是银行投资的重要组成部分，那么银行理财产品都有哪些分类呢？

2.2.1   认识银行理财产品

各大银行推出的各种理财产品统称为银行理财产品，它和债券、基金类似，可以借助银行的理财平台进行投资理财。不同的是，它是直接由银行推出，它的收益高于同期的银行定期存款。

※事例故事

吴先生和几个朋友承包了几个工程项目，到了年末，他收回了一笔闲置资金 50 万元。

这笔钱暂时会闲置，但是估计在两个月后会用于新工程的投资，他打算放置于银行，但是朋友告诉他活期利息太低，不划算。

银行的客户经理在了解情况后，针对他的情形，给出了 3 种方案，一是定期储蓄，因为考虑到在两个月后将会用于新工程，于是推荐了 7 天通知存款，可以及时存取，而且收益高于活期。

此外，还推荐了两款银行理财产品，一款为保本理财产品，另一款为非保本的理财产品，预期年化收益率分别为 4.2%和 5.5%，都高于同期定期存款收益，同时期限都为 90 天。

最后，他根据自己的投资习惯，追求稳定的收益以及低风险投资，于是他选择了保本型的银行理财产品。

如上例的吴先生选择的是保本型的银行理财产品，收益稳定而且保本，短期购买的利率大于活期储蓄利率，此外上例中还提到了非保本的理财产品，那么银行理财产品到底有哪些呢？

※知识看板

在国内，不同的银行推出的理财产品各具特色，而且数量多达 3 万多款，一般从期限上看，有 7 天、1 个月、3 个月、6 个月、1 年期、2 年期等理财产品。总体来说，可以从以下三大方面对银行理财产品进行划分。

1. 从币种的角度看

从币种的角度看，一般可划分为外币理财产品和人民币理财产品。

外币理财产品，一般指的是银行推出的理财产品，是以外币为交易的货币，如美元半年期的固定理财产品。

人民币理财产品一般指银行通过发行一些短期的理财产品，如国债、金融债、央行票据等，到期向客户支付本金和收益的固定收益的理财产品，本金稳定而且安全性较高。

在这两大类产品中，相对来说，人们对于人民币理财产品的投资欲望更强烈，根据投资方向的不同，可以将人民币理财产品划分为以下几大类，如图 2-21 所示。

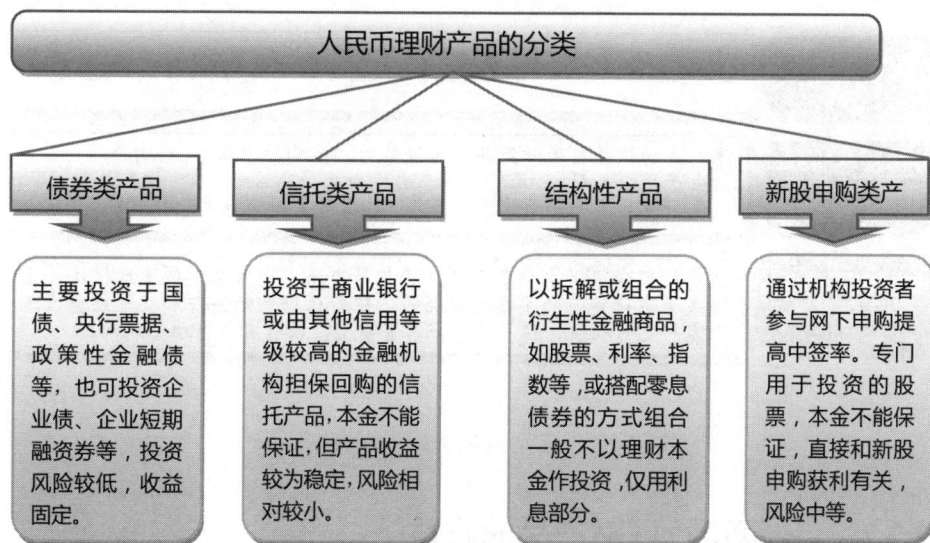

人民币理财产品的分类

债券类产品	信托类产品	结构性产品	新股申购类产
主要投资于国债、央行票据、政策性金融债等，也可投资企业债、企业短期融资券等，投资风险较低，收益固定。	投资于商业银行或由其他信用等级较高的金融机构担保回购的信托产品，本金不能保证，但产品收益较为稳定，风险相对较小。	以拆解或组合的衍生性金融商品，如股票、利率、指数等，或搭配零息债券的方式组合一般不以理财本金作投资，仅用利息部分。	通过机构投资者参与网下申购提高中签率。专门用于投资的股票，本金不能保证，直接和新股申购获利有关，风险中等。

图 2-21　人民币理财产品的种类特点

2. 从风险高低划分

银行理财产品按照风险高低又可划分为如下四大类理财产品如表 2-3。

表 2-3　按风险划分的银行理财产品

风险划分	产品代表	产品特点
基本无风险	银行存款、国债	风险与收益都较低
较低风险	货币市场基金、债券基金	投资于同业拆借市场、债券市场
中等风险	信托类、结构性理财产品、外汇结构性存款	风险与收益都处于中间水平
高风险	QDⅡ为代表的理财产品	高风险高收益

3. 按收益大小划分

投资的最终目的在于获得收益,那么银行理财产品根据收益来划分,则可以划分为保本收益和非保本收益两大类,具体介绍如图 2-22 所示。

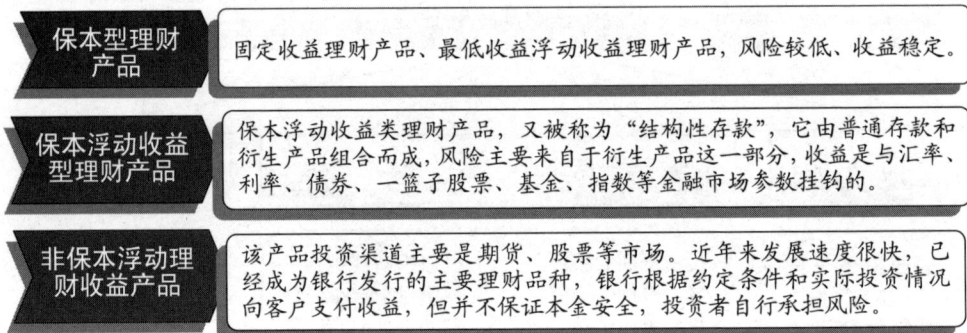

保本型理财产品	固定收益理财产品、最低收益浮动收益理财产品,风险较低、收益稳定。
保本浮动收益型理财产品	保本浮动收益类理财产品,又被称为"结构性存款",它由普通存款和衍生产品组合而成,风险主要来自于衍生产品这一部分,收益是与汇率、利率、债券、一篮子股票、基金、指数等金融市场参数挂钩的。
非保本浮动理财收益产品	该产品投资渠道主要是期货、股票等市场。近年来发展速度很快,已经成为银行发行的主要理财品种,银行根据约定条件和实际投资情况向客户支付收益,但并不保证本金安全,投资者自行承担风险。

图 2-22　按收益划分银行理财产品

2.2.2　计算银行理财产品的收益

如同我们选择不同期限的银行存款一样,根据不同的时间来计算出不同的收益，银行的理财产品也一样，需要计算不同时间点下的收益，那么它的收益是如何计算的呢？

1. 如存款一样，按利息计算

人们将储蓄存于银行，以银行利息的方式收取一定的投资收益，而对于利息的计算，一般可以从银行存款的利率以及存款期限两方面分析，那么银行理财产品呢？它的收益该如何计算呢？是不是和银行存款的利息计算方法一样呢？看下面一个例子。

※事例故事

又快到年底了，小刘打算拿着年终奖再次去购买银行理财产品。说到购买银行理财产品，对他来说，去年还给了他一个大大的惊吓呢。

去年，他拿到了 3 万元的年终奖金，加上平时自己闲置的一些资金，总计 5 万元，他在银行工作人员的推荐下购买了一款收益率为 5.6%、期限为 180 天的银行理财产品。

购买之后，因为假期之后，工作更加繁忙，于是他也就没有过问过这笔投资。他想，反正还没到期嘛。最后，直到 180 天期满之后，他拿着银行卡去查询余额。

查询结果令他吓了一跳，账户里面什么也没有，更不用说当时银行承诺的 5.6% 的收益率。第二天，他再次查询账户，结果里边还是什么也没有。最后，他到银行询问相关情况，银行工作人员告诉他，时间还没到，过两天就有了。

他不明白，明明已经到日期了啊？怎么会还不到日期呢？又过了两天，他查询自己的账户，5 万元的本金以及投资收益都在账户里了。

从上面的例子看出，有时候投资如果时间没有计算正确，那么就可能会带来大大的惊吓呢？严格说来，小刘开始自己算着已经到日期了，而银行却还未到账时，就是没有考虑到银行产品的募集期与清算期。那么它们之间有什么差别呢？

※知识看板

就像我们计算银行存款，需要计算自己存款的天数一样，当计算银行理财产品的利息时，同样需要考虑几个与时间相关的名词，如图 2-23 所示。

利息的开始时间

也称为起始日，即该款理财产品计算利息的起始时间。

产品募集期

一般指从挂牌销售到开始计算利息之间的时间，一般为 3~5 天，有的可以达到 10 天。

产品结算日

也被称为终止日与到期日，是该款产品到期结算并停止计算利息的时间。

产品清算期

清算期又指结算日至本息到达投资者账户之间的时间，这段时间短则 1 天，长则 5~7 天。

图 2-23 计算银行理财产品利息的几个时间名词

当投资者们已经明确了与银行产品收益计算相关的几个时期后，那么就可以对相关的收益进行计算，但此时我们会用到与收益计算相关的一个公式，利息=本金×预期年化收益率×期限（天数）/365。

如某投资者购买了 8 万元的银行理财产品，期限为 180 天，预计年化收益率为 5.2%，那么根据公式可得，利息就为 2 051.51 元。

此外，在计算银行理财产品的利息时还要注意以下几点。

- **投资收益的提前支取**：银行理财产品利息一般是不允许提前支取的，只有少见的个别产品允许提前支取，这需要提前在产品说明书上注明。但这类产品提前支取后是没有任何利息的。

- **银行产品的自动转息**：银行理财产品到期后是自动将本息划转到储蓄账户，如果没有支取，银行会按照活期利息进行计算。

- **客户的自行兑换**：如果产品到期，那么就需要投资者在当天自行兑取，如果没有在当日进行兑取，过去的期限就将全部算作活期利息。

- **投资收益的隐形缩水**：一般银行的理财产品，都会保证收益，即所谓的预期收益率。但保证的收益能否真正的得到保证呢？会不会缩水呢？看下面一个例子。

※事例故事

张先生购买了某银行的理财产品,期限为34天,预期收益率为6.4%,并且在该银行理财产品的合约中约定，募集期为7天，出售日期为3月19日～3月25日，投资收益的计算期间为3月26日～4月29日。

后来在产品到期后，张先生发现从银行收回的投资收益未达到约定的6.4%。他向一位在银行工作的朋友咨询，朋友告诉他，他购买的投资期限为34天的理财产品实际上占用理财资金的天数为46天，其中包括募集期7天活期利率计息和5天（2天清算期和3天五一假日）的没有任何利率的清算期。

再根据银行理财产品的利息公式,利息=本金×预期年化收益率×期限（天数）/365。计算得出该理财产品的实际年化收益率只能达到4.78%。这也就是他为什么会觉得自己的投资收益不能达到6.4%的原因。

通过上例说明，银行通过拉长资金占用时间的方式，将投资者的预期收益缩水。这就给投资者一个警钟，在节假日前后购买银行理财产品一定要慎重，要先计算好自己资金被银行占用却没有获得收益的时间。

2. 银行理财产品的购买技巧

在投资的时间，任何一种理财都存在技巧，炒股有股经、购买债券也存在小窍门、买基金也有"基"巧。同样，对于银行理财产品它也存在一定的操作技巧。对于银行理财，你的手中又掌握了几门诀窍呢？我们先来看看下面一个故事。

※**事例故事**

又快到年底，对于自营生意的人来说，又是开始收回欠账的时刻，刘先生最近就收回一笔欠账 30 万元，平时由于工作繁忙，自己一般都习惯将闲置的资金存于银行。

这天，当他如往常一样打算将这笔钱存于银行账户时，一个银行工作人员给他介绍了几款银行理财产品，相对于银行存款，存期较短并且收益更高，工作人员还给他提供一张产品的详细介绍表，具体如表 2-4 所示。

表 2-4　最新推出的 4 种银行理财产品

产品顺序	起点金额	存期	预期收益	产品特点	实际收益
1	5 万元	42天	3.8%	保本收益	3.8%
2	5 万元	38天	3.6%	非保本浮动收益	3.4%
3	10 万元	200天	5.0%	保本收益	5.0%
4	20 万元	212天	5.2%	非保本浮动	5.2%

看完他打算"一三"、"一四"、"二三"、"二四"这四种选择方式，且每种方式中两款产品各投入 15 万元。

当选择"一三"组合时，收益约为 7 785 元；

选择"一四"组合时，收益约为 8 096 元；

选择"二三"组合时，收益约为 7 770 元；

选择"二四"组合时，收益约为 8 081 元；

在计算实际收益率的时候会有各种不同的情况，投资者要根据产品的投资风险和投资时间控制投资金额，如风险高、时间长的产品投资最好不要超过总投资的 50%，低风险、时间短的产品投资也不要超过总投资量的 50%。

※知识看板

对于银行理财产品的购买技巧，图 2-24 所示为简单总结的 5 点。

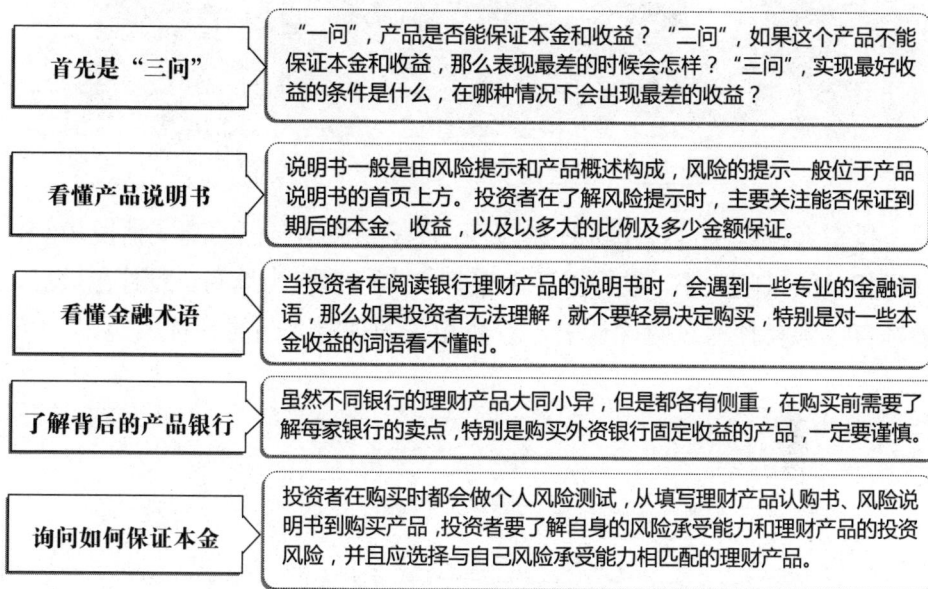

首先是"三问"	"一问"，产品是否能保证本金和收益？"二问"，如果这个产品不能保证本金和收益，那么表现最佳的时候会怎样？"三问"，实现最好收益的条件是什么，在哪种情况下会出现最差的收益？
看懂产品说明书	说明书一般是由风险提示和产品概述构成，风险的提示一般位于产品说明书的首页上方。投资者在了解风险提示时，主要关注能否保证到期后的本金、收益，以及以多大的比例及多少金额保证。
看懂金融术语	当投资者在阅读银行理财产品的说明书时，会遇到一些专业的金融词语，那么如果投资者无法理解，就不要轻易决定购买，特别是对一些本金收益的词语看不懂时。
了解背后的产品银行	虽然不同银行的理财产品大同小异，但是都各有侧重，在购买前需要了解每家银行的卖点，特别是购买外资银行固定收益的产品，一定要谨慎。
询问如何保证本金	投资者在购买时都会做个人风险测试，从填写理财产品认购书、风险说明书到购买产品，投资者要了解自身的风险承受能力和理财产品的投资风险，并且应选择与自己风险承受能力相匹配的理财产品。

图 2-24 购买银行理财产品的五大技巧

其中在投资者看懂理财产品时，要注意，对于产品的概述，要重点关注产品的风险等级以及产品的投资期限、投资类型、认购募集期、产品规模、投资方向、到期兑付日、购买起点金额、收益计算方法等。

一般对于银行的理财产品购买，有两种最基本的形式：柜台和网络。当投资者选择柜台购买时，需要通过银行工作人员的指导进行购买，如果投资者选择网络，那么就可以在各大银行的网站上进行购买。

当投资者选择到银行柜台购买银行理财产品时，该如何操作呢？如图 2-25 所示。

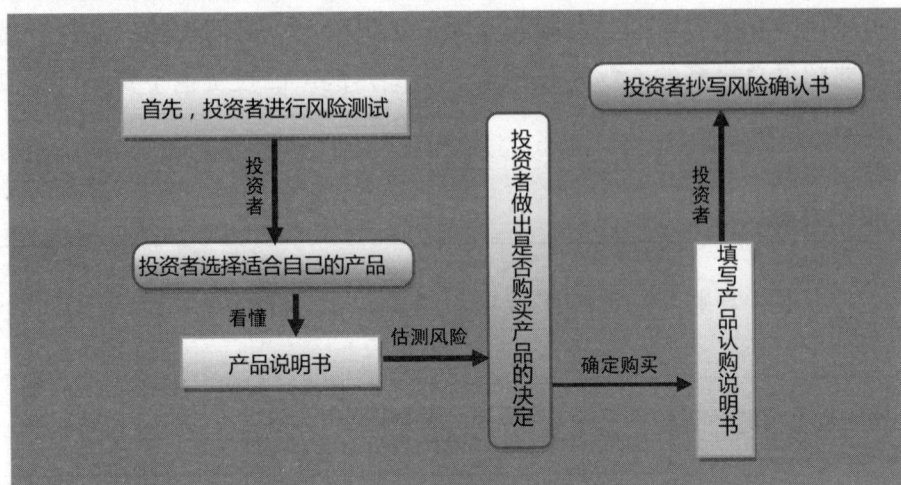

图 2-25　柜台购买银行理财产品的程序

投资者在购买过程中进行风险测试时，要根据自己的真实情况填写，分析相关的风险大小，最好不要由银行客户经理代为填写，同时在最后，最好自己亲自抄写风险确认书，看清相关的理财产品的各种风险。

3

稳健投资理财的首选——债券

当股市波动较大时，人们一般会选择一个避风港，而债券一般是首选。人们常以为债券是中老年人投资的权利，然而事实告诉你不是那样，年轻的投资者也适合。在债券的江湖，有保本稳利的投资，更有媲美股市的收益浮动，无论是哪种投资者都能在债券市场占领一席之地。我们该如何去占领呢？就在此刻，从本章出发。

◇ 买前分析
◇ 了解债券品种
◇ 债券购买流程
◇ 计算债券收益
◇ 年轻人可网购国债
◇ 投资国债的技巧
◇ 转让公司债券
◇ 算精利息
◇ 抉择债券回售
◇ 公司债券的特产品——可转债

3.1　买前分析

无论我们投资哪一种产品，首先要了解该类产品在市场上的定位，了解它的供求关系，是供过于求，还是供小于求，以及市场形势是否良好等。投资债市也是同样的道理。

3.1.1　债市亮点及问题分析

债券市场作为金融市场的一个重要的组成部分，能为投资者提供低风险的各种金融理财产品，再简单说，就是可供投资者发行和买卖债券的场所。根据划分的标准不同，债券市场可划分为场内交易和场外交易市场、一级市场和二级市场两大类。

从是否在证券交易所交易就可以划分为场内和场外交易市场。其中，场内交易市场就是指在证券交易所买卖债券的市场，场外交易市场就是在交易所外进行交易的市场。

从债券市场的发行场所的不同，可以划分为一级市场和二级市场，其中，一级市场指初次出售新债券的市场，二级市场指在发行市场外的各种市场。

在债券市场，债券发行的主体主要是政府、央行、金融机构、企业、公司等，而发行多少，主要由国家制度下的宏观调控以及发行主体自身的经营、规模、盈余等决定。

当然，对于这些发行主体，它们不仅是供给者，同时也是需求者，如央行和金融机构，各大商业银行在其中扮演者了重要的角色。

2012 年新债券的发行量突破了 8 万亿元，债券市场不断扩展，存量达到 25.6 亿，2012 年的债券市场的发展，主要表现在 3 个方面，债券市场整体队伍扩大、信用债的作用发挥明显、逆回购降低准利率等。

从 2013~2014 年，我国的债券市场又出现了一些亮点，简单总结如下。

- **整体市场规模扩大**：主要体现在国债、地方债、信用债等发行量及品种方面会有所增加，特别国债仍将维持较高的发行量。

- **购买信用债成热点**：城投债的发行规模扩大，下至地级市及县区。同时地方的一些民营企业也开始发行，增加了一定的风险。

- **各种私募债不断兴起**：针对中小企业的私募债的试点方案在 2012 年 5 月通过，在上证交易所，92 家企业出具了备案通知书，48 家中小企业完成发行债券，共计 53.53 亿元。

我国的债券市场，作为证券市场的一个子市场，在金融投资者心中占据着重要的地位，但是到目前为止，我国的债券市场仍存在一定的问题，如存在管理体制分散、商业银行垄断、银行债券市场与交易所债券市场分离、缺乏市场化的风险处理等问题。

从近年来债券的走势看，在供给方面，债券的供给压力增加，需求却相对地出现一定程度的削弱。所以在 2014 年，债券的交易还是应以防守为主，可增加短期债券的持有，并以手上持有的中长期产品进行防守。

3.1.2　债市风险估测

在任何投资活动中，风险意味着预期可能带来的一定的经济损失，或者投资可能付诸东流。

与股票相比，债券的产品利率相对固定，但利率固定并不意味着没有风险，而且风险可大可小，我们只有了解了债市的风险，才能具体风险具体解决，债市的风险主要如图 3-1 所示。

变现能力的风险

变现能力的风险主要指投资者在短期内无法以适当的价格卖出债券，因此，建议投资者尽可能地选择流通性较强的债券，不要选择冷门债券。

利率风险

利率影响债券价格，两者成反比，投资者可以持有长短期债券，从而分散由于利率变动带来的风险。

购买力风险

通货膨胀引起的购买力风险，债券的收益一般为债券利率与通货率差额。投资者可以投资高风险的股票、开放式基金、期货等来抵御通货膨胀。

再投资风险

投资者为了获得与预期收益相等的利益，对债券收益带来的临时现金流进行再投资，建议同样进行分散投资，长短期配合。

违约风险

发行主体到期不能支付给投资者本金和利息，国债一般不存在违约风险。

经营风险

一般指发行主体的管理者在经营管理中由于决策失误，给投资者带来一定的损失。建议投资者在购买前一定要对公司或企业的盈利、偿债、信誉等有所了解。

图 3-1　债券市场存在的风险

　　投资者在投资过程中一定要注意规避这些风险，因为它将会影响长远的投资收益。投资者可借用市场理财专家对于风险的评估结果或根据自己的投资经验，在投资前对相应的投资风险进行一定的分析比较，最后制定出一系列措施来预防风险。

3.1.3 了解债券品种

当走进债券市场后，我们就要看看这个市场上，哪些产品是我们最需要的，哪些是我们可以忽略的，就如同我们在超市购物一样，只有了解各种产品，才能将其放进购物篮中。

1. 简单分析投资品种及衍生品种

债券的不同投资品种都是依据一定的标准划分，如表 3-1 所示。

表 3-1　债券投资品种分类

划分方式	品种	划分方式	品种
是否上市	非上市、上市债券	能否转换	可转换、不可转换债券
利息计算方式	单利、复利、累进利息债券	利息支付方式	零息、定息、浮息债券
发行主体	政府、金融、企业债券	能否提前偿还	可赎回、不可赎回债券
财产担保	抵押、信用债券	偿还方式	一次到期、分期到期债券
债券形态	实物、记账、凭证债券	记名与否	记名债券、不记名债券

一般实际购买中，标准都是混合使用的，如附息国债、凭证式国债、记账式国债等，当然在债市，除了债券的投资品种，额外还存在一些衍生品种。

债市的衍生品种一般指根据债券投资品种延伸发展而来，具体如下。

- **本息拆离债券**：一般出现在一级发行市场，就是债券最初交易的市场，在自由流通市场时，一般作为零息债券。

- **买入者可选择性债券**：债券买入者与债券卖出者，可以在交易时，约定在一定的时间后赎回该债券，而最终债券是否赎回取决于债券买入者。

- **可调换债券**：简单指就是可通过它来实现不同债券的转换，按确定的价格将投资者手里的债券约定买卖转换为其他类型证券的债券。

● **发行人选择债券**：主要指是否赎回已交易的债券由发行人决定。

2. 网上了解债券品种

时间相对宽裕的投资者，在购买债券时，一般会到银行或者证券交易所了解相关债券品种，而对于繁忙的上班族来说，不用出门，也可通过网络快速操作，如下。

首先，登录我们常用的一些经济网站，如输入"http://www.eastmoney.com/"网址进入东方财富网首页，如图 3-2 所示，单击"债券"超链接。

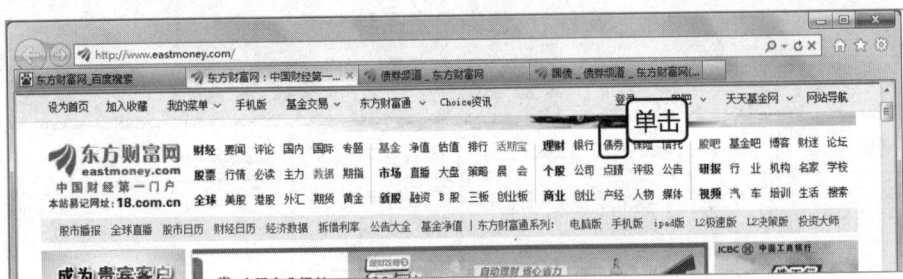

图 3-2　单击"债券"超链接

此时将进入如图 3-3 所示的页面，单击"国债"超链接，此时将进入如图 3-4 所示的页面，出现具体的国债品种，单击"13 贴债 07"超链接，查看具体详情。

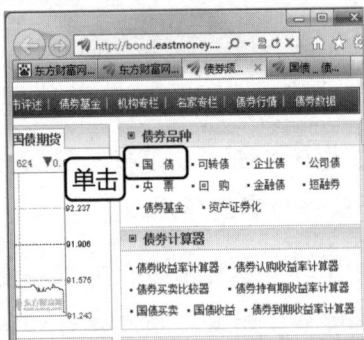

图 3-3　单击"国债"超链接　　　图 3-4　单击"13 贴债 07"超链接

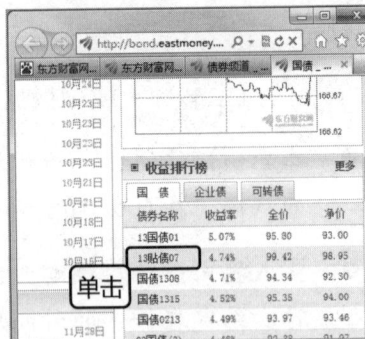

此时将出现选择的该债券的详细信息，如图 3-5 所示。这其中包

括债券简称、债券代码、发行价、到期收益率、到期日等，同时在图中还存在它每日的走势曲线，以及最右边的当日的成交价、成交量、均价等。

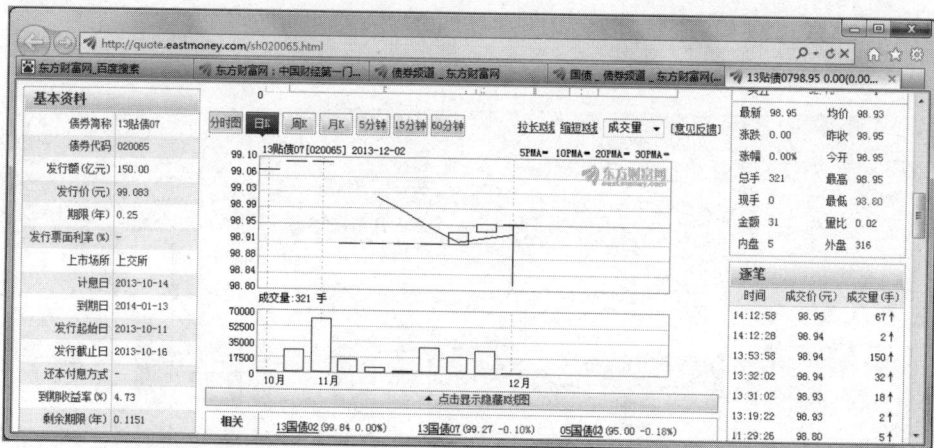

图 3-5 查看债券的明细

以上步骤就是网上了解债券明细的操作步骤，当然不同的投资者有不同的投资习惯，可能登录的网址不一样，但无论登录哪个网址，操作步骤都大同小异。但在选择网站时，一定要注意，选择专业性强、数据分析透彻、行情更新较快的网站，这样会给你提供更安全、更专业、最新的消息，从而不被误导销售，以便做出理性的选择。

3.2 债券购买的流程

如同我们到超市购物，需要首先明白我们需要的东西，然后才选择在哪一家超市购买，最后考虑超市在哪里，在超市里选择完产品后，通过刷卡或付现金的方式完成购物。当我们购买债券投资品种也是同样的道理，那么它的购买流程又是怎样的呢？

我们已经知道它有两大交易市场，场内和场外，因此它的购买流程也同样区分场内交易和场外交易，具体操作程序介绍如下。

3.2.1 场内购买流程

一般场内交易也称交易所交易，它一般包括开户、委托、成交、清算、交割、过户六大程序，如图 3-6 所示。

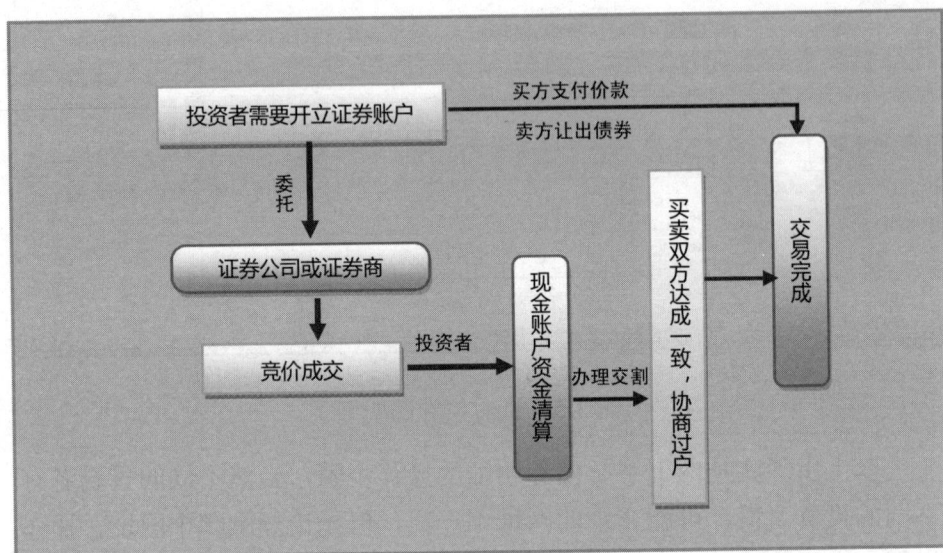

图 3-6　场内债券交易流程

1. 如何开户

开户和银行开户差不多，如果投资者开户的地点是在证券交易所或证券公司，在最初选择证券公司时，一定要注意它的可靠性，同时在办理开户手续时，一般会包括订立开户合同。

订立合同时要注意，投资者将交易委托与证券公司，那么对于委托人的姓名、年龄、职业、身份证号码、住址等要做到真实无误，了解自己与证券公司的各种权利与义务，看清委托合同的相关内容及合同期限。

在开户时，投资者可选择开立现金账户和证券账户。现金账户是用来买入债券，支付债券费用的账户，而证券账户时用来交割债券。对于投资者来说，债券不仅要买入，更要在债券市场进行交易，因此两种账户都需要开设。

在两种账户中，现金账户与银行相关，一般投资者先将资金交存委托的证券商，然后由它交存银行，银行再将相关收入划入投资者的现金账户；而证券账户则一般由证券商免费代为保管，当买卖债券时，再使用该账户进行交易。

2. 办理委托

当投资者确定买入或卖出时，首先要与各大证券公司办理委托关系。办理委托时，需要准备一定的材料以及经历一定的程序，才能完成交易。

投资者的委托流程，如图 3-7 所示。

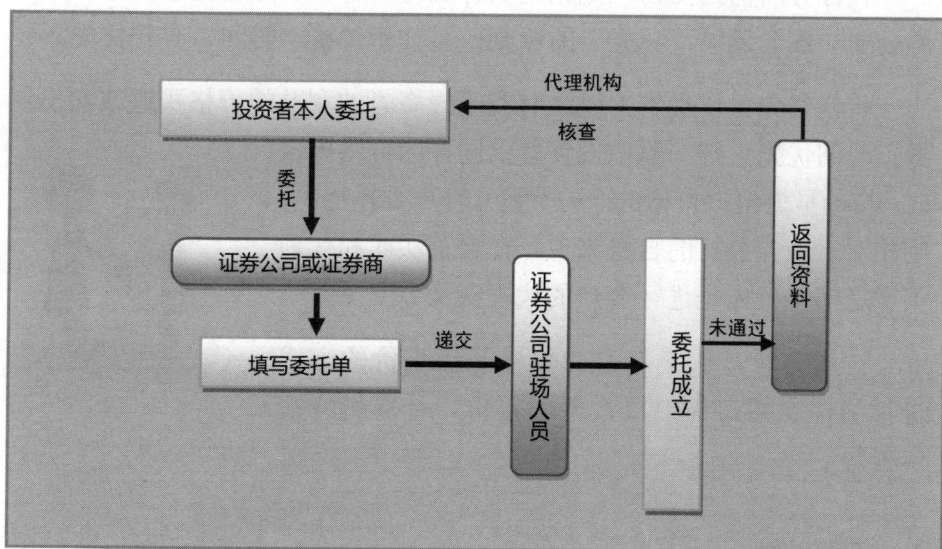

图 3-7 委托流程

在我们了解的委托流程中，一般还会涉及委托方式，那么都有哪些委托方式呢？委托方式一般存在当日、多日委托；买进、卖出委托；现价、随市委托；停止损失、授权委托；整数、零数委托；停止损失限价、立即撤销、撤销委托；电话委托、当面委托等。投资者可根据自身的方便选择委托。

其中如果投资者选择电话委托时，一般投资者需要填写委托单，而且上面的个人信息要求填写清楚，当再次核对无误后，就交给证券公司的主场人员，办理相关手续，此时投资者才与证券公司的委托关系成立。

但如果中途中，核查错误，则委托关系就会不成立，需要委托者重新填写自己的委托单，再次核查直到委托关系成立，才能在债券市场代理买卖。

3. 竞价成交

在证券所内的交易，无论是买方还是卖方都要遵循竞争的原则。证券公司一般会遵循"三先"的原则，具体指价格、时间、委托优先。

价格优先可以理解为以最有利于投资者的利益的价格买进或卖出债券；时间优先，则一般指投资者以同样的价格申报时，与最早提出该价格的一方交易；客户委托优先，则相对于证券公司的自身来说，在自营买卖和代理买卖之间，首先是进行客户的代理买卖。

在成交时，买卖双方的价格是按竞价的方式进行的，包括口头唱报、板牌报价、计算机终端申报等。

4. 清算交割

类似于工程投标以后，投资者在完成债券的竞价以后，买卖双方就需要进行清算交割，其中买方需要支付现金，而卖方则需要交出债券。债券清算，一般指投资者在同一家证券公司的同一日对同一种债券的买卖相互抵消的过程。

而债券交割一般指当卖方将债券交给买方，买方将价款支付给卖方的过程，在证券交易所进行交割时，按照交割的日期不同，在买卖当天成交的债券并办理交割手续的是当日交割，在买卖已经达成协议后的第4个营业日办理的交割是普通交割；如果买卖双方在买卖交易达成后的15日内交割则是约定交割。

在投资者的清算交割中，双方首先需要做的是，确定出交割的数量以及价款，并且按照净价原则进行交易，一般在交易所闭市的当日，清算机构会编制清算交割表，计算出债券上买进卖出的债券数量及价格，以及应付应收净额，各大证券商会在清算交割表的基础上，编制当日的交割清单。

5. 过户

债券过户，简单说就是将债券的所有权由卖方转移到买方，同时买方向卖方支付一定现金的等价交换。在办理交割手续时，买卖双方需要携带一定的资料（卖方需要提供过户通知书并盖章，而买方需要提供印章卡并盖章）到证券公司的过户机构进行过户。

在完成账户改变的同时，注销卖方证券账户的该债券，并将余额增加至现金账户，减少买方现金账户余额，增加债券数量至买方的证券账户，此时即完成债券的过户。

过户会引起买卖双方的证券账户和现金账户的改变。过户时，卖方的证券账户余额减少，现金账户余额增加；买方的现金账户余额减少，证券账户余额增加，双方都实现账户的余额平衡。

3.2.2　场外购买流程

有场内交易，就相对会有场外交易。场外交易简单指的就是在证券交易所以外的证券公司的各种柜台进行的债券交易，一般可分为自营买卖和代理买卖两种。下面我们将对这两类交易做详细的讲解，具体如下。

1. 自营买卖交易

自营买卖的程序相对简单，即投资者作为买卖的一方，而各种证券公司作为交易的另一方，交易的价格根据证券公司自己的挂牌价格交易。

如投资者 A、B，它们都与证券公司进行交易，投资者 A 将某附息国债卖给证券公司，证券公司支付给他一定的资金，而投资者 B 从该证券公司买入该附息债券，支付给证券公司一定的资本。

一般投资者需要填写申请买卖债券单，而证券公司开立成交单给投资者，在自营买卖中，对于证券公司开出的成交单一定要注意。对于交易日期、成交单价、数量、金额、总金额、票面金额等，都要仔细看清楚。

2. 代理买卖交易

除了自营买卖，还有一种场外交易就是代理买卖，严格说就是证券公司仅作为一种中介，只代理买卖，而不直接参与交易，而对于成交的价格，是对买卖双方分别在交易所挂牌确定，其交易的程序如 3-8 所示。

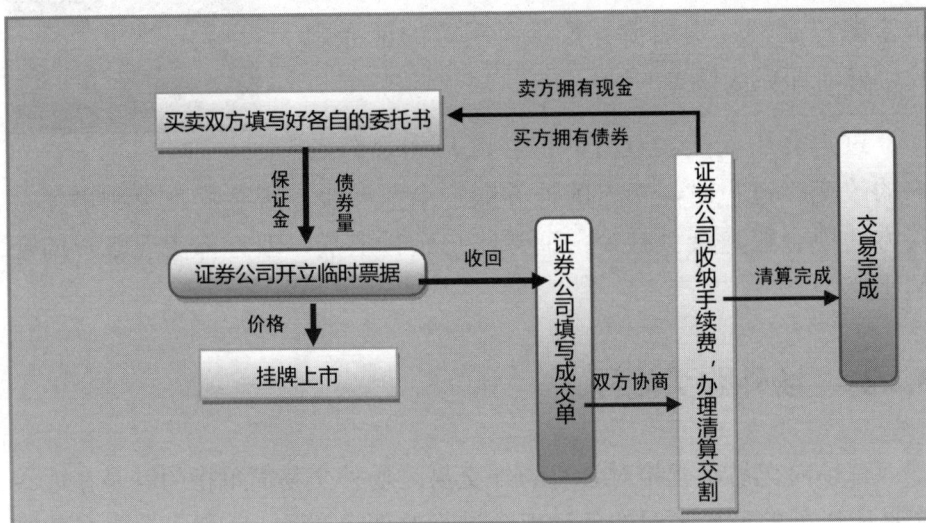

图 3-8 代理买卖交易流程

当投资者参与场外交易的代理买卖时，一般也会填写委托书，此时要注意，个人信息一定要填写准确。

紧接着，当双方在交易中，一般可分为两大类，一是一对一的双方协商成交；二是由证券公司参加的第三方交易。一般投资者常用的也是第三方交易，具体操作如下。

投资者根据三"先"原则，当交易双方协商价格达成一致后，证券公司会填写成交单，双方在接到成交单后，双方开始办理清算交割，并且交回证券公司开出的临时收据，其中还要支付证券公司代理手续费，最后完成交易。

无论是场外还是场内交易，证券公司都在其中扮演着重要的角色，那么选择一个优质的证券公司就相对重要，特别是对于买卖金额较大的投资者来说尤为重要。而对证券公司的考量，则主要从它的资金实力、信誉、收费、地理位置等方面着手。

3.3　计算债券的投资成本与收益率

任何一项投资，都是为了获得相应的收益，然而债券的成本与收益该如何计算呢？

3.3.1　投资成本计算

在购买前，我们需要计算出投资所需要的成本，当然也不能忽略预期收益，两者的差值就是投资能获得的收益，然而两者该如何计算呢？

债券的投资成本的计算公式是：投资成本=购买数量×发行价格。当然在最后汇总中，还需要考虑交易、管理、税收等方面的费用，此外，在债券市场还需要遵循市场的等价交换的原则。

一般当债券在一级市场流通后，就会转入二级市场进行交易，也即是证券交易所交易，此时如果投资者进行买卖交易，就需要支付给证券经纪人一笔佣金。

该如何收取佣金呢？一般每一手债券在价格每上升 0.01 元时，对应的起价佣金为 5 元，但最高不能超过成交额的 2‰，经纪人在为投资人办理手续时，还会收取 3‰的成交手续费及 2‰的过户手续费。

此外，当买卖双方达成了口头协议后，到债券柜台办理真假鉴别业务时还要缴纳签证手续费，因购买的地点不同，缴纳的费用也存在一定的差别。

除上述内容外，我们在计算投资成本时，还需要考虑税收问题，一般由政府发行的债券或一些金融机构发行的债券是免税的，但是在投资企业债券时，需要缴纳占投资收益 20%的个人收益调节税，证券交易所会在每笔交易完成后，从投资者的清算资金账户代扣。

上述的各种费用都要计入投资的成本，此时如果债券在交易所多次流通交易后，一般还要将转让的价格计入投资成本，此时需要运用到公式，成本=票面金额×（1－年贴现率），如某一债券面额为 500 元，年贴现率为 10%，期限为 3 年，则购买成本=500 元×（1－10%）=450 元。

3.3.2　收益率的计算

只有对相关的投资成本有一定了解，接下来我们才能对收益进行计算，那么投资收益该如何计算呢？首先，要从收益率的计算开始。

我们常说的债券的收益，一般存在三种收益：一是直接收益；二是到期收益；三是持有期收益。

一般如果国债的面值、剩余期限、年付息等已经确定，那么就可以据此计算相关的收益，下面将分别简单介绍如下。

- **直接收益率**：对于直接收益，计算相对简单，收益率=年利息/市场价格，对于到期收益率，一般计算相对复杂，投资者可以通过相关软件，如在债券的一些官方网站，根据价格、利率、偿还期等直接求出到期收益率。

- **持有期的收益利率**：对于持有期的利率计算，计算公式为：$i=(P2-P1+I)/P1$，其中 i 为持有期间的收益利率，$P2$ 为卖出债券的价格，$P1$ 为购入时的价格，I 为持有期间的利息收入。

- **到期收益率**：到期收益率一般指的就是一种贴现率，即将未来的现金流量折算为债券全价的贴现率，一般可通过相关软件计算，但对于一些投资者，他们可能在债券市场多次交易买卖，所以可能不会持有到期，那么他们就更关心的是持有期限的利率计算。

此外，在计算收益率时，还会利用"（卖出价-买入价）/（持有天数/365）/买入价×100%"公式来计算收益率。它一般表示投资者在债券买入时未到期，卖出时也未到期。

3.4　国债投资

国债，简单看就是国家的债券，它属于政府债券中的一种，是国家向广大市民投资者借债并向投资者借贷承诺到期还本付息的一种债务凭证。国债的发行主体是中央政府，因为它投资安全，不仅保本而且收益稳定，也是广大投资者常选的债券，那么我们可以购买的国债都有哪些呢？

3.4.1　了解国债可投资的品种

相对来说，投资者购买最多的就是国债，所以本小节的重点也在于国债的讲解。市场流通的国债，一般常见的有记账式国债、凭证式国债、储蓄式国债三大类，而三者之间，孰优孰劣，具体如表3-1所示。

表3-1　3种不同国债比较

项目	记账式国债	凭证式国债	储蓄国债
定义	一种常用的国债，常通过证券交易所的交易系统发行交易，可以记名、挂失、转让	一般有纸质和电子式两种方式，可以记名和挂失，但是不能上市流通交易	类似于银行存款，面向个人投资者发行，通现在一般采用电子式的储蓄国债
投资期限	7~30年	1年、3年、5年	5~10年
投资利率	利率相对较低	期限内利率固定	具有固定利率和浮动利率
流动变现	可随时转让变现	可提前兑换变现，但需要支付一定的费用	可提前兑换,但需要支付一定的费用
发行对象	机构和个人投资者	机构和个人投资者	个人投资者
投资收益	固定的收益或买卖差价收益	收益固定，并且高于同期储蓄	根据利率变化,具有固定和浮动收益

不同的国债适用于不同的家庭，不同的投资者可以根据自身情况，具体选择，对于追求稳定收益的投资者，可以选择凭证式及储蓄式国债，而对于注重流动变现的投资者，则可以选择记账式国债。

3.4.2　年轻人可网购国债

一般来说，中老年人投资国债都会到银行。而相对于年轻人来说，因为时间以及精力有限，他们一般很少到银行购买，对于自己看中的债券，通过网银到各大投资网站购买，具体的购买程序如下。

1. 网银登录

首先我们可以到四大银行的官方网站，进行网银登录，如图3-9所示。登录工行的首页，然后单击"个人网上银行登录"按钮，此时将出现如图 3-10 所示的页面，其中需要投资者输入个人账号、登录密码、验证码等，当输入完成后，再单击"登录"按钮，进入下一步操作。

图 3-9　登录工行首页　　　　　图 3-10　登录个人网银

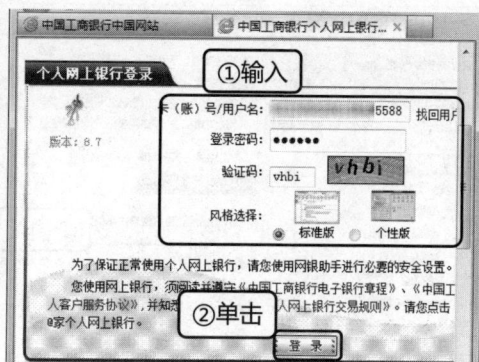

当然如果是机构的投资者，那么就可以在图 3-9 所示的页面中单击"企业的网上银行登录"按钮，然后接下来的操作与个人登录时相同。

2. 选择债券

当进入工行的首页时，单击"网上国债"超链接，进行国债的选择，此时将会出现网上国债窗格，单击"购买国债"超链接，如图 3-11 所示。接下来就是对于债券类型的选择，如图 3-12 所示。

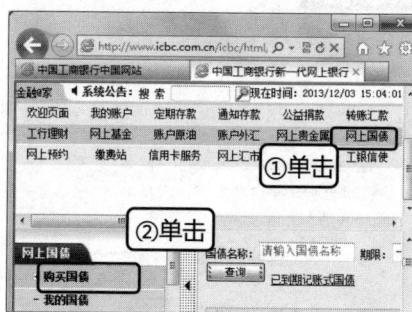

图 3-11　单击"购买国债"超链接　图 3-12　单击"记账式国债"超链接

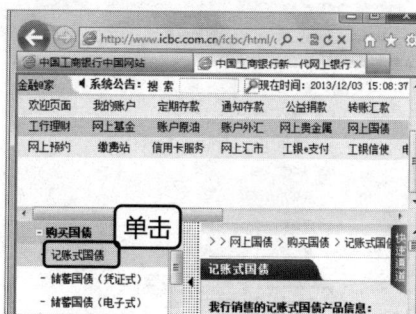

此时将进入如图 3-13 所示的页面，在记账式国债的窗格中，输入国债名称，然后选择期限和到期年限等，然后单击"查询"按钮，此时将

出现产品明细，出现具体的债券名称、债券期限、年利率、买入价等，最后单击"购买"按钮，进入下一步操作。

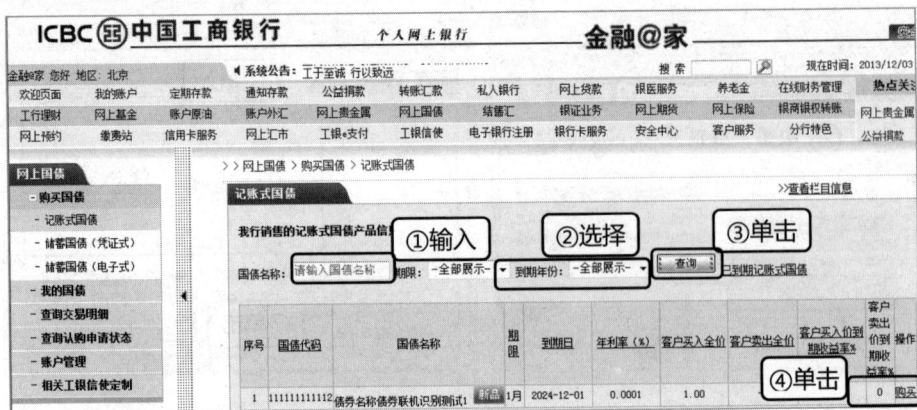

图 3-13　购买国债

3. 开立账户

此时进入如图 3-14 所示的页面，首先要求投资者开户，其中有账号、姓名、证件号码、开户手续费等，单击"开户"按钮，接下来就是对新开立的账户进行确认，单击"确认"按钮，进入下一步操作，如图 3-15 所示。

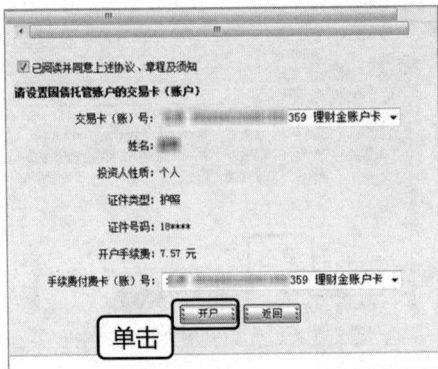

图 3-14　单击"开户"按钮

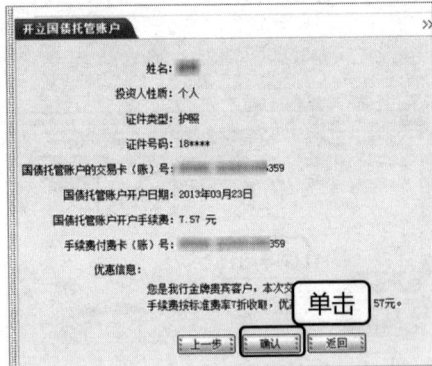

图 3-15　单击"确认"按钮

4. 购买债券

此时，将出现如图 3-16 所示的页面，提示投资者开户成功，同时提示投资者的托管账户以及交易账户。接下来，投资者可单击"继续购买"按钮，进行下一步的购买操作。

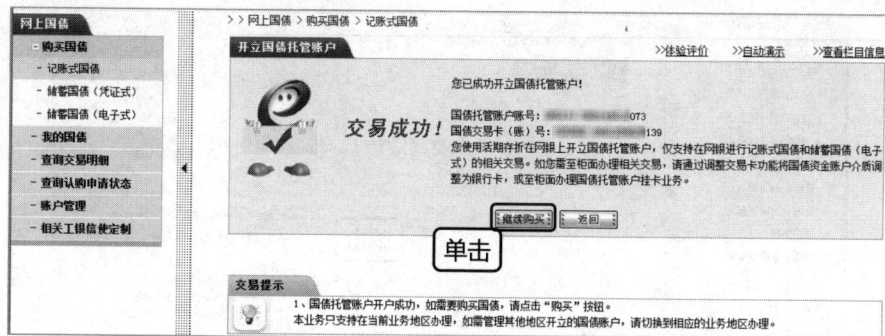

图 3-16 单击"继续购买"按钮

当完成上一步骤后，将出现该债券的详情明细，包括债券名称、账户余额、发行日期、发行价、交易卡账号等，此时只需要投资者输入购买的总额，输入完成后，再单击"提交"按钮，如图 3-17 所示。

在打开的页面中，单击"确定"按钮，如图 3-18 所示。

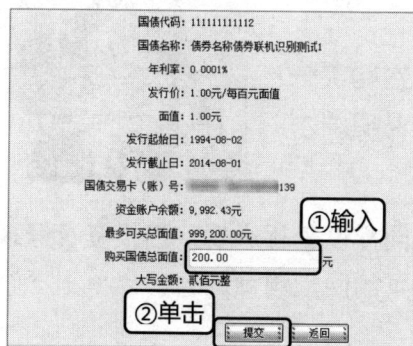

图 3-17 单击"提交"按钮

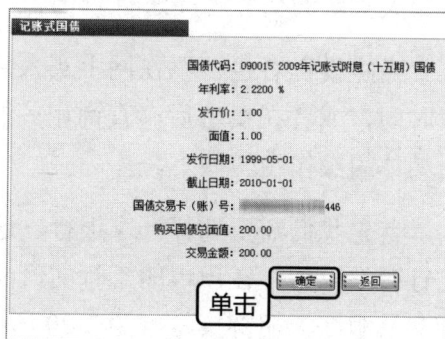

图 3-18 单击"确定"按钮

5. 完成交易

当完成上一步骤后，系统会自动提示交易成功与否，如图 3-19 所示。它还会提示买卖债券的名称以及价值，以及最近购买该债券而给予的一些商品奖励，图中所示为给予的抽奖奖励。

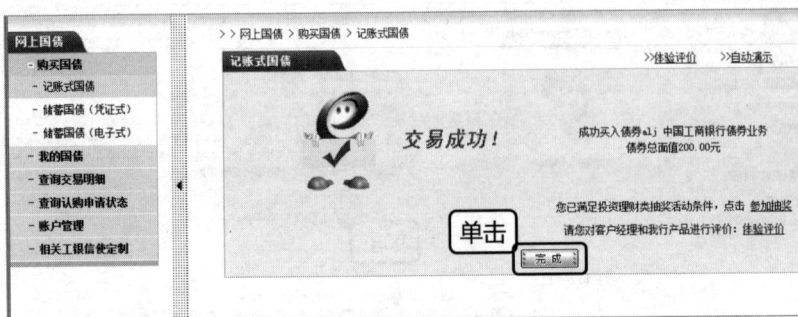

图 3-19 单击"完成"按钮

6. 明细查询

如同我们在银行取款一样，我们都会对交易以及余额进行查询，网上买卖债券也一样，需要对相关买卖的交易程序进行查询。

当然投资者也可以在网上买入后，在购买一段时间，或者在卖出后，查询相关的交易明细，而具体的操作步骤如下。

首先我们需要选择一家银行，这里同样以工行举例，当投资者登录工行网站以后，在出现的工行的产品首页的网上国债的窗口，单击"查询交易明细"超链接，如图 3-20 所示。

此时投资者还需要在出现的窗格中，选择如债券名称、明细类型、起止日期等，当选择完成后，接下来就单击"查询"按钮，进行下一步操作，如图 3-21 所示。

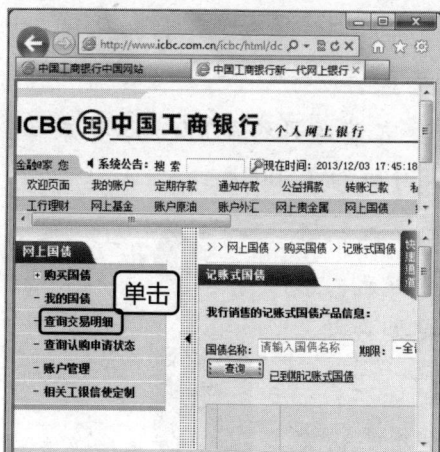

图 3-20 查看交易明细

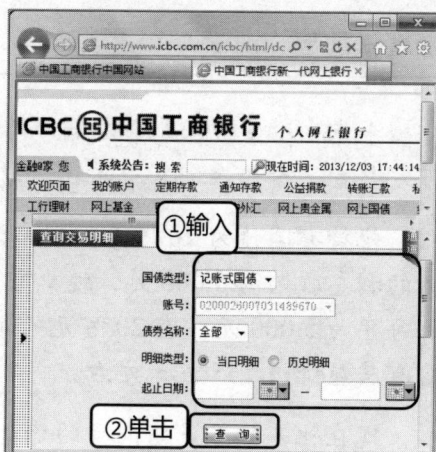

图 3-21 单击"查询"按钮

此时，将出现查询的结果，如图 3-22 所示，包括债券名称、交易账号、交易日期、交易类型、交易金额、交易场所等，当然投资者还可以单击"下载"按钮，投资者可以将该明细进行下载。

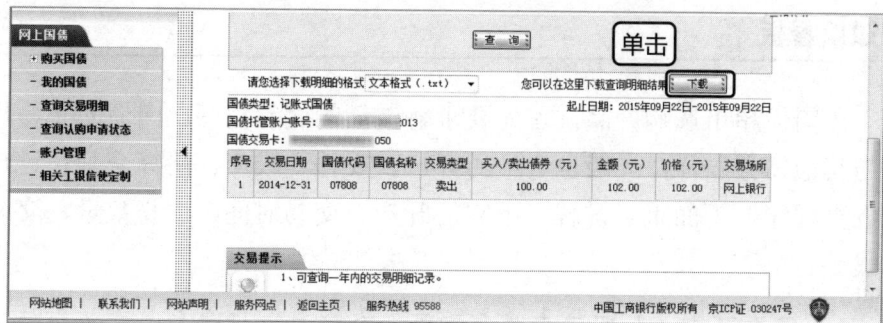

图 3-22 查询到的明细结果

3.4.3 投资国债的技巧

对于政府推出的不同的国债该如何挑选，挑选长期还是短期，什么时候卖出最合适，这些都是投资者们在投资时经常思考的问题。那么国债的投资存不存在技巧呢？

※事例故事

李先生，在一家外企做翻译的工作，工资每月约8 000元，年末有2万元奖金，妻子在一家中学担任老师，月薪约3 500元。

他持有国债为10万元，利率为5%，每年国债的利息收入为5 000元，股票市值10万元，分红每年为5 000元，有20万元的银行定期存款，自有房屋价值135万元左右。

现在他不知道是将闲置的资金继续用于投资股票，还是购买国债，或是购买银行推出的理财产品。

如上例的李先生一样，拥有一定的闲置资金，但是不知道该如何投资，走进国债市场后，却不知道该如何挑回自己满意的产品。

※知识看板

在国债超市选购产品，首先要了解国债的交易程序。国债的交易程序与其他债券一样，一般也会经历开户、委托、成交、清算交割、过户等五大程序，下面重点讲解一下它的开户、交易时间、交易数量、交易方式等。

- **债券开户**：如同买卖股票需要一个账户，投资者者在买卖债券之前，如果投资者要参与证券交易所的交易，首先就要在一家证券公司开立账户，或者在银行柜台办理，最终与证券公司办理委托关系，委托债券的买卖交易。

- **债券的交易数量**：债券交易一般会以价格为先、时间为先为交易原则，一般以1 000元面值为一手，每次交易最少为1手，最高不超过1万手，报价时以面值100元报价。

- **债券的交易时间**：交易一般在每周一至周五的 9:30~11:30 和 13:00~15:00，法定假日不计算在内。一般现货交易还可以实现回转交易，即 T+0 交易制度，当天买进可以当天卖出。

● **债券的交易方式**：一般国债采用电脑集合竞价、连续竞价的交易方式，前者时间在 9:15~9:25，后者的时间为 9:30~11:30 和 13:30~15:00。当日第一笔成交价为开盘价，最后一笔交易前一分钟所有交易的成交量的加权平均价和最后一笔交易价之和为收盘价。

当我们已经了解购买产品的程序，接下来我们就可以按一定的标准去选择，即所谓的一些小技巧。

● **避免错误的投资心理**：一定要避免贪婪与恐慌、盲目跟风、过于求稳盲目地听信内部消息。大量购买众人认为会大涨的债券，在市场衰弱时，大量卖出，作为投资散户，最终是会吃亏的，所以在投资前，一定要坚持自己的投资理念，不能不顾市场时机频繁操作，结果可能造成高投资低回报。

● **市场选择**：在市场利率处于低迷时期，可以选择购买国债来保值稳值，相对来说，此时国债利率较高。

● **品种选择**：不同类型的国债适合不同的购买人群，一般电子式的储蓄国债适合稳健型的投资者，凭证式国债适合中老年人购买，而记账式国债一般适合对市场敏感的投资者。

● **买卖方式**：为了保证债券的流通性，一般可通过债券交易的逆回购实现，但是它一般资金要求较高，金额在 10 万元或它的整数倍。

在我国的国债市场，一般中老年投资人群居多，而年轻的投资者由于大多追求高风险高回报以及资金的高流动性，因此对国债的购买较少，他们更多地关注于类似股票交易的债券逆回购。

债券逆回购一般指投资者用手里的资金短期持有一种国债，到期对方需要还本付息，类似于股票下单，从中赚取差价作为收益。

※知识延伸

终其一生，我们都在追逐财富，没有人不渴望财富，财富的积累与丰收与个人的理财密切相关，人的一生中会经历 5 个理财阶段，具体如图 3-23 所示。

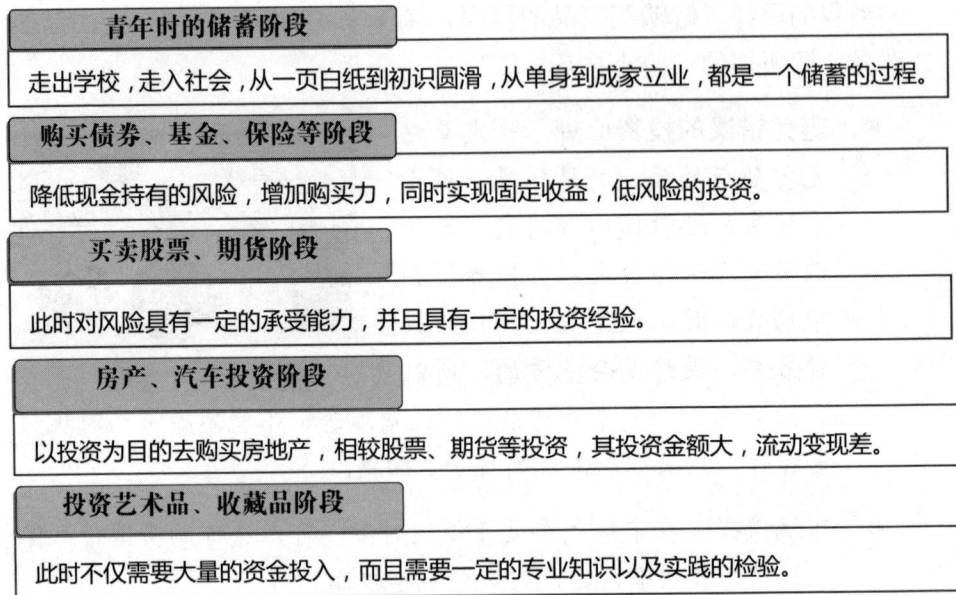

青年时的储蓄阶段

走出学校，走入社会，从一页白纸到初识圆滑，从单身到成家立业，都是一个储蓄的过程。

购买债券、基金、保险等阶段

降低现金持有的风险，增加购买力，同时实现固定收益，低风险的投资。

买卖股票、期货阶段

此时对风险具有一定的承受能力，并且具有一定的投资经验。

房产、汽车投资阶段

以投资为目的去购买房地产，相较股票、期货等投资，其投资金额大，流动变现差。

投资艺术品、收藏品阶段

此时不仅需要大量的资金投入，而且需要一定的专业知识以及实践的检验。

图 3-23　人生财富的积累阶段

上面几点就是简单罗列的投资理财，从低级到高级，其中后 3 个阶段，属于高风险高收益的投资，不仅需要一定的财物实力以及专业知识，更需要一定的好运。

3.5　公司债券

成为一个公司的股东，每年分红是大多投资者都愿意尝试的事情，但是需要投入很大的资本，如果投资者的资本不够充裕，那么我们可以换一种方式，成为公司的债主，在每年的特定时刻，收回利息，在一定的年度后，收回本金，这样的投资就是买卖公司债券。

3.5.1　买卖公司债券

公司债券一般是由公司发行，特别是股份制有限公司，公司与投资者约定在未来的特定日期，偿还本金，并且在持有期间按一定的利率支付利息，它是一种有价证券。

公司债券在票面上，必须载明金额、利率、偿还期限、公司名称、董事长签名、公司盖章等事项，它一般可分为记名债券和不记名债券，其中记名债券是在票面上记载投资者的姓名、还本付息的需要证件、转让时需要背书等信息；而不记名债券则对这些不做严格要求。

公司债券在交易所挂牌上市之前，需要申请债券上市，要满足债券期限在 1 年以上，发行额不低于 5 000 万元，以及国家规定的其他条件。

对于公司债券，我们可以从以下几方面对其进行初步了解，如买卖方式和转让公司债券等。

1.　买卖的方式

个人投资者参与公司债券买卖时，一般有两种方式，分别是直接买卖和间接买卖，前者指可参与一级市场或交易所的二级市场，后者指可以通过银行、证券公司、证券商等金融机构购买，参与网下申购，但参与交易的前提是拥有一个证券账户，交易的程序和买卖股票类似。

当投资者准备开户时，如果投资者选择在两大交易所开户，就需要 90 元的开户费，开立证券账户，通过该账户可以买卖股票、基金、国债、公司债等。

接下来投资者就可以通过下载一些股票买卖的行情软件或委托软件，通过账户登录，在家即可以买卖债券。当然投资者也可以在证券公司营业厅、银行、证券商处去购买，但是需要支付一定的交易费用和佣金。

在上交所买卖公司债券，一般可以通过发行时认购或债券上市后进行交易，当公司通过网上发行时，投资者可以进行网上申购；在上市后，还可以通过上交所的竞价交易系统办理买卖。

2. 转让公司债券

当投资者觉得现在是抛售手里拥有的公司债券的最佳时期，如果继续持有已经不具有更大的价值，那么投资者就可以准备对它进行转让。

相对来说，公司债券的转让一般在证券交易所进行，在交易所进行场内交易，而对于转让的价格，双方可根据市场利率协商，确定价格后完成转让。

3.5.2　公司债券的收益计算

如同购买股票是为了赚取差价收益，银行存款是为了利息收益，买卖公司债券也一样，是为了赚取一定的利息收益以及差价收益。

那么我们该从哪些方面计算收益呢？影响收益的因素有哪些呢？我们如何做才能实现以最小的成本，实现投资最优，价值最大呢？中间有没有什么可把握的小技巧呢？且看如下分析。

1. 精算利息

对于公司债券的利率，一般利率越高收益越高，还本期限越长，利率也越高。我国各大公司债券一般实行现券交易，而现券交易实质就是实行净价交易。全价结算净价交易是应计利息不包含在内，而

全价则是净价额与应计利息之和。

应计利息=票面利率/365×应计息天数，从起息日当天开始算，成交日不包含在内，一般 2 月 29 日也不包含在内，当票面利率不能被 365 整除时，计算机将自动默认"四舍五入"。

计算利息时，还要考虑税前还是税后，因为存在计算公式的差别，税前利息计算（单利）=（100-净价+票面利率×剩余年限）/买入全价/剩余年限；税后（单利）=[(100+票面利率×剩余天数+1)-全价]/买入全价/剩余天数。

交易规则

当投资者进行交易时，交易的最低申报额为 1 手，即为 10 张百元面值，最高额为 1 万手，价格变动单位为 0.01，一般实行 T+0 的交易规则，即在当天买入也可卖出。

---

2. 巧避利息税

如果投资者选择在证券交易所交易时，就需要支付一定的佣金。深交所的可转债为 1‰，上交所的可转债为 0.1‰。此外，投资者对于持有期间的利息收入，一般需要上缴一定的税收，那么如何才能在国家允许的范围内巧避利息税呢？

对于投资者来说，一般可以在公司债券每年派发利息前卖出，派息后买入，同时投资者还可以选择购买不同的债券品种，一般可选择购买两种相近的债券相互交换。

而当其中一支即将派发利息时可卖出它，再买入另一只，而当另外一只债券除息后，就可将手中的债券换成除息债券，而当市场上出现新型的更高收益的债券时，就可抛掉手里的旧债券。

3. 抉择债券回售

债券回售，简单来说就是发行人在发行时就约定一定的回售条款，当市场出现回售条件时，债券的发行主体就收回该债券，同时支付给投资者相应的价款。

在回售债券里，如存在某 5 年的公司债券，如果发行公司在第 3 年的时候进行了利率调整，那么投资者可依新利率继续持有，也可以选择债券回售。

3.5.3　公司债券的特产品——可转债

可转换债券属于公司债券的特产品，可转换债券一般是固定收益的债券、具有明确的债券期限和定期利息，具有债券的一般性质。

一般在转化成股票之前是公司的负债，只有在转股后，才可以参加公司的红利分配，一般相比公司的其他债券，它的票面利率会更低，投资可转换债券和投资股票一定程度上相近。

投资者拥有可转换债的两种权利，一是转换成股票，二是持有到期，如果选择转换，则可以获得股票上涨的收益，此外可转债同样具有赎回和回售的特性。

当将公司债券可转换时，一般要满足 3 个最基本的条件，而且是在发行时提前规定，具体如下。

- **信息公开**：债券的转换价格、比率、股票内容、开始转换期间等信息公开。

- **发行能力**：公司债券转换成股票，那么公司就不仅要满足发行公司债券的能力，还要满足具有公开发行股票的能力。

- **投资风险**：发行公司一般为股份有限公司或上市公司，如果投资者购买的选择的公司不是以上二者，则需要注意投资它的投资风险。

在转股期内，债券交易不停市，当可转换的公司债券低于 3 亿元时，深交所会公告在 3 个交易日后停止交易。停止转股的时间由发行人和交易所商定，一般不能超过 15 个交易日。

当交易报价时，一般以面值 100 元为基本单位报价，1 000 元为一个交易单位，实行 T+1 交收，按成交额 0.1‰征收交易经手费，同时缴纳 2‰的佣金。在转换交易的第二个交易日，发行人将本利息划入交易所指定账户，同时交易所告知交易结束时，剩余债券数额。

交易所在第三个交易日将本息款划入券商账户，各券商在第五个交易日将本息款划入投资者的现金账户。

对投资者来说，购买可转债可以灵活投资，不仅可以实现稳定的收益，也可以在一定的条件下，转换成股票，获取股息、红利等。对于投资者来说，在股市上涨时，实现转股可以获得股价上涨带来的盈利，当股价降低时可以不转换，只收取固定的利息，等到期满收回本金。

一般情况下，可转债当期的收益会比普通的红利高，这也是为了抑制投资者过度转换为股票。

注意：虽然债券是稳健型的投资品种，并不能表示投资者可以随意进行债券投资，它仍然有风险等级的划分。

（1）认识债券评级：债券评级又被称为债券信用评级，是以企业或经济主体发行的有价债券为对象进行的信用评级。债券评级通常划分为 4 个等级，包括 A 级、B 级、C 级和 D 级。其中，A 级风险较小，D 级最大。

投资者在准备购买某一企业债券时，可以在网上查询该债券的评级状况，以此来了解债券的风险大小，从而判断个人的风险承受能力是否适合于投资该债券。下面来看看如何在和讯债券查询债券的评级状况。

进入和讯债券首页（http://bond.hexun.com/），单击"债券一览表"超链接，在打开的页面中选择要查看的企业债表，比如单击"企业债表"超链接，如图 3-24 所示。

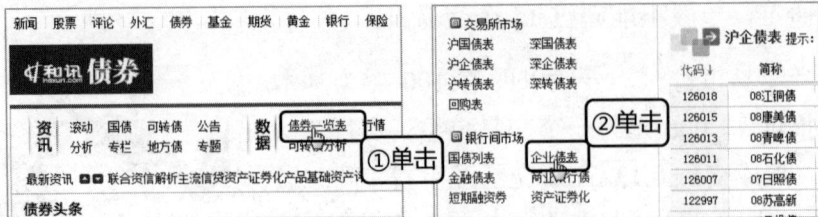

图 3-24　进入和讯债券首页

在打开的页面中选择要查看的债券，比如单击"03 石油债"超链接，如图 3-25 所示。在打开的页面中可以查看到该债券的信用评级和评级机构，如图 3-26 所示。

图 3-25　选择要查看的企业债

图 3-26　查看债券评级

（2）计算债券收益：投资者投资债券最关心的莫过于债券的投资收益了，投资者可以使用债券收益计算器来计算投资债券的购买收益率、出售收益率和持有期间收益率，下面以在东方财富网计算债券收益为例。

进入东方财富网（http://www.eastmoney.com/），单击"债券"超链接。在"债券计算器"栏中的"债券收益率计算器"超链接，如图 3-27 所示。

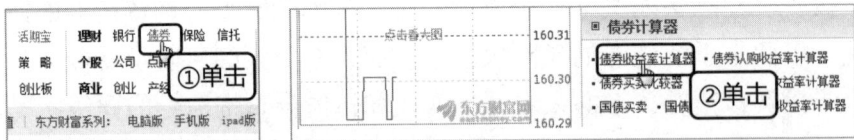

图 3-27　准备计算债券收益

进入债券收益率计算页面，选择计算种类，输入债券面值、买入价格等数据，单击"计算"按钮，如图 3-28 所示。

图 3-28 计算债券购买收益率

东方财富网提供的债券收益计算器，可以计算债券购买收益率、债券出售收益率和债券持有期间收益率。投资者在购买债券时如果想要得知买入债券的最高价格应为多少时，投资回报才能不低于存款储蓄可以利用工商银行提供的债券的买卖计算器来计算。

进入中国工商银行官方网站后，在"个人业务"下拉菜单中单击"理财"超链接，在打开的页面中单击"债券买卖计算器"超链接，如图 3-29 所示。

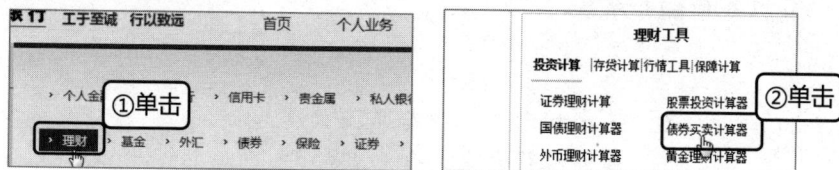

图 3-29 准备使用债券买卖计算器

在打开的页面中填写交易身份、债券类型和票面面值等，单击"计算"按钮就可计算出结果，如图 3-30 所示。

图 3-30 使用债券买卖计算器

4

投"基"理财

对于行走理财江湖的侠客们来说，债券这把"剑"，不一定每人都能挥洒自如，更别说通过它获得财富了。因此，有的侠客就会拥有一把属于自己的"刀"，而这把刀就叫"基金"。笑看江湖，我们该如何去挑选一把适合自己的"刀"呢？答案就在本章，只等你翻开序幕。

    ◇   基金的定义及种类
    ◇   通过银行开立基金账户
    ◇   巧用支付宝开立基金账户
    ◇   基金买卖
    ◇   变现最快的基金——货币基金
    ◇   组合投资的基金——债券基金
    ◇   年轻人如何买基金
    ◇   基金的投资技巧

4.1 认识基金

基金作为理财江湖的一把"刀",首先我们得了解它,才能使用自如。在基金市场上,都有哪些类型的基金呢,每一种类型的特性又是怎样呢?

4.1.1 基金定义

一般可以从两大方面来认识基金,一是资金关系,二是组织性质。从资金关系看,就是专门用于某种特定目的并独立核算的资金。

而从组织关系上看,就是管理和运作特定投资的一些核算机构和组织。

4.1.2 基金的种类

我们常指的基金,一般就是各种证券基金,如开放式基金、封闭式基金、公司基金、契约型基金、货币基金、债券基金、股票基金等,不同的基金适用于不同的投资人群,首先我们来认识开放式基金和封闭式基金。

1. 买卖开放式基金

开放式基金一般指基金发起人在设立基金时,基金的规模不固定,投资的规模根据投资者的需求调整,具有市场选择性强、流动性好、透明度高、方便投资等特点。

一般,如果投资者决定参与开放式基金的买卖,那么就需要经历以下的交易步骤,举例如下。

● **认购**:吴先生将自己账户的30万元的资金用于认购开放式基金,当时的认购费率为1%,基金份额的面值为1元,那么他认购时收益及费用计算为:认购费用=30万元×1%=3 000元,净认购金额=300 000 元-3 000 元=29.7万元,认购的份额=29.7万元/1 元=29.7万份。

- **申购**：如果当他将这30万元用于申购时，申购费率为2%，单位基金净值为1.5元，那么他申购时的费用及收益计算为：申购费用=30万元×2%=6 000元，净申购金额=300 000元-6 000元=29.4万元，申购份额=29.7万元/1.5元=19.8万份。

- **赎回**：如果他要赎回这30万份基金单位，赎回率为1%，单位基金净值为1.5元，赎回的价格=1.5元×（1-1%）=1.485元，赎回金额=30万元×1.485=44.55万元。

在上例的计算当中，涉及了单位基金净值的计算。单位基金的净值简单来说就是每一基金单位代表的基金资产的净值，计算公式为：单位基金资产净值=（总资产-总负债）/基金单位总数。

当经过认购、申购、赎回后，接下来一般需要对收益进行分配，一般有两种分配方式，一是现金分配，二是再投资分配。现金分配就是投资者可以直接拥有的现金收益，而再投资分配就是将现金收益按照净值再投资于基金，一般在再次投资时，会免除申购费。

如上例的吴先生现持有的基金单位为30万份，份额为1元，净值为1.5元，那么他可以拥有的现金红利为：300 000×1元=30万元，再投资时的份额为：300 000/1.5=20 000份。

然而在投资者拥有这些收益的同时，仍需要承担一定的风险，对于购买开放式基金一般需要承担资金流动性风险、申购及赎回时的价格控制风险、机构运作风险、市场风险等。

那么在我们已经明确这些风险之后，就应该针对这些风险，做一系列的风险避免措施，从而将投资的损失降到最小。

2. 封闭式基金

封闭式基金一般是指基金的发起人在设立基金时，就对基金的发行总额进行了限定，当总额达到一定的标准时，封闭式基金就正式成立，并进行封闭，此时新的投资者不能再进入。

一般采取竞价的交易方式，交易的价格受到市场供求影响，会出现溢价、折价发行的情况，封闭式基金一般采取的是现金分红的方式。

对于封闭式基金的现金分红，必须在一定的条件下才行：首先，基金当年的收益弥补以前年度亏损后才考虑分配；其次，收益分配后，单位净值大于面值；最后，基金投资当期出现了净亏损时，不能对此进行分配。

当满足以上的分红条件以后，分配90%以上的基金净收益将以现金的形式分配到客户，而且每年的分配次数大于 1。基金的净收益是总的收益扣除相关费用后的余额，包括红利、股息、债券利息等。

3. 开放式基金与封闭式基金的区别

开放式基金与封闭式基金两者之间都各有其特色，那么投资者该如何区分两者呢？下面做了简单的比较，如表4-1所示。

表4-1 开放式基金与封闭式基金的区别

划分方式	封闭式基金	开放式基金
规模可变性	在规定的期限内固定不变	根据投资者需求改变
买卖方式	一般在二级市场交易	一般不在交易所交易
单位的买卖价格	价格受市场供求关系影响	以基金单位净值为基础
买卖费用	证券交易税、手续费	首次认购、赎回费
投资对象	一般为长远的投资计划	一般是投资变现能力较强资产

相对来说，开放式基金已经成为主流产品，相对于封闭式基金，它

在资金的流动性、透明度、操作度等更具有优势，而且在各大银行都可购买，操作起来更方便、快捷，可在一定的程度上改善投资者的投资结构。

4.2　基金开户

与买卖股票一样，买卖基金也需要开立账户，一般投资者可以在上交所、深交所开立证券投资基金账户，用于基金的申购、认购、赎回。

当然也可以通过基金管理人或者各种代销机构如银行进行开户。如果投资者追求高效率，也可以直接在基金公司的官网进行在线开户。

4.2.1　通过银行开立基金账户

银行在人民中的信誉度相对来说会高于其他的一些投资机构，因此同样是开户，那么投资者一般会选择去银行开立基金账户，这样不仅保障安全，而且对于一些不懂的问题，还可以现场询问。那么去银行柜台办理基金账户，我们需要准备什么资料，办理的步骤是怎样的呢？如图 4-1 所示。

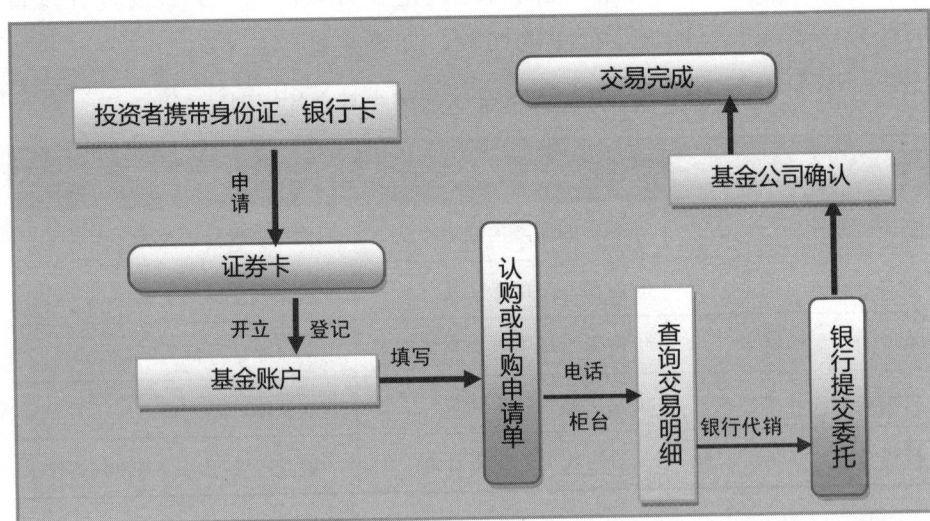

图 4-1　在银行柜台开立基金账户

去银行办理基金账户时，一般在周一～周五的 9:30~15:00 去办理最好，其中需要准备证券卡开卡费 10 元，但是没有年费，也没有其他管理费，在办理时要注意，如果投资者打算购买几家公司的基金，那么最好多开立几个基金账户，它们不需要投资者存钱，也不需要收费。

4.2.2　巧用支付宝开立基金账户

除了在银行柜台开立基金账户，我们也可以直接到基金公司开立账户，在工作人员的指导下完成开户。

如果投资者平时工作繁忙而没有多余的时间去银行或基金公司办理基金开户，又不想委托他人代办，那么可以选择另外一种方式，在办公室或在家，只需一键就能轻松办理，那就是网络开户。

在淘宝四处流动的世界，支付宝不仅可以淘衣服、淘奢侈品、淘小玩意儿等，还可以淘"基"，甚至开立基金账户，下面具体进行讲解。

1.　首选支付宝开户

首先，需要登录一家基金公司的官网，图 4-2 所示为登录华夏基金官网，在该页面的右边，单击"在线开户"按钮，从而进行基金开户操作。

图 4-2　登录华夏基金官网

此时将进入如图 4-3 所示的页面，需要投资者对需要开户的银行进行选择，然后系统提供了 3 种具体的方式可供选择，网银、支付宝、理财中心客户开户等，如图 4-4 所示，投资者可根据适合自己的方式，自行选择。

图 4-3　选择开户银行

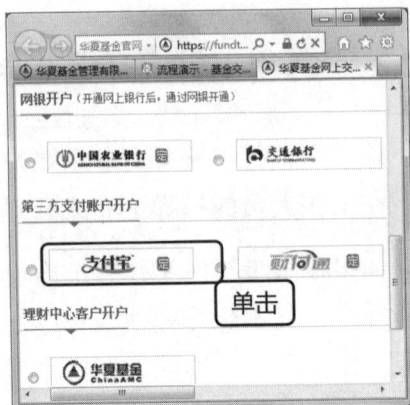

图 4-4　选择开户的具体方式

如果投资者在图 4-4 中选择了支付宝的开户方式后，将出现 4-5 所示的页面，需要投资者输入自己的姓名、选择证件类型、证件号码等。

当输入完成以后，单击"确认"按钮，此时将进入如图 4-6 所示的页面，然后登录支付宝账户，输入账户名、登录密码等，输入完成后，单击"登录"按钮，进行下一步的操作。

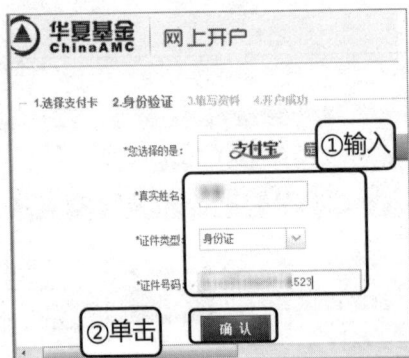

图 4-5　选择银行卡

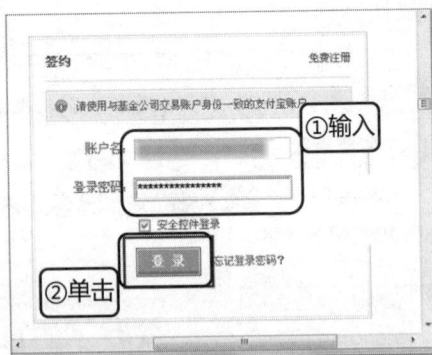

图 4-6　登录账号

此时将出现如图 4-7 所示的页面，系统将自动提示投资者先绑定支付的银行卡，而且还提示支持的银行，如图中建行、农行、光大储蓄卡。

之后，系统提示银行卡还未开通，需要投资者去开通，单击"前去开通"按钮。

接下来将出现如图 4-8 所示的页面，需要你选择具体的银行卡，这里选中"中国建设银行"单选按钮，完成以后再单击"下一步"按钮。

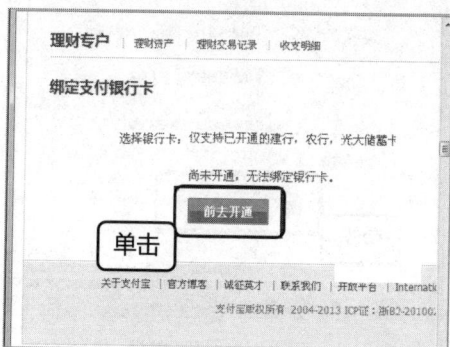

图 4-7 单击"前去开通"按钮

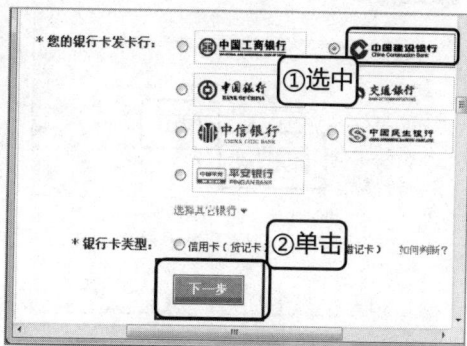

图 4-8 选择开户的具体方式

此时在图 4-9 页面中，需要再次确认银行卡信息，并且完善开通的相关信息，如姓名、证件号、储蓄卡号等，并且还需要通过输入自己的手机号，进行验证码的获取，最后单击"同意协议并开通"按钮。

在打开的确认开通的页面，此时系统将提示你开通短信验证，需要每月支付一定的费用，如图 4-10 所示。开通的首月服务费为 0.01 元/月，投资者可自己决定是否开通，如果需要开通，则单击"确认开通"按钮，如果不打算开通，就单击旁边的"暂不需要"按钮。

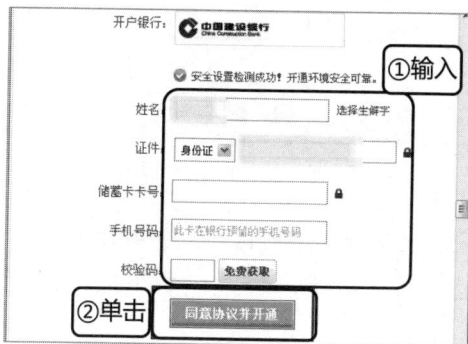

图 4-9 开通银行卡

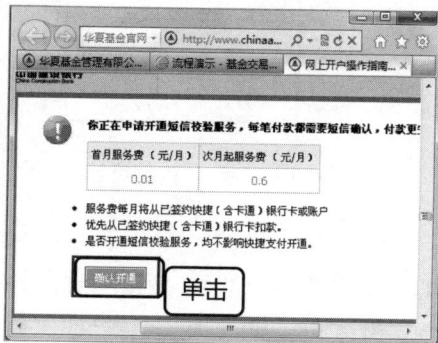

图 4-10 确认开通

此时将出现如图 4-11 所示的页面，单击"下一步"按钮，进入图 4-12

所示的页面，此时需要填写支付宝密码，然后再单击"同意协议并确定"按钮。

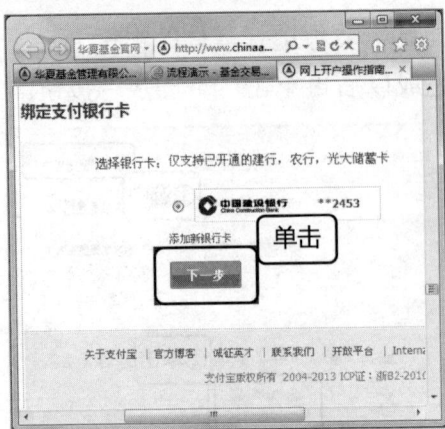

图 4-11　单击"下一步"按钮

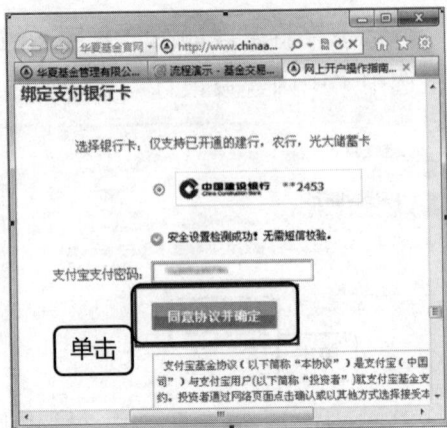

图 4-12　同意协议

此时将进入如图 4-26 和 4-27 所示的填写页面，需要投资者填写个人资料，包括投资者的性别、证件号、电话等，最后还需要设置交易密码。完成后单击"提交"按钮。

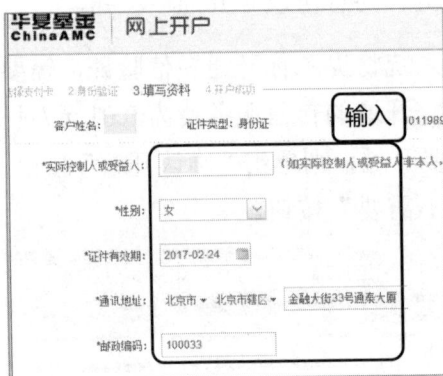

图 4-13　输入个人资料

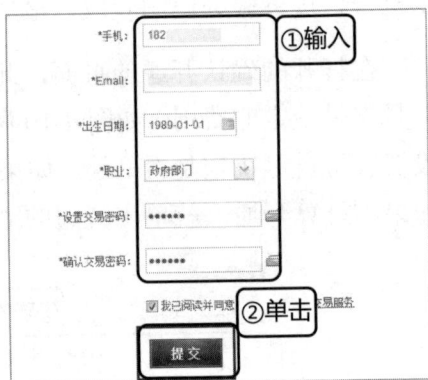

图 4-14　单击"提交"按钮

在打开的页面，系统将自动提示，交易成功与否，如图 4-15 所示。此时投资者可以单击"立即登录网上交易"按钮，登录以后可以办理新增支付账户、购买基金、定期定额等业务。

图 4-15 单击"立即登录网上交易"按钮

此时，通过支付宝办理基金开户的步骤已经完成，投资者可以选择现在登录，查看各种基金详情，也可以下次登录再查看。

2. 网银开户

除了利用支付宝开户外，投资者还可以利用网银开户，具体的操作如下。

首先是在选择支付方式的时候，选择网银开户，如图 4-16 所示，投资者可根据自己已开通网银的银行卡进行选择，图中选择的是中国农业银行。

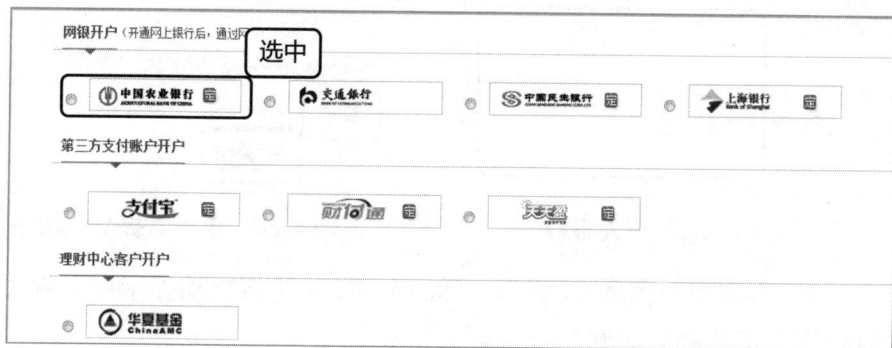

图 4-16 选择银行

紧接着将出现另一个页面，如图 4-17 所示，需要输入姓名、证件号、银行卡号等，输入完成单击"确认"按钮，进入下一步操作。接下来将出现如图 4-18 所示的页面，再确认信息无误后，单击"确定"按钮。

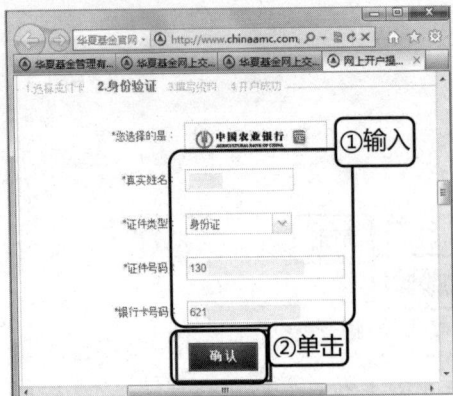

图 4-17　输入个人信息

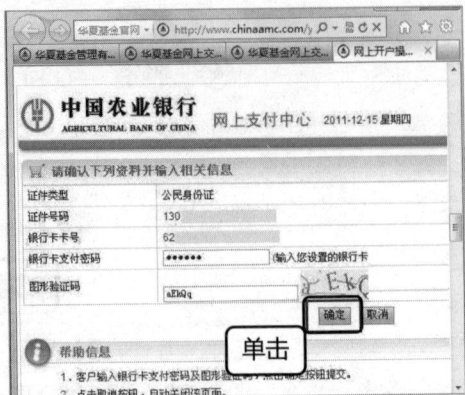

图 4-18　单击"确定"按钮

此时，投资者就可以进行开户资料的填写了，如图 4-19 所示，需要输入受益人、性别、通讯地址等，此时还包括了 4-20 所示的信息，包括邮箱地址、出生地、职业等，同时还需要设置相应的交易密码。当所有的信息都已填写完成后，就可以单击"提交"按钮，进行接下来的操作。

图 4-19　输入个人资料

图 4-20　单击"提交"按钮

此时，将出现与图 4-15 所示一样的页面，系统将自动提示交易成功，此时投资者可选择登录账户或放弃。

一般来说，一个基金公司对应一个账号，投资者的一个身份证号在同一家基金公司只能开立一个基金账户，如果已经购买过该基金公司的基金，只需要直接登记账户就可以，如果没有购买过，则可以申请开立。

4.3 基金买卖

当投资者已经开立了基金账户，那么接下来就可以在分析行情的基础上，对选中的基金进行申购、转换、赎回等。本小节将对申购做详细讲解。

一般来说，投资者可以选择通过开户的基金公司的网络平台，先对该公司最新推出的各种基金的名称、收益、发行日期等进行了解，再通过该网络平台进行买卖。下面讲解具体操作，还是以开户的华夏基金公司为例。

4.3.1 基金申购

近年来，随着电子商务的快速发展，网络交易呈现一种热浪，越来越多的买家卖家，通过网络平台进行相关的交易，方便、快捷、安全，对于我们买卖基金也一样，但前提是我们要找到一家基金公司，并且该公司还开通了网络交易平台。

首先登录华夏基金公司官网首页，了解各类基金，如图 4-21 所示。

图 4-21 了解各类货币基金

此时如果投资者对某一类基金比较满意，那么就可以在该页面的首页，利用开立的基金账户进行交易，如图 4-22 所示，单击"交易登录"按钮。

图 4-22　单击"交易登录"按钮

此时将进入图 4-23 所示的页面，其中有两个窗格，一个是网上交易登录窗格，另一个是网上交易开户窗格。

首先填写证件类型，如身份证，同时填写好证件号码，此外还要求投资者填写相关的交易密码，如果投资者暂时记不起自己的交易密码，可以单击旁边的"忘记交易密码"超链接进行密码的找回。

如果投资者还未开立基金账户，那么可以在第二个窗格中，单击"立即开户"按钮，进行开户，然后再返回登录。

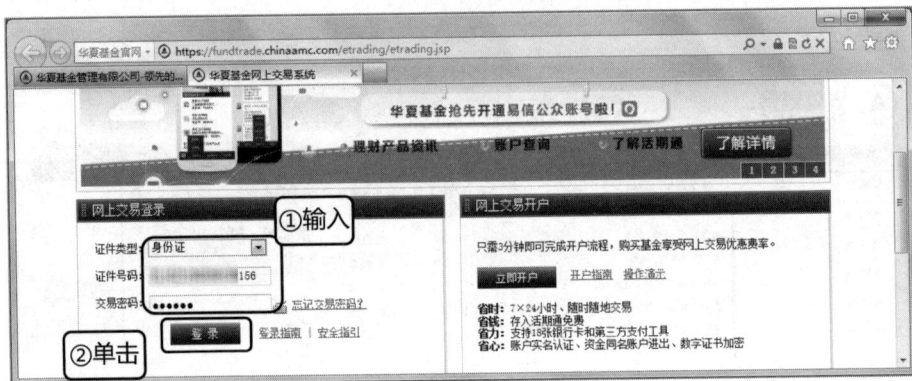

图 4-23　账号登录

此时将进入交易系统的首页，如图 4-24 所示，在基金交易按钮下将出现基金的认/申购、转换、撤单等，并且还将出现个人账户名、基金账号以及当前账户剩余的金额等，此时单击"[认/申购]"超链接，开始基金认购。

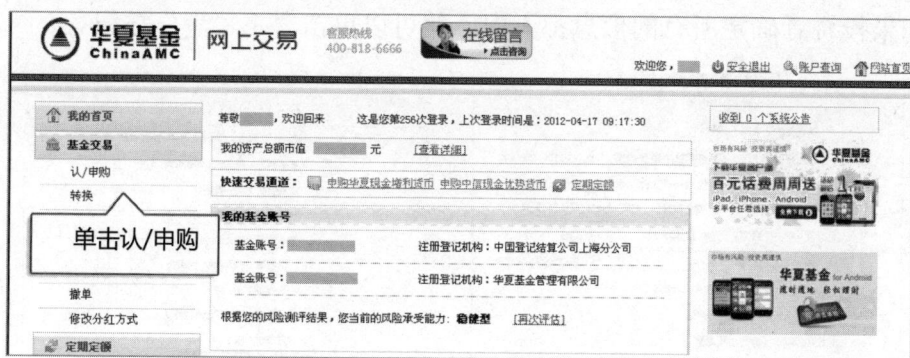

图 4-24 单击"[认/申购]"超链接

此时将出现具体的一些基金名称、基金类别、收益率、当前状态、风险高低、基金编号等，如华夏复兴股票基金、中信稳定双利债券基金、中信现金优势货币基金三大类基金，它们的收益率分别为 1.099%、1.0285%、1.0%，第一者的风险最高，后两者风险相对较低。

此时我们还可以找到打算投资的华夏现金增利货币基金，其收益率为 1.0%，风险较低，投资者在将它与其他基金对比后，决定申购后，就可以单击对应的"申购"超链接，进行申购，如图 4-25 所示。

图 4-25 选择基金

此时就将出现如图 4-26 所示的页面，其中显示了该基金的具体信息，如基金名称、收费方式、选择付款的银行以及购买的金额、基金的风险等级等。此时需要投资者输入申购的金额，如输入 105.32 元，当其他的信息都确认无误后，而申购金额也输入完成，就可以单击"下一步"按钮，进入如图 4-27 所示的页面。

在该页面不需要任何的输入，只需要对系统整理的信息进行核对，如果投资者确定所有的信息都无误，就可以单击"下一步"按钮。

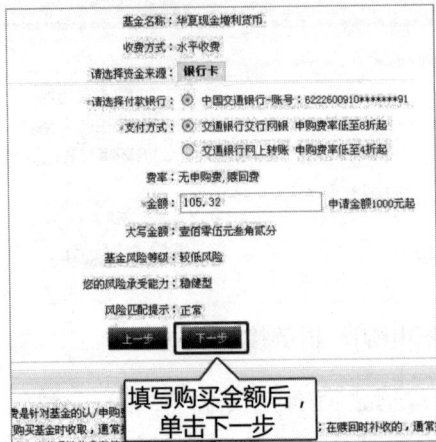

图 4-26　输入申购金额

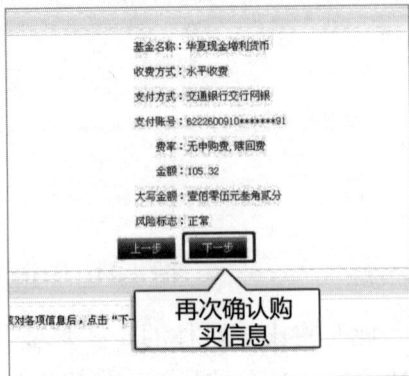

图 4-27　确认信息

此时将进入如图 4-28 所示的页面，此时系统将再次提醒对申请的信息进行确认，确认后可单击"去网上银行支付"按钮支付，其步骤和购物类似，这里不做详细的讲解。

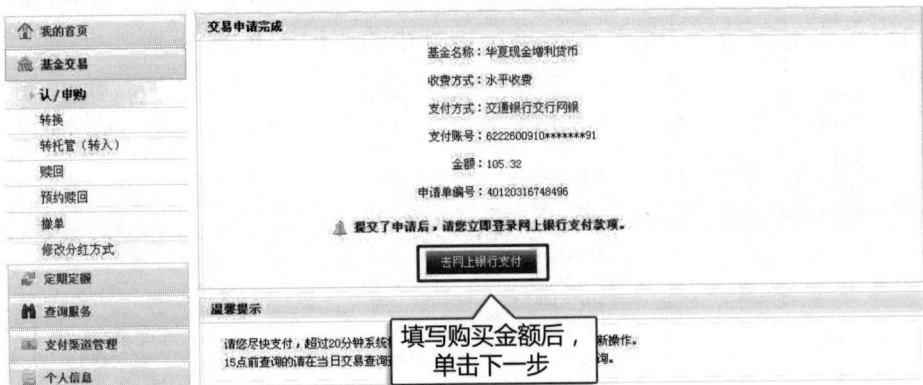

图 4-28　网银支付

4.3.2　基金的收益计算

任何的理财投资，最终的结果都是为了拥有收益，那么除了理财经理告诉你的收益是多少外，作为投资者本身，也应该自己估算一下。那么我们该如何对收益进行估算呢？

还是以华夏基金公司为例。在登录华夏基金公司的官网后，在首页下方列举了"理财产品到期日查询"、"基金定投计算器"、"基金收益计算器"、"基金费率计算器"等应用，单击"基金收益计算器"超链接，对基金的收益进行计算，如图 4-29 所示。

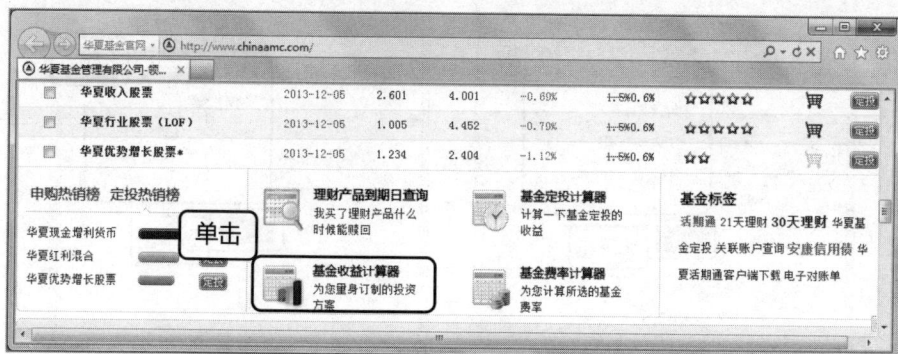

图 4-29 单击"基金收益计算器"超链接

此时将出现如图 4-30 所示的页面，其中需要投资者输入申购费率、申购金额、申购单位净值、赎回单位净值等，在对申购费率和赎回费率查询之外，需要先对申购单位净值与赎回单位净值进行计算。

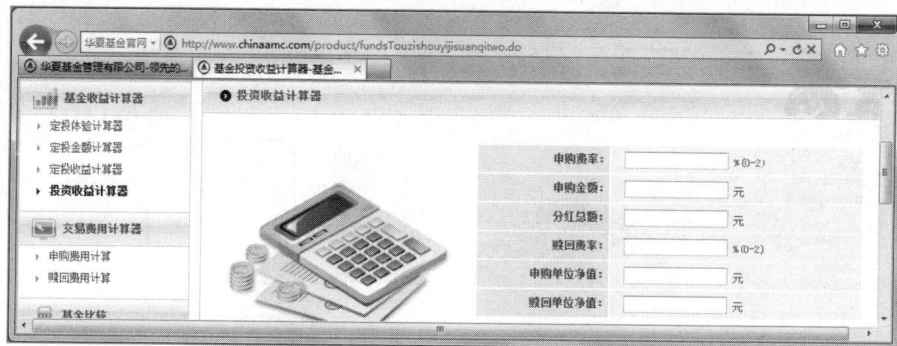

图 4-30 进入投资计算器页面

在图 4-30 中，单击"申购费用计算"对申购费用进行计算，其中需要投资者输入申购金额、选中基金名称、单位净值、申购费率等，然后单击"计算"按钮，此时将出现计算结果。图 4-31 所示的计算结果为：手续费 884.09 元、成交份额 53 737.32 元。

当申购费用计算完毕，那么在图 4-32 中输入赎回份额、基金名称、赎回费率等，当输入完成以后，单击"计算"按钮，得出计算出的赎回费用。

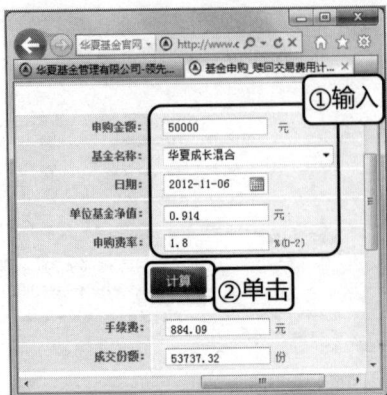

图 4-31　计算条件申购费　　　　图 4-32　计算赎回费

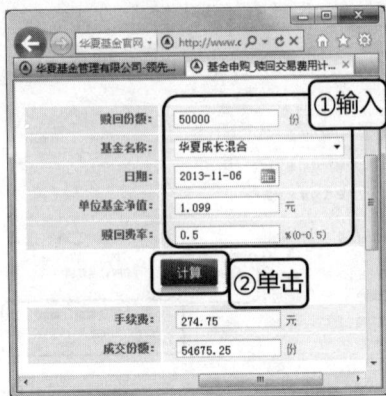

当申购费、赎回费、单位基金净值已经计算完毕后，就可以回到投资收益计算器的页面。在该页面中输入相关的数字，然后单击"计算"按钮，如图 4-33 所示。

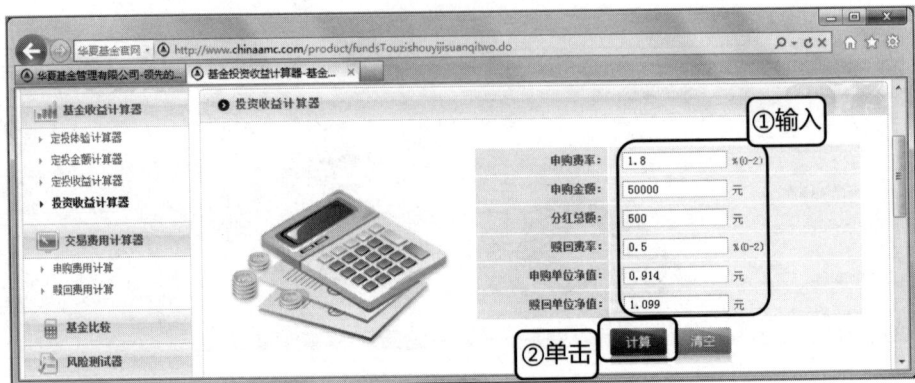

图 4-33　输入计算条件

此时将进入如图 4-34 所示的页面，其中得出投资盈利 9 262.03 元，收益率为 18.52%，申购费用、赎回费用分别为 884.09 元和 295.29 元，申购份额与赎回金额分别为 53 737.32 份与 58 762.03 元。

如果一次性投资成本相对较大，投资者就可以选则分期定投，如图 4-35 所示，单击"定投体验计算器"超链接，对投资期的收益进行计算。

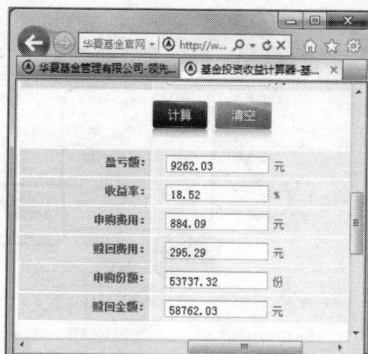

图 4-34 计算盈亏

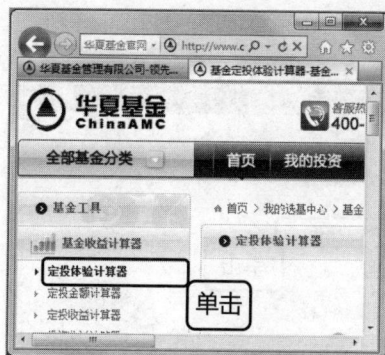

图 4-35 定投体验计算器

此时将出现如图 4-36 所示的页面，在其中，需要选择投资的基金名称、每月定投额、分红方式等。对于定投费率以及赎回费率系统会自动计算。当所有的选项都选中或填写完整，就可以单击"查看收益"按钮，查看相关情况。图 4-37 所示为系统自动计算出的投入的本金、定投日期、定投当日价格等。

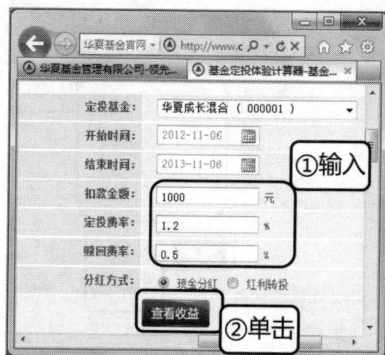

图 4-36 设置定投基金

图 4-37 定投明细

如果投资者觉得每月定投比较符合自身实际情况，可进行基金定投，但首先要计算到期金额是多少，看投资是否划算，如图 4-38 所示，单击"定投金额计算器"超链接，开始计算。

此时，将出现如图 4-39 所示的页面，在其中需要投资者输入投资用途、每月定投额、定投年限等，当投资者对风险进行选定后，系统将自动显示预期平均回报率，单击"计算"按钮，得出计算结果。

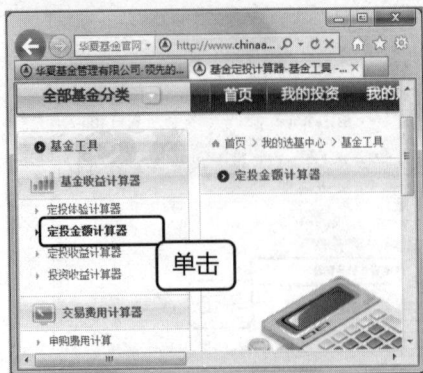

图 4-38　定投金额计算

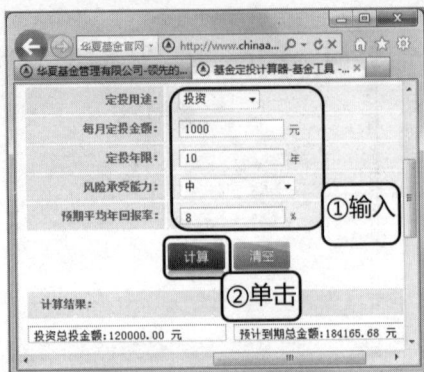

图 4-39　得出计算结果

　　当然投资者也可以从预期的收益来计算每月需要投资多少，单击"定投收益计算器"超链接，此时将出现如图 4-40 所示的页面。

　　投资者需要在该页面输入定投用途、预计到期总金额、定投年限等，输入完成后，单击"计算"按钮，将会得出计算结果，如图 4-41 所示。

图 4-40　定投收益计算

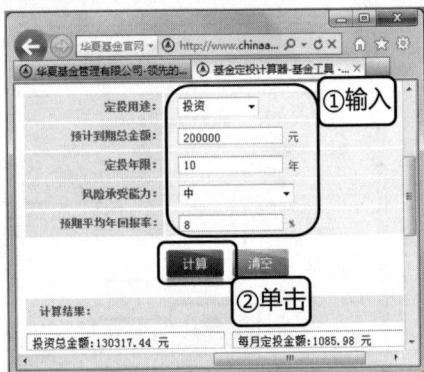

图 4-41　计算赎回费

　　到此时，基金的收益计算就结束了。由此可知，我们可通过一些网络平台来帮助我们买卖基金以及收益的计算，甚至是日常的基金管理等，如通过网络平台了解基金行情、基金走势、基金热门等。

4.4 变现最快的基金——货币基金

货币基金又被称为货币市场基金，是投资于货币市场的一种短期的有价证券的基金，一般平均期限在 120 天左右。家庭的备用金一般可用于投资货币基金。

4.4.1 货币基金行情分析

按照资金规模，货币基金可分为 A 类与 B 类，其中 A 类适合于中小投资者，最低限购为 1000 份；而 B 类则适合机构和大额投资者，最低限额为 500 份。货币基金都是开放式基金，在利率高、通货膨胀率高、证券流动性下降的行情中，可以在动荡的市场保住自己的本金。

随着近期资金短缺的情况，最新数据表明，目前已经有 140 只货币基金纳入了统计，平均 7 日年化率为 4.52%，其中 133 只货币基金的 7 日年化收益率高于一年期定存，而对于其中的某几只产品，收益率更高于 6%，是活期存款的 17 倍。

4.4.2 网购货币基金

在当今，无论是日常生活用品还是奢侈品，都可以足不出户、一键购买，而对于理财也一样。我们知道股票交易就可以通过网络买卖操作，而对于货币基金也如此，为了资金以及账户的安全性，我们一般会选择到各大银行的官方网站通过网上银行购买，具体操作如下。

首先我们需要登录一个银行官方网站，如图 4-42 所示，登录工行首页，然后在该页面单击"个人网银登录"按钮，此时将出现 4-43 所示的页面，此时需要投资者输入个人账号、密码、验证码等。当输入完成以后，就可以单击"登录"按钮，进入产品页面，从而可以进行下一步操作。

图 4-42　登录工行首页　　　　　　　图 4-43　登录个人网银

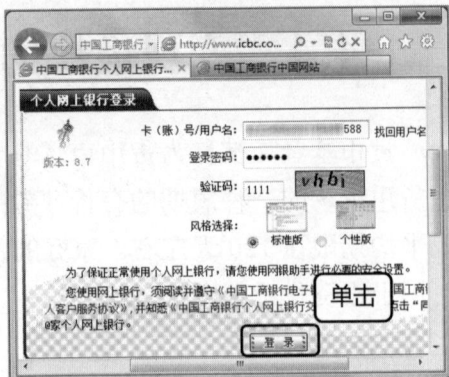

　　一般来说，对于网购货币基金的投资者来说都会选择每月定投购买，这样可以做到每月消费与储蓄的合理规划，不用一次性支付一大笔资金购买而且承担的风险也更小。

　　在登录网银以后，将出现如图 4-44 所示的页面，首先，在产品栏单击"网上基金"超链接，将出现与基金相关的信息，再单击"基金定投"超链接，将出现"设置基金定投"、"我的基金定投"、"查询定投明细"三个超链接。单击第一个超链接对基金定投进行相关的设置。

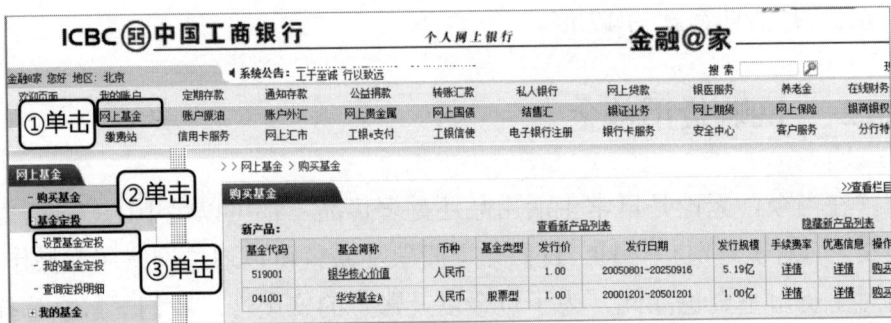

图 4-44　设置基金定投

　　此时在打开的页面将会出现设置基金定投的一些选项，此时需要投资者在弹出的窗口中，选择基金公司、产品种类、产品类型等，如图 4-45 所示，然后单击"查询"按钮，找到要设置的基金，然后再单击"定投"超链接，进行下一步操作。

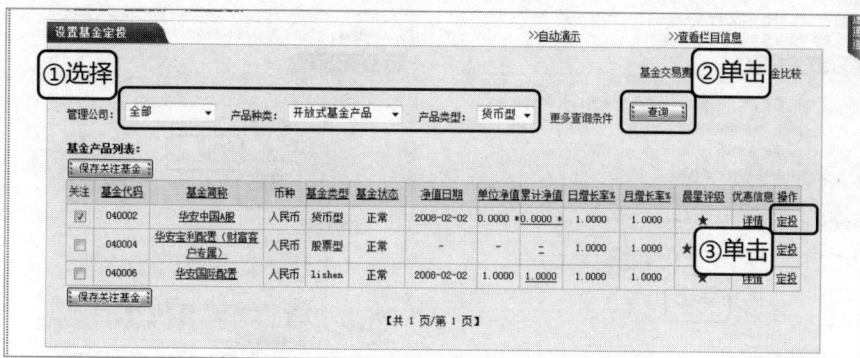

图 4-45　单击"定投"超链接

此时，将会出现银行提示，如图 4-46 和图 4-47 所示。对于中国工商银行网上基金定投业务须知，投资者需要仔细阅读。当投资者已经阅读并理解后，如要继续操作可单击"我要办理"超链接。

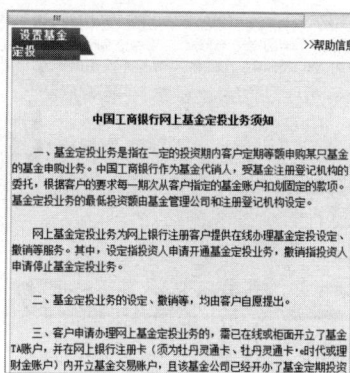

图 4-46　阅读业务须知

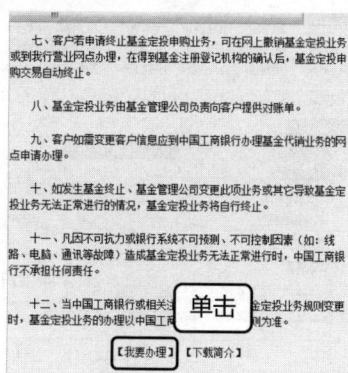

图 4-47　我要办理

当然投资者也可以选择放弃。总的来说，投资者一定要谨慎选择，理解该业务告知，对不懂的地方可以进行在线咨询，一定要先了解清楚，在考虑下一步操作，避免定投以后出现投资纠纷。

在投资者单击了"我要办理"超链接以后，接下来就会出现如图 4-48 所示的页面，包括交易账号、基金名称、风险等级等，此时单击"确定"按钮，将进入如图 4-49 所示的页面。在投资者完成确认后，就需要进行提交，投资者此时需要再次核对交易卡号以及自己选择的基金公司等。

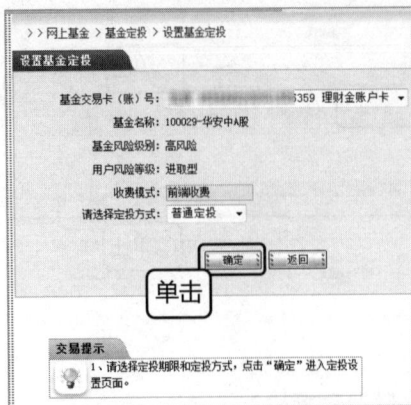

图 4-48　单击"确定"按钮　　　　　图 4-49　单击"提交"按钮

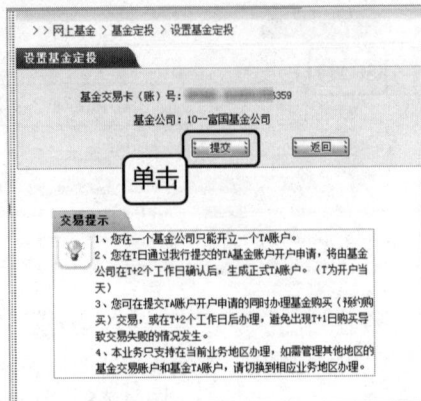

当投资者提交以后，系统会再弹出窗口，提示投资者再次进行确认，如图 4-50 所示，投资者确认的内容就为交易卡账号和基金公司。

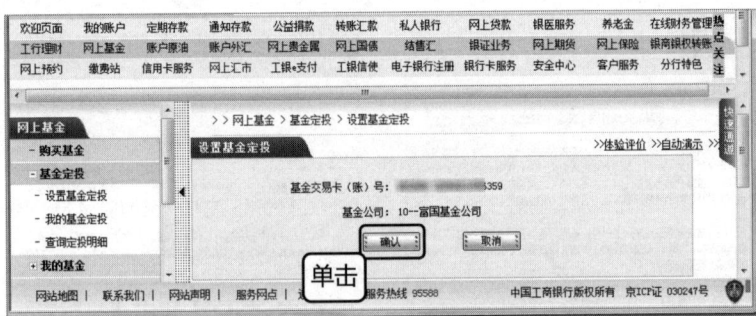

图 4-50　单击"确认"按钮

此时将进入如图 4-51 所示的页面，出现购买的详细内容，包括基金交易卡账号、基金名称以及收益分红的方式、定投的期限、定投方式、最高定投额、最低定投额等，而对于每期的申购金额则需要投资者自己填写，最低额在 200 元以上，如图中输入的定投金额为每月 200 元。

在该页面的下方还将出现定投手续费折扣对照表，如图 4-52 所示。投资者选择不同的定投次数，银行将会给予不同的折扣，如每月定投 1次，优惠的折扣为 9.4 折；每月定投的次数为 2~5 次，将给予 8.9 折的折扣；最高的折扣数为 8 折。了解折扣数之后，投资者就可以单击"提交"按钮来进行下一步的操作。

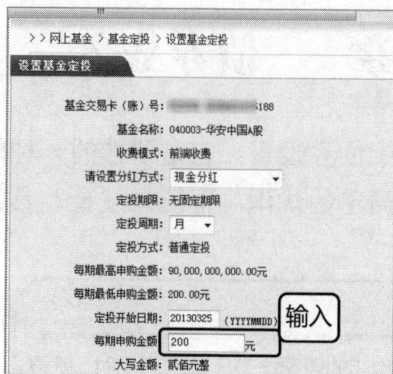

图 4-51　输入申购金额

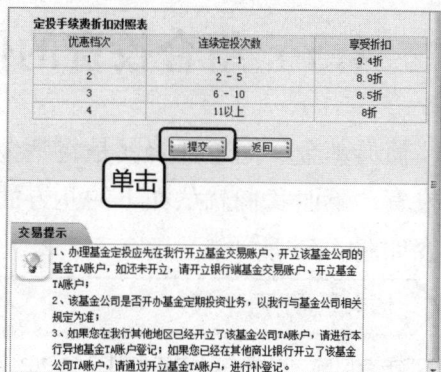

图 4-52　单击"提交"按钮

此时将出现如图 4-53 所示的页面，将会出现投资者购买详情信息，如图中所示购买的为 040003-华安中国 A 股货币基金，现金分红，每月定投，申购的金额为 200 元。当投资者核对所有的债券信息都正确时，就可以单击"确认"按钮，进入下一步操作。

此时系统会自动提示投资者投资成功，并且如果投资者需要开通其他与购买的货币基金相关的信息时，可以单击"点击这里"超链接。

如果不需要开通其他的业务，则可以单击"完成"按钮，返回到登录的首页，如图 4-54 所示。

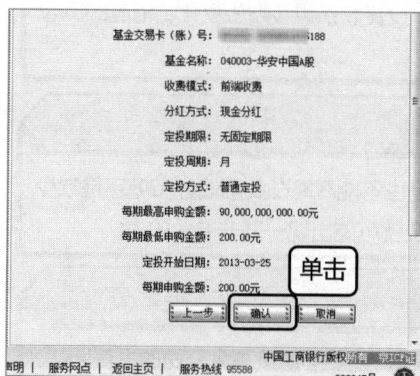

图 4-53　单击"确认"按钮

图 4-54　交易完成

4.5 组合投资的债券——债券基金

债券基金，简单理解就是将基金用于债券投资，它是债券的一种组合投资。下面我们就从如下的几方面去简单的认识一下债券基金？具体内容如图 4-55 所示。

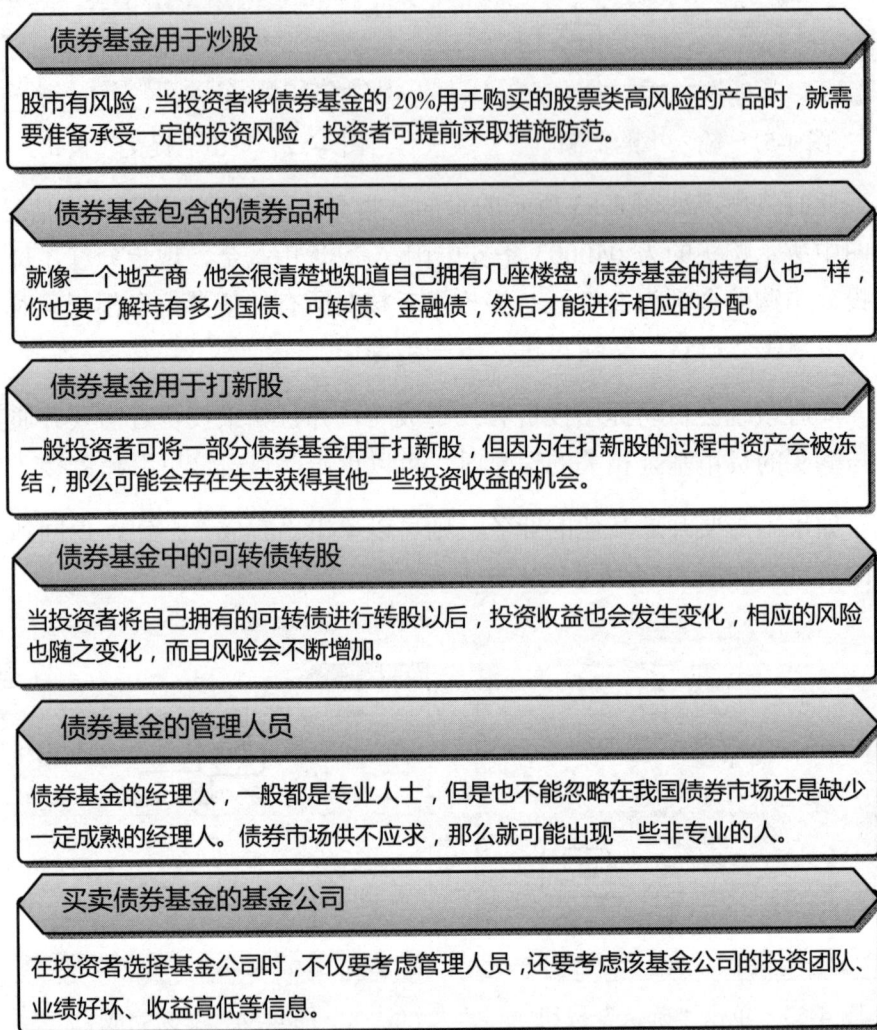

债券基金用于炒股

股市有风险，当投资者将债券基金的 20% 用于购买的股票类高风险的产品时，就需要准备承受一定的投资风险，投资者可提前采取措施防范。

债券基金包含的债券品种

就像一个地产商，他会很清楚地知道自己拥有几座楼盘，债券基金的持有人也一样，你也要了解持有多少国债、可转债、金融债，然后才能进行相应的分配。

债券基金用于打新股

一般投资者可将一部分债券基金用于打新股，但因为在打新股的过程中资产会被冻结，那么可能会存在失去获得其他一些投资收益的机会。

债券基金中的可转债转股

当投资者将自己拥有的可转债进行转股以后，投资收益也会发生变化，相应的风险也随之变化，而且风险会不断增加。

债券基金的管理人员

债券基金的经理人，一般都是专业人士，但是也不能忽略在我国债券市场还是缺少一定成熟的经理人。债券市场供不应求，那么就可能出现一些非专业的人。

买卖债券基金的基金公司

在投资者选择基金公司时，不仅要考虑管理人员，还要考虑该基金公司的投资团队、业绩好坏、收益高低等信息。

图 4-55 与债券基金相关的几方面

如同了解一个人，要看到他的优点与缺点，投资者在分析比较债券基金优劣的基础之上，才能决定是否要投资。

债券基金一般存在如下的优点。

- **投资品种较多**：一般普通的投资者都能实现银行债券、企业债券、可转债的组合投资，可多种选择。

- **风险较低**：当股市低迷的时候，债市相对看好，其中作为代表的债券基金更能实现稳定的收益。

- **费用较少**：相对于股票投资的费用，债券基金的管理费用较低。

- **专家帮助投资理财**：相对于单一的债券投资，债券基金可以分享专家的经营成果。这对于缺乏一定的债券专业知识的投资来说，是比较有利的。

- **流动性较强**：债券基金投资各种类型的债券，投资者随时可以将持有的债券基金转让或赎回，从而能保证现金的流动性。

债券基金的缺点有如下两点。

- **投资期限较长**：一般债券基金的投资是长期规划，投资期限会较长。

- **收益无法浮动**：当股市大涨的时候，收益还是稳定在平均水平，就无法实现高幅度的增长。

4.6 年轻人如何买基金

如今，对于80、90后的年轻人来说，即将迈入30岁的门槛，对大多人来说人生才刚刚开始，但都面临着或将要面临结婚生子、供房供车、升职加薪等问题，人生正处于或将处于一个巨大的消费期。无论你是80后还是90后，你都必须有一套自己的理财观，才能真正做到"三十而立"。

※事例故事

小章，去年刚大学毕业，现在在一家研究所工作，每月固定的收入 2 000 元，各项补助及奖金为 3 000 元。

他目前租房，每月房租 1 200 元，生活消费 1 000 元，交通费 400 元，电话消费 100 元。

他拥有活期存款 15 万元，其中父母资助 10 万元，定期存款 2 万元，现在还没有车贷、房贷的负担，因此没有任何的负债，风险承受能力中等。

最近他打算将手里的活期存款的一部分用来投资理财，并且在近几年按揭一套房以及购买一辆车。他觉得投资股票风险太高，存为定期回报率又较低，对于他自身来说，他偏好一些低风险的理财。

对于小章来说，在研究所工作，工作稳定，但是工作性质决定平时需要投资更多的精力，那么用来理财的时间就较少，而且他属于低风险偏好人群，那么可以投资中短期的债券基金，建议他可拿出 5 万元用于投资债券基金。

从目前的情况来说，以他现有的资产，要同时实现购房购车会有一定的难度，可以申请汽车消费贷款，但是这样每个月的资金结余就会相对减少，而且银行从风险规避方面来说，也可能会拒贷，所以建议他可以先把买车的时间延后一些，等资产积累到一定的标准再规划。

※知识看板

大多年轻人会有同一种想法，那就是现在积累的资产较少，所以先消费，等到积累足够的金额时才考虑。

其实这样的想法存在一种弊端，随着生活水平的不断提高，只会使自己的资产越来越少，理财是长久的计划，如同我们的衣、食、住、行一样，理财，也应是一种习惯，而且是年轻时就养成的习惯。

相对来说，一般申购基金的最低额都会在 1 000 元左右，而对于月收入在 3 000~5 000 元的投资者来说，扣掉生活开支、租房、交际、孝敬父母等费用，剩余 1 000 元用于理财的可能性较小。

那么如果每月资产不足 3 000 元，要如何才能实现一种优化的理财呢？

- **首先，优化配置你的资产**：对于年轻人来说，因为投资的年龄还年轻，一切可以从头再来，于是大多的年轻人喜欢冒险，走捷径，那就是炒股，但是正因为是年轻人，更需要积累资产，为以后进行各种投资打下基础，所以年轻人可以适当地进行货币基金、债券基金、股票基金的投资组合。

- **其次，投资一些申购金额要求较低的核心基金**：核心基金相对来说，资产相对分散、管理团队经验丰富、风险收益配比比较稳定，当申购额较低时，想当于投资者又多了一个投资机会。建议债券基金可以选择中短期，股票基金选择大盘或成长型，当然还要分析当时的行情，斟酌购买。

- **再次，可选一些官方银行作为基金购买点**：如果投资者实现每月定投各类基金，那么可以大大降低申购的金额，如工行的某一只货币基金，最低申购金额为每月 200 元。这样对于年轻的资产积累较少的投资者来说，一方面能减少投资压力，另一方面也能实现多种投资组合，分散投资风险。

- **最后，以较低的成本实现投资**：对于年轻人来说，可用于各种投资的资产相对有限，那么尽可能的降低成本，在挑选各种基金时，就要考虑相关的费用、风险以及收益相近的情况下优先考虑费用较低的基金。

4.7 基金投资技巧

行走江湖，高手们都有一门自己的绝技，在投资理财领域，同样拥有一些"高手"，当我们走入理财的江湖，虽不是高手，但是我们仍然可以通过一些小技巧，使我们的投资投得更顺，走得更稳。

4.7.1 常见的基金差异比较

货币基金和债券基金以其低风险、稳定收益的特点，在基金市场赢得了投资者的信赖，成为大多投资者的首选，但两者也各具特色，具体的差别比较如下，如表4-2所示。

表4-2 债券基金与货币基金的区别

划分方式	债券基金	货币基金
投资对象	80%基金投资于债券	投资货币市场的短期有价债券
风险收益	风险、收益都比货币基金高	几乎无风险、收益低
购买费用	一般具有申购、赎回费	无认购或赎回费
赎回后资金到账时间	一般为T+5个工作日	一般为T+2个工作日
金额起点	最低1000元	最低200元~1000元
持有时间	3~12月	1~2月

上表告诉我们，投资者可以从投资对象、风险收益、购买费用、资金到账时间、金额起点、持有时间六大方面，去分清什么是债券基金与货币基金。相对来说货币基金变现较快，而债券基金持有时间较长，但是债券基金具有一定的浮动收益。

4.7.2 货币基金投资技巧

家庭的活期储蓄一般用来购买货币基金，可从两大方面对其进行把握，一是当市场流通的货币基金较多时如何选；二是，作为一个投资新手或者非专业人员，该如何去选择。下面简单介绍一些小技巧。

首先，当市场存在货币基金较多时，可以从以下几方面去把握。

- **赎回时间的选择**：对于购买的货币基金，一般赎回到账的时间需要 2~3 天，但如果通过一些基金公司的网络交易平台，则只需要一个工作日。相对于银行存款、债券等，货币基金的变现时间较快。

- **是其他投资的起点**：如果投资者者打算投资于国债、股票则首先可以从购买低风险的货币基金起步，将它每月的收益进行投资循环。

- **货币基金的成立时间**：一般上市时间较长的货币基金，收益都较稳定。这也是投资者常常选择该类基金的一个重要原因。

- **货币基金的发行规模**：对于一般的非风险偏好者，一般可以选择规模适中的投资，从而保持稳定的收益率。而对于一些高额投资的"巨无霸"可以适当的放弃，因为投资成本较大，而且竞争激烈。

- **基金公司**：对于货币基金的投资者来说，除了选择基金品种外，还要注意基金公司的管理规范度。

当市场发行的货币基金较多，投资者又不知道该如何着手时，那么就可以从上面介绍的几点去把握，投资者在投资时，就不会那么迷惑。

此外，一般货币基金的收益是从交易确认日就开始计算的，如果投资者是在周五申购，那么只能在周一的时候才能确认收益，周六周日是不会计算收益的，也不会支付给投资者活期利息，因此，一般不建议在周四赎回或周五申购。

而如果是一名刚刚进入货币基金市场的投资者，该如何去把握呢？首先要注意以下几方面。

- **投资规模适中**：一般在固定利率下降的情况下，投资者选择的货币基金相对较少，投资收益也会降低，要保证一定的收益，那么就需要投入更多的资本，这样就会给投资者增加压力。

- **投资种类**：货币基金一般包括 A、B 两大类，它们的起点存在一定的差异，大多投资者较适合 A 类投资，因为其投资起点较低，一般在 1 000 元。而 B 类的投资起点一般在 100 万元以上。

- **申购时间的选择**：一般如果在周一开始赎回，那么就可拥有周末两天的基金收益，所以一般不建议投资者选择在周五申购，那样会损失周末的基金收益。

对于刚入货币基金市场的投资者来说，在注意投资事项后，那么就需要一定的小技巧帮助投资，具体操作如下。

- **分清投资对象**：一般短期、活期、闲置的资金，比较适合用来投资货币基金，而对于中长期的资金投资，可购买债券、股票型资金。

- **从收益排名的高低出发**：投资者购买前，可以通过网络查询货币基金的收益率的排名情况，一般常选收益率排在前列基金会较好。

- **"T+0"基金变现最快**：一般基金是在"T+1"或"T+2"工作日，但有一些投资者对变现的要求会较高，那么就可以选择"T+0"交易日的货币基金，当需要快速变现时，可大大地缩短时间。

- **首选已经完仓的基金**：一般新建仓的基金，手续费会较高，而且在短期内的收益也较低，那么此时选择完仓的基金就具有相对优势。

- **可选提供多功能服务的基金公司**：对于一些基金公司，会提供给投资者在直销网络平台选择定期定额赎回、偿还车贷、房贷等，并且还可以将货币基金的定期定额转化为股票基金或债券基金。

4.7.3   债券基金投资技巧

我们知道债券基金一般是将基金的 80%用于投资国债、20%投资于股市，如果投资者将基金的 100%投资于债券，那么就是纯债券基金。

债券基金的买卖没有手续费、没有利息税，一般采用 T+2 的交易制度。一般在债市，机构进入较多，而对于个人投资者则以债券基金的形式进入，是债券的一种组合投资。

相对来说，债券市场与利率市场呈现反比的关系，当利率市场走低时，债券市场的价格就上涨，因此根据该规律，当利率走低时，债券基金的投资者就可以抛掉手里的债券，实现差价收益，而当利率上升时，则采取相反的方法。

债券基金一般适合保守型的投资者，具有"配息收益稳定"与"反股市走势"的特性，可以降低投资风险，那么投资者投资债券基金存在哪些小技巧呢？简单介绍如下。

1. 了解债券的久期

一般债券的价格与利率变动成反比的关系，而债券价格对利率的敏感度就是久期。如某只债券基金的久期为 3 年，那么如果市场利率下降1%，基金的资产净值就增加 3%，当市场利率增高时，则与此相反。

2. 注意基金的信用等级

一般投资者可以通过基金招募书或基金投资组合报告，了解自己所投资的债券的信用等级。当组合投资时，需要了解自己所投资的可转债、股票的比例，因为相对来说两者的风险较高，如果大量持有时就应该注意其风险的大小。

3. 债券基金用于打新股

债券基金一般可用来打新股，但是承担的风险不同，相对来说，风险较低的有国泰金龙债券、大成债券、鹏华普天债券等，一般前两者在上市当天就卖出申购的债券，风险较低。

4. 确定核心组合

一般如果投资者风险承受能力中等，那么就可以选择一些短期基金或者申购新股后在短期卖出的基金来作为基金投资的核心组合，当基金的风险相近的时候，从投资周期、投资金额、费率适当等条件确定投资。

5. 关注行情

投资者在空闲时，可登录一些财经网站，如和讯网，了解自己购买的债券的最新行情，如图 4-56 所示。

在该页面，我们可以看到关于债券的研究、新闻、基金行情、交易所债券收益率排行等，投资者可以选择自己感兴趣的内容进行了解。

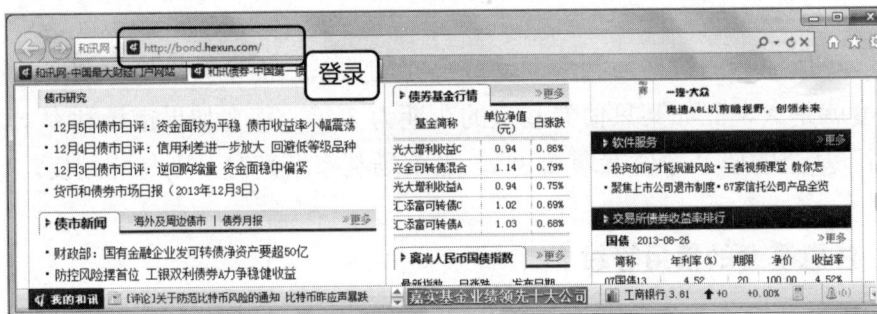

图 4-56　了解债券行情

在图 4-56 所示页面中单击"光大增利收益 C"超链接，对该类基金进行详情了解，此时将出现如图 4-57 所示的页面，出现包括该债券名称、申购费、管理费、赎回费率等信息。当然投资者在"网上购买"栏单击"点击进入"超链接，就可以实现网上购买。

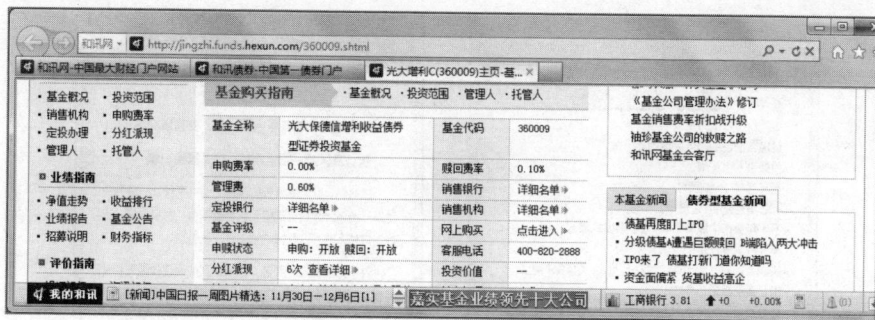

图 4-57 查看基金详情信息

6. 技巧借鉴

在债券页面的首页的下方，同样还存在一些知识，如债券知识、实战技巧、债券入门 4 步走等，投资者可以选择性进行了解，如单击"实战技巧"超链接，对债券投资技巧进行一些了解，如图 4-58 所示。

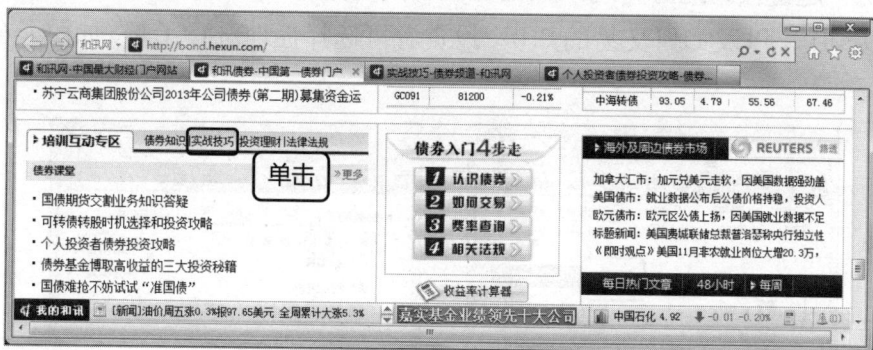

图 4-58 了解投资技巧

此时将出现如图 4-59 所示的窗口，出现多条关于实战技巧的超链接，可单击"个人投资者债券投资攻略"超链接，此时将出现如图 4-60 所示的页面，其中包括债券名称、投资渠道、收益及风险等内容。

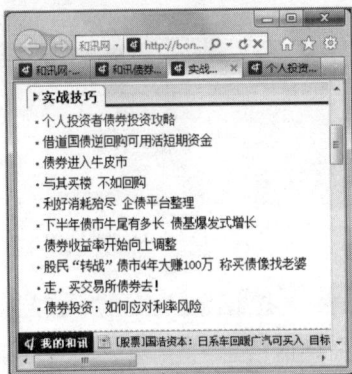

图 4-59　投资技巧总结

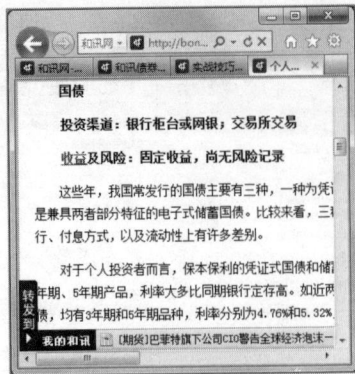

图 4-60　技巧详情

7. 4 步快速认识债券

在债券的投资首页的下方，在债券入门 4 步走的窗口，单击"认识债券"超链接，此时将进入如图 4-61 所示的页面，出现关于认识债券的相关知识，以及如何交易的知识，投资者可选择性地进行了解，如图 4-62 所示。

图 4-61　认识债券

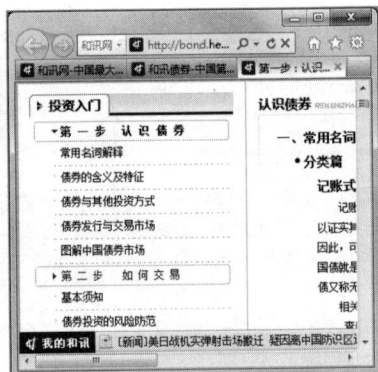

图 4-62　债券讲解详情

8. 最短时间内计算收益

在图 4-58 中，还可以单击"收益率计算器"超链接，对各类债券的收益进行计算，此时将进入如图 4-63 及图 4-64 所示的页面，此时将出现各种收益计算器，其中包括认购收益、到期收益、买卖比较等。

投资者可在图 4-63 所示页面中选中计算债券的购买收益率，同时需要在图 4-64 中输入债券的面值、买入价格、票面年利率等，最后得出计算结果。

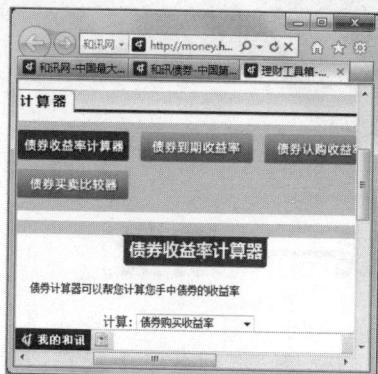

图 4-63　各种收益计算器

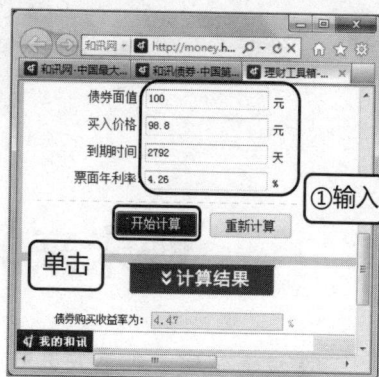

图 4-64　债券讲解详情

对于不同的投资者以上所有的小技巧不都适用，投资者可以根据自身情况，挑出适合自己的小技巧。

5

赚未来的钱——期货

在投资领域有很多产品可供我们选择，有的着眼于现在，有的着眼于未来，而有一种典型的投资就是期货，它体现的是对未来的保险、未来的钱，提前赚。翻开本章的序幕，你就已经开始学会如何赚未来的钱了。

◇ 期货的定义
◇ 期货交易品种及主要代码
◇ 了解开户的流程
◇ 在期货市场你决不能做的6件事
◇ 期货投资风险
◇ 期货交易案例
◇ 网上查看期货详情

5.1 了解期货市场

当我们不知道自己需要买什么东西，但又知道超市里有我们需要的东西时，就可以走进超市，去自己看一看，了解超市的产品，比较不同产品的价格，并根据需要购买。同样的道理也适用于期货的购买。

5.1.1 期货的定义

期货就是指现在进行买卖，但是在未来的某一时间进行交割的标的物。标的物就是买卖合同中约定的物体或商品。

一般代表期货的标的物可以是商品，如小麦、玉米、黄金等；也可以是其他的一些金融工具，如债券及基金等，而两大类之间各具特色。

对于交易的时间，一般为1周、1月、3月、1年之后，而买卖该类期货的合同或协议叫做期货合约，而买卖期货的场所就是期货市场，在这里投资者可以对期货进行交易。

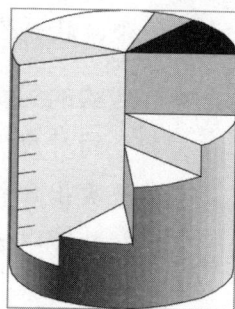

从期货的定义来看，它不必在买卖的初期就实行"一手交钱一手交货"，而是约定在未来某一段时间才交收货物。

期货一般由以下几种因素组成，交易品种、交易数量与单位、最小的报价单位、最小的变动价位、每日价格的最大波动限制、合约月份、交易时间、最后交易日、交割时间、交割标准与等级、交割地点、保证金、交易手续费。

在期货合约中，一般要注意以下的内容。

● **交割的月份**：在合约中约定交货的月份，不能提前也不能退后，提前或推后需要双方协商。

● **最小的变动价位**：一般指期货合约单位价格涨跌变动的最小值。

● **最后交易日**：一般指在期货合约中，约定交割月份中进行交易的最后一个交易日。

● **每日价格最大波动限制**：在合约中约定在交易日中交易的价格不能高于或低于规定的涨跌幅度。

● **合约交易的单位"手"**：期货交易必须以"一手"的整数倍，不同的交易品种每一手合约的商品数量，一般会在该品种中载明。

● **合约的交易价格**：期货合约的基准交割品，一般包括基准交割仓库交货的包含增值税的价格，一般包括开盘价、收盘价、结算价等。

● **合约的买卖双方义务**：对于合约中的买方来说，就有义务买入合约对应的标的物，而对于卖方来说，如果合约到期，就有义务卖出合约对应单位的标的物。如果投资者不想持有到期，那么就可以选择在到期前进行反向买卖来冲销。

5.1.2　关于期货的专业术语

如果我们要想在股市有一番作为，那么对于股票的一些专业术语的了解就必不可少，同样的道理也适用于期货市场，如果要想在期货市场中走得顺畅，甚至能够玩转期货，也要了解其专业术语。

那么，首先我们就得从了解期货的一些专业术语开始；然后才能在期货市场挑选期货产品；最后才能抱得利润归。

1. 关于期货市场的一些专业术语

对于期货的专业术语，一般可以从期货市场、期货交易、期货价格等多方面了解，简单的如表 5-1 所示。

表 5-1 关于期货市场的一些专业术语

术语	定义
保证金	是指期货交易者按照规定的标准,交纳一定的资金,用于保证到期的结算
期货合约	由期货交易所统一制定,规定在将来某一特定的时间和地点,交割一定数量和质量的有关商品的标准化合约
开仓	开始买入或卖出期货合约的交易行为
平仓	指期货交易者买入或者卖出与其所持期货合约的品种、数量、交割月份相同但交易方向相反的期货合约,最终实现一种平衡
仓单	指交割仓库开出并经期货交易所认定的标准化的一种提货凭证
成交量	是指某一期货合约在当日交易期间所有的成交合约的双方的数量
撮合成交	是指期货交易所的计算机交易系统对交易双方的交易指令进行配对的过程,是一种系统的自动化
结算价格	是指某一期货合约当日成交价格按成交量的加权平均价计算,当日无成交的,以上一交易日的结算价作为当日结算价。结算价是进行当日未平仓合约盈亏结算和制订下一交易日涨跌停板额的依据
涨跌停板	是指期货合约在一个交易日中的交易价格不得高于或者低于规定的涨跌幅度,超出该涨跌幅度的报价就将被视为无效,不能成交
强行平仓制度	是指当客户的交易保证金不足并未在规定时间内补足,客户持仓超出规定的持仓限额,客户违规将受到处罚,根据交易所的紧急措施应予强行平仓
爆仓	是指投资者账户权益为负数,这意味着投资者不仅赔光了全部保证金而且还倒欠期货经纪公司债务。由于期货交易实行逐日清算制度和强制平仓制度,一般情况下爆仓是不会发生的
总持仓量	在市场上的所有投资者在该期货合约上总的"未平仓合约"的数量。在交易所发布的行情信息中,一般会有专门的"总持仓"一栏
套利	一般指一种交易技术,投机者或对冲者都可以使用,在某市场买进现货或期货商品,同时在另一个市场卖出相同或类似的商品,一般通过在两个交易产生价差从而获利

术语	定义
成交价	指某一期货合约的最新的一笔交易定价
最新价	当天某商品当前的最新成交价
结算价	当天某商品所有成交合约的一种加权平均价
持仓量	尚未经相反的期货或期权合约相对冲，也未进行实货交割或履行期权合约的某种商品期货或期权合约的数量
交易量	在某一时间内买进或卖出的商品期货合约的数量，交易量一般指每一交易日成交的合约数量
多头	相信价格会涨并买入期货合约称为多头，也称为多头交易
空头	看跌价格并卖出期货合约称为空头，也称为空头交易
头寸	期货合约的买方处于多头部位，期货合约的卖方处于空头部位
利多、利空	导致市场行情上升的新闻或导致市场行情跌落的新闻
熊市、牛市	处于价格下跌期间称为熊市，处于价格上涨期间的市场称为牛市
最后交易日	合约停止买卖的最后截止日，一旦过了这个期限的未平仓合约，则必须进行实物交割
单号	系统为委托单或成交单分配的一种唯一的标识
价差	两个相关联的市场或商品间的价格差异
投机交易	一般指在期货市场上以获取价差收益为目的的一种期货交易行为，投机者根据自己对期货价格走势的假设，做出买进或卖出的决定，若这种假设与市场价格走势相同，则投机者平仓出局后就可获取投机利润；如果假设与价格走势相反，则投机者平仓出局后就需要承担一定的投机损失
结算	根据期货交易所公布的结算价格对交易双方的交易盈亏状况进行资金清算
交割	当期货合约到期时，根据期货交易所的规则和程序，交易一方通过期货合约所载的商品所有权的转移，同时另一方支付资金的过程
开盘、收盘价	当天某商品的第一笔成交价与当天最后一笔成交价

术语	定义
对敲	交易所会员或客户为了制造期货市场的假象，企图或实际严重影响期货价格或者市场持仓量，蓄意串通
逼仓	期货交易所会员或客户利用资金优势，通过控制期货交易头寸或垄断可供交割的现货商品，故意抬高或压低期货市场价格，超量持仓、交割，迫使对方违约或以不利的价格平仓以牟取暴利的行为
多逼空	当操纵市场者凭借资金优势在期货市场建立足够的多头持仓以拉高期货价格，同时大量收购和囤积可用于交割的实物，于是现货市场的价格同时升高，迫使空头会员和客户要么以高价买回期货合约认赔平仓出局，或以高价买入现货进行实物交割，甚至因无法交出实物而受到违约罚款，这样多头头寸持有者就可从中牟取暴利的行为
空逼多	操纵市场者利用资金或实物优势，在期货市场上大量卖出某种期货合约，使其拥有的空头持仓大大超过多方能够承接实物的能力，从而使期货市场的价格急剧下跌，迫使投机多头以低价位卖出持有的合约认赔出局，或出于资金实力接货而受到违约罚款，从而牟取暴利的行为
近期、远期交割月份	离交割期最近的期货合约月份，称为近期月份。交割期限较长的合约月份，称为远期交割月份
升水	根据交易所条例规定，对高于期货合约交割标准的商品支付一定的费用；当某月价格高于另一月份价格时，较高价格月份对较低价格月份来说就是升水；当某一证券交易价格高于该证券面值时，也称为升水或溢价
买价、卖价	某商品当前最高申报买入价与最低申报卖出价
最高、最低价	当天某商品最高成交价与最低成交价
金融期货	指以金融工具作为标的物的期货合约，作为期货交易中的一种，期货比拟合约的标的物不是传统的商品，而是如证券、汇率、利率等

2. 期货交易品种及主要代码

如同在炒股或买卖债券基金时需要经常用到代码一样，在期货市场也会常常用到一些期货代码，作为一种期货品种的代表，如果我们能够掌握，那么操作起来也会相对简单得多。

根据不同的期货交易所，期货代码具体可以划分如表5-2、表5-3、表5-4和表5-5所示。

表5-2 大连期货交易所的交易品种

划分方式	名称	划分方式	标准
黄大豆1号			
交易品种	黄大豆1号	最后交易日	合约月份第10个交易日
交易单位	10吨/手	最后交割日	最后交易日后7日（遇法定节假日顺延）
报价单位	元/吨	交割等级	具体内容见附表
最小变动价位	1元/吨	交割地点	大连商品交易所指定仓库
涨跌停板幅度	上一交易日结算价的3%	交易保证金	合约价值的5%
合约交割月份	1、3、5、7、9	交易的手续费	4元/手
交易时间	每周一至周五上午9:00～11:30，下午13:30～15:00	交割方式	集中交割
交易代码	A	上市交易所	大连商品交易所
豆粕			
交易品种	豆粕	最后交易日	合约月份第10个交易日
交易单位	10吨/手	最后交割日	最后交易日后第4个交易日，遇法定节假日顺延

续表

划分方式	名称	划分方式	标准
报价单位	元/吨	交割等级	标准品符合大连商品交易所豆粕交割质量标准
最小变动价位	1元/吨	交割地点	大连交易所指定交割仓库
涨跌停板幅度	上一交易日结算价的3%	交易保证金	合约价值的7%
合约交割月份	1、3、5、7、9	交易手续费	3元/手
交易时间	每周一至周五上午9:00～11:30，下午 13:30～15:00	交割方式	集中交割
交易代码	M	上市交易所	大连商品交易所

表5-3　郑州期货交易所的交易品种

划分方式	名称	划分方式	标准
交易品种	优质强筋小麦	最后交易日	合约交割月份的倒数第7个交易日
交易单位	10吨/手	最后交割日	合约交割月份的第一交易日至最后交易日
报价单位	元/吨	交割等级	二等优质强筋小麦
最小变动价位	1元/吨	交割地点	交易所指定交割仓库
涨跌停板幅度	不超过上一交易日结算价±3%	交易保证金	合约价值的5%
合约交割月份	1、3、5、7、9	交易手续费	2元/手（含风险准备金）
交易时间	上午9:00~11:30 下午1:30~3:00	交割方式	实物交割

划分方式	名称	划分方式	标准
交易代码	WS	上市交易所	郑州商品交易所
棉花			
交易品种	棉花	最后交易日	合约交割月份的第 10 个交易日
交易单位	5 吨/手	最后交割日	合约交割月份的第 12 个交易日
报价单位	人民币/吨	交割等级	基准交割品：328B 级国产锯齿细绒白棉（符合 GB1103-1999）
最小变动价位	5 元/吨	交割地点	指定的棉花交割仓库
涨跌停板幅度	不超过上一交易日结算价± 4%	交易保证金	合约价值的 7%
合约交割月份	1、3、4、5、6、7、8、9、10、11、12	交易手续费	8 元/手含风险准备金
交易时间	上午 9:00~11:30 下午 13:30~15:00	交割方式	实物交割
交易代码	CF	上市交易所	郑州期货交易所

表 5-4 上海期货交易所的交易品种

划分方式	名称	划分方式	标准
铜期货			
交易品种	阴极铜	最后交易日	合约交割月份的 15 日（遇法定假日顺延）
交易单位	5 吨/手	最后交割日	合约交割月份 16 日至 20 日

划分方式	名称	划分方式	标准
报价单位	元/吨	交割等级	标准阴极铜，符合国标 GB/T467-1997 标准阴极铜规定,其中主要成份铜加银含量不小于 99.95％
最小变动价位	10 元/吨	交割地点	交易所指定交割仓库
涨跌停板幅度	不超过上一交易日结算价±3%	交易保证金	合约价值的 5％
合约交割月份	1～12 月	交易手续费	不高于成交金额的 0.2‰（含风险准备金）
交易时间	上午 9:00~11:30 下午 13:30~15:00	交割方式	实物交割
交易代码	CU	上市交易所	上海期货交易所
铝期货			
交易品种	铝	最后交易日	合约交割月份的 15 日（遇法定假日顺延）
交易单位	5 吨/手	最后交割日	合约交割月份的 16 日至 20 日（遇法定假日顺延）
报价单位	元/吨	交割等级	铝锭,符合国标 GBT1196-93 标准中 AL99.70 规定,其中铝含量不低于 99.70％
最小变动价位	10 元/吨	交割地点	交易所指定交割仓库
涨跌停板幅度	不超过上一交易日结算价±3%	交易保证金	合约价值的 5％
合约交割月份	1～12 月	交易手续费	5 元/手
交易代码	AL	上市交易所	上海期货交易所

续表

划分方式	名称	划分方式	标准
交易时间	上午 9:00~11:30 下午 13:30~15:00	交割方式	实物交割

天然橡胶

划分方式	名称	划分方式	标准
交易品种	天然橡胶	最后交易日	合约交割月份的 15 日（遇法定假日顺延）
交易单位	5 吨/手	最后交割日	合约交割月份的 16 日至 20 日（遇法定假日顺延）
报价单位	元/吨	交割等级	标准品：国产一级标准橡胶（SCR5），质量符合国标 GB8081-8090-87
最小变动价位	5 元/吨	交割地点	交易所指定交割仓库
涨跌停板幅度	不超过上一交易日结算价±3%	交易保证金	合约价值的 5%
合约交割月份	1、3、4、5、6、7、8、9、10、11	交易手续费	5 元/手
交易时间	上午 9:00~11:30 下午 13:30~15:00	交割方式	实物交割
交易代码	RU	上市交易所	上海期货交易所

表 5-5　我国几大期货交易所的交易品种几代码

交易所	名称	代码	交易所	名称	代码
中国金融期货交易所	沪深 300 股指	IF	郑州商品交易所	白糖	SR
大连期货交易所	一号大豆	A		小麦	WS
	二号大豆	B		棉花	CF

交易所	名称	代码	交易所	名称	代码
大连期货交易所	豆粕代码	M	郑州商品交易所	精对苯二甲酸	TA
	玉米代码	C		菜籽油	AO
	豆油代码	Y	上海期货交易所	铜代码	CU
	塑料	L		铝代码	AL
	棕榈油	P		天然橡胶代码	RU
				燃料油代码	FU
				锌代码	ZN
				黄金代码	AU

当我们已经了解了期货交易的一些基础知识以后，接下来就需要走进期货市场，完成期货交易的第一步——开立一个期货账户。期货账户该如何开立？中间有没有什么小技巧？期货买卖有没有什么神奇的地方？下面让我们一起走进期货市场，去买卖期货。

5.2　买卖期货

当我们已经一脚踏进期货的市场门口，在挑选产品的同时，我们就要做好准备，如我们支付商品的银行卡或现金，同样，如果我们看好一类期货商品，那么同样需要支付期货的银行卡账户，所以走进期货市场之前，我们需要为自己开立一个期货账户，从而才能自由买卖。

5.2.1　了解开户的程序

相对来说，期货的开户一般可分为个人和法人开户，但两者开户首先都得寻求一家优质的期货公司和经纪人，那么他们该满足怎样的条件呢？具体如图 5-1 所示。

实力规模

一般我国的优质的期货公司都得满足信誉较好，而且资金实力雄厚。

服务质量

各种先进的通讯工具运用到日常管理中，能为客户提供先进、优质的服务。

市场信息

优质的期货公司能够对市场的变化有较强的敏感度，对出现的变化快速做出决策。

团队及经纪人

公司具有一定的专家团队，并且能在线指导，能为客户介绍各种有利的交易机会。

收费

具有公平透明的交易佣金，对于客户只收取合理范围内的履约保证金。

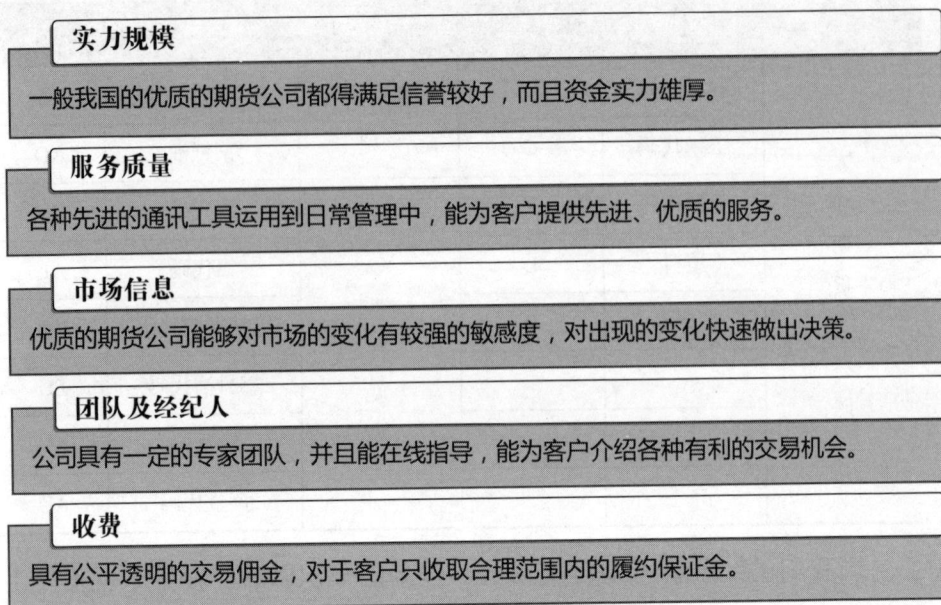

图 5-1　优质的期货公司及经纪人需满足的几点条件

如同银行开户一样，为了体现公平交易的原则，所以一般对于开立期货交易的客户同样具有一定的要求，具体如下。

● **首先**：应具有完全的民事行为能力。

● **其次**：具有一定的风险承担能力。

● **再次**：住所固定，而非流动性人口。

● **最后**：要符合一些国家、该行业的其他的一些规定

如果满足上述条件，那么接下来就可以进行开户了，那么开户需要准备哪些资料呢？相对来说，为了开户的安全，大多的投资者都会选择到某一期货公司的营业部去开户，那么对于开户的自然人和法人的区别不同，需要准备的材料有哪些不同呢？

相对来说，如果开户主体为个人，就需要提供客户本人的身份证件、银行卡；而如果是外地的客户办理，则还需要身份证扫描件、银行卡复印件等电子版文件。

如果开户的主体是法人，相对需要的资料会复杂些，它需要如下的证件。

该法人的营业执照（正本复印件，副本原件、复印件）、税务登记证（复印件）、组织机构代码证（原件、复印件）、机构法定代表人身份证件原件、法定代表人公章的《法人授权委托书》、开户代理人的身份证件原件、银行开户许可证、机构授权的指令下单人、资金调拨人、结算单确认人的身份证件原件等。

当材料准备好以后，接下来就可以进行开户了，具体的开户程序如图 5-2 所示。

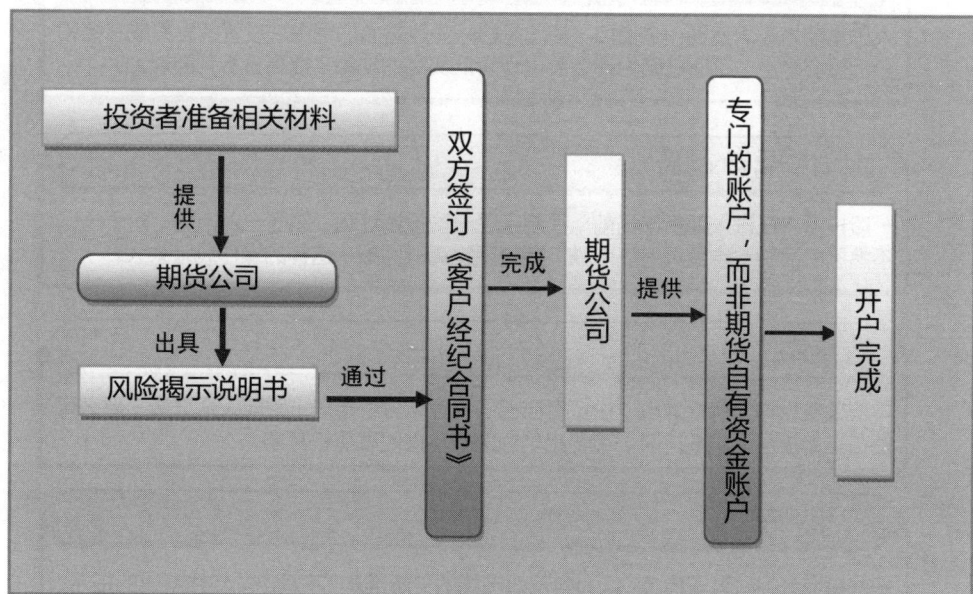

图 5-2　期货开户的基本流程

一般开户完成以后，只要客户在自己的账户上有足额的保证金以后，就可以进行订单了。此外期货开户，准备的资料中，还需要个人的数码照片，一般需要满足 500 万以上的像素以及上身尺寸占整个身体比例的60%，才能获得客户审核的通过。

5.2.2　在期货市场你决不能做的 6 件事

对于初入期货市场的投资者来说，可能存在技术以及经验的欠缺，那么投资就会迷失方向，此时，请记住，你一定不能做如图 5-3 所示的 6 件事。

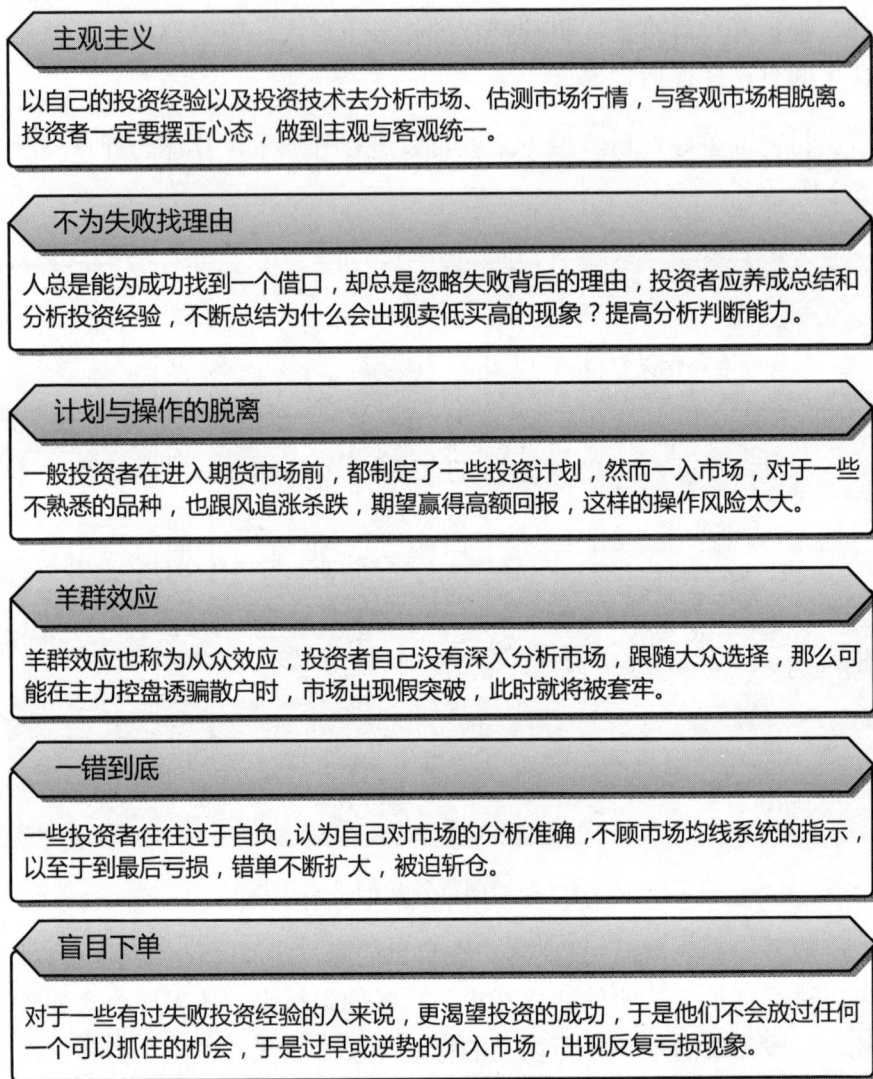

主观主义

以自己的投资经验以及投资技术去分析市场、估测市场行情，与客观市场相脱离。投资者一定要摆正心态，做到主观与客观统一。

不为失败找理由

人总是能为成功找到一个借口，却总是忽略失败背后的理由，投资者应养成总结和分析投资经验，不断总结为什么会出现卖低买高的现象？提高分析判断能力。

计划与操作的脱离

一般投资者在进入期货市场前，都制定了一些投资计划，然而一入市场，对于一些不熟悉的品种，也跟风追涨杀跌，期望赢得高额回报，这样的操作风险太大。

羊群效应

羊群效应也称为从众效应，投资者自己没有深入分析市场，跟随大众选择，那么可能在主力控盘诱骗散户时，市场出现假突破，此时就将被套牢。

一错到底

一些投资者往往过于自负，认为自己对市场的分析准确，不顾市场均线系统的指示，以至于到最后亏损，错单不断扩大，被迫斩仓。

盲目下单

对于一些有过失败投资经验的人来说，更渴望投资的成功，于是他们不会放过任何一个可以抓住的机会，于是过早或逆势的介入市场，出现反复亏损现象。

图 5-3　进入期货市场你不能做的 6 件事

投资中的一些错误的心理以及习惯是常见的事，不然这世界为什么就只有一个巴菲特，关键是我们得不断地从自己或别人的失败中吸取经验。你需要思考，为什么在这个盈利的市场，你能成为其中的一员，你一定得有你自己一套投资习惯，当别人正在犯错时，你不犯或少犯，那么你才能在市场立足。

5.2.3 期货投资风险

任何一种投资都具有风险，关键在于风险的高低，以及风险对于未来盈利的影响程度。任何的投资我们只有认清它的风险，并为风险做好一定的防范措施，才能将损失降到最小。对于期货投资风险简单总结如图 5-4 所示。

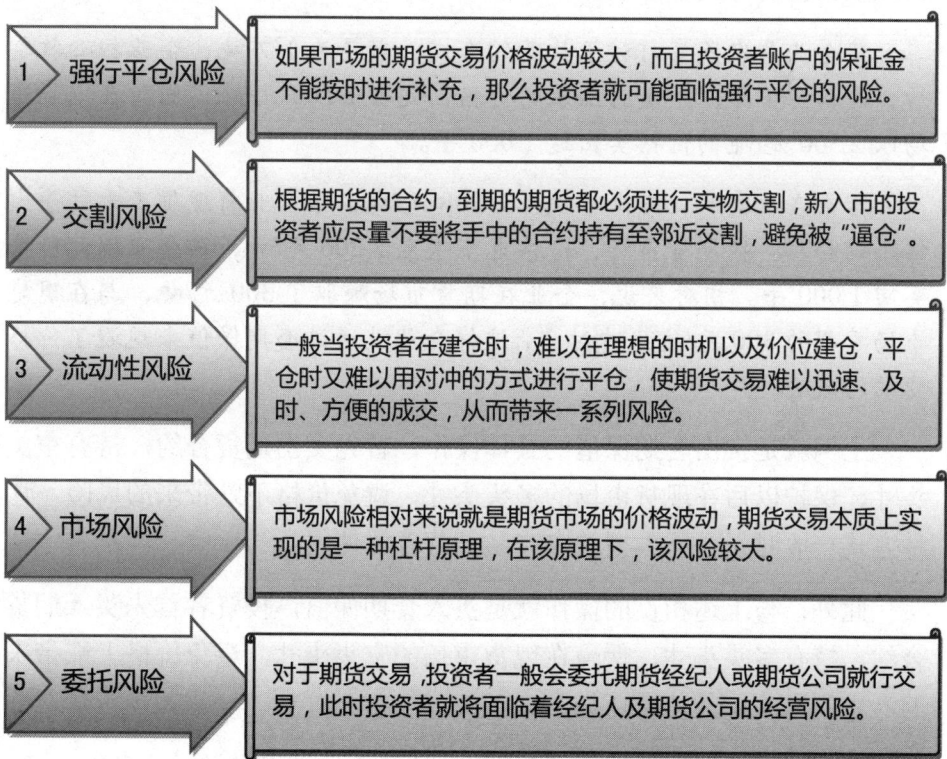

1	强行平仓风险	如果市场的期货交易价格波动较大，而且投资者账户的保证金不能按时进行补充，那么投资者就可能面临强行平仓的风险。
2	交割风险	根据期货的合约，到期的期货都必须进行实物交割，新入市的投资者应尽量不要将手中的合约持有至邻近交割，避免被"逼仓"。
3	流动性风险	一般当投资者在建仓时，难以在理想的时机以及价位建仓，平仓时又难以用对冲的方式进行平仓，使期货交易难以迅速、及时、方便的成交，从而带来一系列风险。
4	市场风险	市场风险相对来说就是期货市场的价格波动，期货交易本质上实现的是一种杠杆原理，在该原理下，该风险较大。
5	委托风险	对于期货交易，投资者一般会委托期货经纪人或期货公司就行交易，此时投资者就将面临着经纪人及期货公司的经营风险。

图 5-4 进入期货市场的五大风险

5.2.4　期货交易案例

当已经明白了期货的交易品种，以及交易风险，接下来我们就需要试试身手，开始期货交易了，具体以案例介绍如下。

1.　农产品的期货交易

对于投资者来说，投资的目标在于投机和套利，实现财富增值，但是作为成功的第一步，首先考虑的还是套期保值，套期保值简单说就是利用期货市场来抵消现货市场价格的反向运动的过程。

一般可以分为卖出套期保值、买入套期保值、选择性套期保值 3 种，具体以案例的方式，介绍操作如下。

某企业与农民签订对于收购的合同，数量为 1 万吨，企业担心收割后，价格会下降，于是将玉米的价格固定在 2 500 元/吨，同时在期货市场以 2 500 元/吨的价格卖出这 1 000 手。

后来在收割时，玉米下跌至 2 200 元/吨，该企业将现货玉米转手出售给饲料厂。在期货市场，价格也下跌至 2 200 元/吨，该企业以此价格买回 1 000 手。相对来说，企业在期货市场赚取了 300 元/吨，与在现货市场亏损的 300 元/吨平冲对仓，这样企业就通过套期保值来规避了价格变动的风险。

上例就是卖出套期保值的具体操作，首先卖出期货合约，持有空头头寸，保护以后在现货市场的多头头寸，避免价格下跌带来的风险，该种方式一般对于一些大型的农产品经营者所使用。

此外，与上述相反的操作就是买入套期保值，投资者首先买入期货合约，持有多头头寸，保障在现货市场的空头头寸，避免价格上涨带来的一系列风险，具体操作如下。

某小麦加工企业购入小麦 10 000 吨。当时小麦的价格为 2 400 元/吨，企业认为到 12 月份的时候小麦的价格还会继续上涨，于是买入小麦合约 1 000 手，进行套保。在 12 月份，小麦的价格几乎上涨到 2 600 元/吨，则小麦企业可以以每吨 200 元的价格弥补在现货市场处购买的差价部分，这样也就减少了成本。

上例买入套期保值的做法，运用期货市场的盈利对冲，可以将未来无法预计的价格固定，一般对于现货商品有需求但是又担心价格在不久会上涨的投资者适合。

相对来说，人们投资的目的不在于降低风险，而是增加利润，于是只是对于一部分期货进行套期保值就好，可以进行选择性的套期保值，如下例。

某投资者在 9 月份以 3 950 元/吨的价格预订了豆粕现货，交货时间在 3 个月后，当时他估计该价格会上涨，于是在 10 月份，该价格果然上涨到了 4 200 元/吨。在 11 月份，他觉得价格会开始下降，估计豆粕的价格会跌至 4 000 元/吨，假设他的预测是正确的，如果他一直持有最初的合同，中间没有任何的变动，那么他先赚取了 250 元/吨，之后还会亏损 200 元/吨。

在上例中，在选择性的套期保值中，可以在价格 4 200 元/吨时，卖出该期货，为它的现货合同保值，从而赚取 250 元/吨，在期货市场下提前锁定利润。

以上就是对于一些原料存货是否需要做出的套期保值的说明，相对来说，一般企业应根据自身生产经营的需要来确定，不能把投机的交易和套期保值混合；而且一定要控制期货的交易量，不能超过企业的承受范围；一定要有计划的做出期货保值计划，不能盲目，要考虑多种因素，如季节性、差异性、品种性等。

当然我们在对于期货进行套期保值时，一定要注意避免几个误区。

- **首先**：不能认为在期货市场买卖的现货就是套期保值，如果以现货价为标准与期货价格进行对比，套期保值是在两个市场上同时进行的数量相同但方向相反的交易。

- **其次**：成交量与需求脱轨，一些现货单位在入市初期，往往能根据需求而保证交易量，但是当市场形成盲目扩大成交量时，一度跟风操作，从而当后期期货价格波动较大时，后续资金不足而被迫平仓，从而带来亏损。

2. 国债期货交易

不同于传统的农产品的期货交易，国债的期货交易属于金融期货交易的一种，属于一种高级的金融理财工具。在 20 世纪 70 年代，在金融市场的风暴中，出现在美国市场，我国也在 2012 年开始仿真交易启动。

对于国债期货来说，它具有以下特点，如表 5-6 所示。

表 5-6 关于国债期货的特点

名称	定义
实质	国债期货交易不牵涉到国债券所有权的转移，只是转移与这种所有权有关的一种价格变化的风险
部位限制	交易所规定的某一交易者在一定时间内可以持有期货合约的最大数量
期货合同	所有的国债期货合同都是标准化合同，国债期货交易实行的是保证金制度，是一种杠杆交易
结算制度	国债期货交易实行无负债的每日结算制度
交易单位	也称合约规模，是指交易所对每份期货合约规定的交易数量
报价方式	是指期货价格的表示方式，短期国债期货合约的报价方式一般采取指数报价法，即 100 减去年收益率
最小变动价位	期货交易中价格每次变动的最小幅度
价格波动限制	为了限制期货价格的过度涨跌而设立的涨跌停板制度
合约月份	期货合约中规定的到期交收的月份
交易时间	由交易所规定的各种合约在每一交易日可以交易的某一具体时间
最后交易日	在期货交易中，绝大部分成交的合约都是通过反向交易平仓，但这种反向交易必须在规定的时间内进行，被规定的时间就是最后交易日
交割安排	包括交割的时间、地点、方式，可用于交割的标的物的等级等

国债期货作为我国金融期货的先驱，在期货发展史上具有重要的作用。我国的国债期货试点开始于 1992 年 12 月 28 日，在上海证券交易所最先开放，共推出 12 个品种，只针对机构的投资者开放。

在 1993 年 10 月，成交额只有 5 000 万元；在 1994 年的第二季度，国债期货交易处于一种活跃的状态，交易额逐月增加；在 1995 年，更是出现火爆的交易，日交易量出现 400 亿元的状况，而同期的市场上流通的国债则小于 1 050 亿元，市场可用来交割的国债现券的数量远远小于期货交易的规模，市场的风险在加剧。

终于在 1995 年 2 月 23 日，在最后的 8 分钟内砸出 1 056 万口卖单，面值达 2 112 亿元，而所有的 327 国债总额只有 240 亿元，被确认为恶意违规，于是国债期货夭折。在 2012 年 2 月开始，中国的国债期货仿真交易启动，具体详情信息如表 5-7 所示。

表 5-7　仿真国债期货的特点

名称	定义	定义	
交易单位	手	价格最大波动限制	上一交易日结算价 ±2%
期限	5 年	最低交易保证金	为合约价值的 3%
面额	100 万人民币	手续费	不高于成交金额的 0.1‰
票面利率	3%	1 手	1 张合约
利息计算	每年付息一次	交易时间	9:15~11:30 和 13:00~15:15
报价单位	百元人民币	合约月份	3 月、6 月、9 月、12 月
交割结算价	为最后交易日全天成交量加权平均价	最后交易日	合约到期月份的第二个星期五
当日结算价	最后一小时成交价格按成交量加权平均价	交割日	为最后交易日后的连续 3 个交易日
最小变动价位	0.01 元	合约交易报价	0.01 元的整数倍

除上外，此次可用于的债券是在最后交割日剩余期限 4~7 年（不含7 年）的固定利息国债。

该次的仿真交易还采取集合竞价和连续竞价的方式进行，集合竞价在交易日的 9:10~9:15 开始，其中 9:10~9:14 为指令申报时间，9:14~9:15为指令撮合时间，结算实行保证金、当日无负债、结算担保金、风险准备金、会员分级等制度。

在 2012 年的 9 月 6 日，国债期货正式在中国金融期货交易所上市交易，这标志我国金融期货的又一大进步，它主要有如图 5-5 所示几种投资模式。

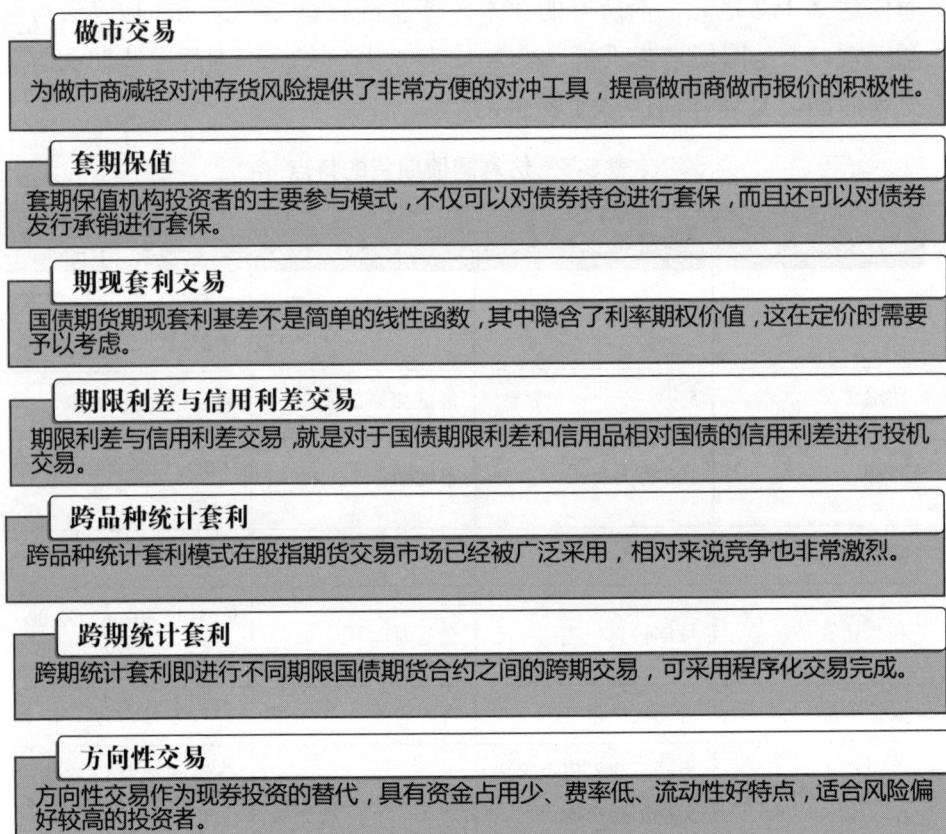

做市交易
为做市商减轻对冲存货风险提供了非常方便的对冲工具，提高做市商做市报价的积极性。

套期保值
套期保值机构投资者的主要参与模式，不仅可以对债券持仓进行套保，而且还可以对债券发行承销进行套保。

期现套利交易
国债期货期现套利基差不是简单的线性函数，其中隐含了利率期权价值，这在定价时需要予以考虑。

期限利差与信用利差交易
期限利差与信用利差交易，就是对于国债期限利差和信用品相对国债的信用利差进行投机交易。

跨品种统计套利
跨品种统计套利模式在股指期货交易市场已经被广泛采用，相对来说竞争也非常激烈。

跨期统计套利
跨期统计套利即进行不同期限国债期货合约之间的跨期交易，可采用程序化交易完成。

方向性交易
方向性交易作为现券投资的替代，具有资金占用少、费率低、流动性好特点，适合风险偏好较高的投资者。

图 5-5　国债期货的投资模式

国债期货和传统期货一样，也存在三种方式，分别是投机、套利和套期保值。

1）投机

投机，简单说就是在价格的变动中，通过低买高卖实现差价利润的方式。投机交易根据涨跌方向的不同，分为多头投机和空头投机，多头投机就是投资者预计价格即将上涨，那么在当前的价格地位时建立多头仓位，等待价格上涨之后，通过在期货市场对冲获得利润。

投资者如果选择投机交易，那么一般就是通过观察一段时间的市场行情来决定建仓还是平仓。对于初入市场者，一般会选择关注当天的市场变化，从而进行短线操作。

2）套利

投资的最终目的也在于获得利润，那么投资者可以选择一种最直接的交易方式，那就是套利的策略。套利简单说就是利用不同商品之间的价格差异，通过买卖的方式，等到价格重新回归时获取价差收益的交易行为。

套利一般可以分为跨市场套利、跨期套利、跨品种套利 3 种方式，相对来说，由于在不同的市场发行的国债的品种和数量在交易所活跃的较少，因此，跨市场套利的方式很少的被投资者采用。

而跨期套利的方式则较常用，跨期套利交易简单操作就是买入近期的期货品种，卖出远期期货品种，具体以案例介绍如下。

仿真的期货交易品种 TF1203 和 TF1209，期限为 5 年，票面价值 100 万元，票面利率 3%，交割期在 3 月和 9 月。如果投资者买入国债 1 203 手合约，卖出 1 209 手合约，当时赢得利润 0.39 元，此外我们还需要计算时间成本，假如当时的回购利率为 4.6% 和 5.2%，亏损额为 0.391 5 元，盈利额为 2.6 元，净盈利为 2.208 5 元。

投资者一般不会等到交割日的时候再去赚取利润，可通过利率不断下降或上涨的幅度，通过反向对冲来获得套期的收益。

5.2.5 网上查看期货详情

相对来说，如同股票买卖一样，我们需要对于市场的行情有一定的了解，对于在期货市场，我们也需要不断地关注各种期货商品的变动。

1. 登录财经网站

首先我们需要登录一些专业性的财经网站，如我国最大的财经网站——和讯网，如图 5-6 所示。此时我们可以在该页面，单击"期货行情"超链接，对于期货的行情进行一定的了解。

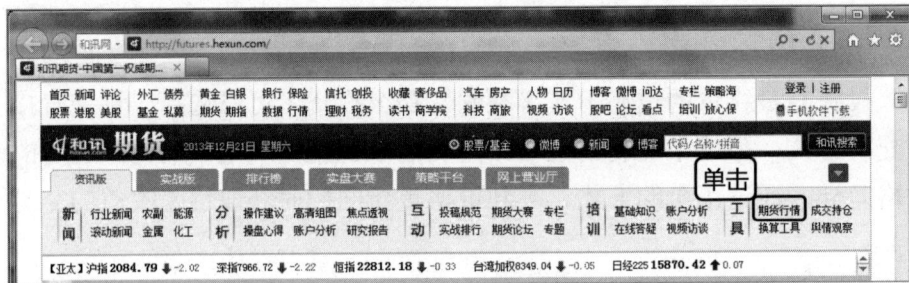

图 5-6 登录和讯网

在打开的如图 5-7 所示页面中，单击"菜籽柏 1405"超链接，此时将出现如图 5-8 所示的页面，包括和该商品相关的如大豆一系列的品种，如 1405、1409、1501，最新价分别为 4 499 元/吨、4 396 元/吨、4 377 元/吨，涨跌的比例分别为 11%、-1%、-2%，持仓量分别为 77 334 吨、55 484 吨、9 596 吨等。

图 5-7 单击商品超链接

此时在图中央，还将显示关于该商品的分时线、日线图、周线图等。

图 5-8　了解期货行情

同时在该页面中，还将出现该商品的基本资料，如图 5-9 所示，包括交易品种名称、交易单位、交易日期、报价单位、交易代码、上市的交易所、交割日期等，此外还将显示不同期货公司对于该产品的持仓比例，如图 5-10 所示。

图 5-9　商品详情

图 5-10　持仓比例

2. 持仓分析

如同股票的建仓、空仓一样，期货也存在建仓的过程。那么持仓的过程是如何的呢？我们该如何去认识与把握它呢？

首先，在和讯网期货首页的"持仓分析"的板块，单击"期货成交持仓"超链接，如图 5-11 所示，紧接着将出现如图 5-12 所示的页面，出现不同的期货公司持仓详情比例。

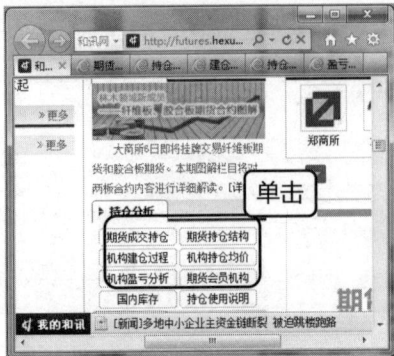

图 5-11　持仓分析窗口

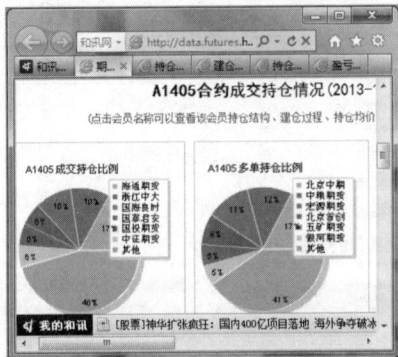

图 5-12　持仓比例

当我们已经对持仓的比例有所了解后，接下来就可以对于持仓的机构进行分析，在图 5-11 所示页面中，单击"期货持仓机构"超链接，此时将出现图 5-13 所示的关于成交情况、多头持仓、空头持仓、净持仓的详情。

图 5-13　持仓结构分析

当然随着市场的波动，我们需要在持仓过程中了解成交量、价格、盈亏等的变动，具体操作如下。

在如图 5-11 的页面，单击"机构建仓过程"超链接，此时将出现如图 5-14 所示的页面，从中可知，在 13-12-04 的时间点，达到最大值，同时我们还可以在该页面的"持仓均价"选项卡中，了解到价格的变动大小。

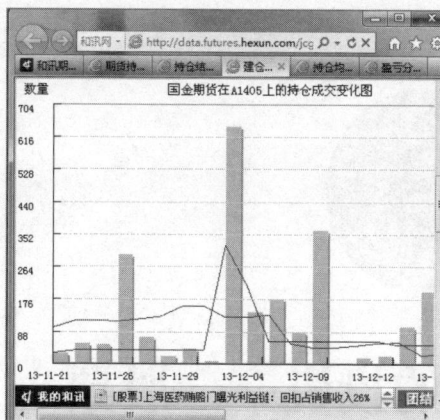

图 5-14 持仓成交量

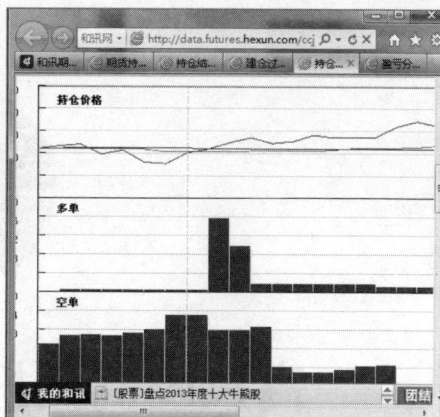

图 5-15 持仓价格变动

同样的在图 5-11 中，单击"机构盈亏分析"超链接，可对于持仓过程中的盈亏进行分析了解，如图 5-16 和图 5-17 所示。

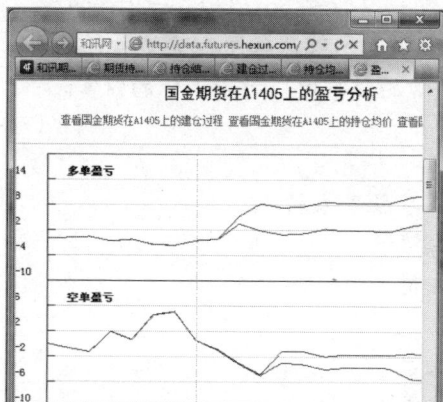

图 5-16 持仓盈亏分析

图 5-17 持仓盈亏比例

6

高风险高回报的投资——股票

有人在股市一败涂地，有人在股市发家致富，有人望股止步，有人屡战屡败，屡败屡战。有人说，股市就是一次赌博，完全是运气，但是并不是每个人都能拥有那么好的运气，所谓"三分天注定，七分靠打拼"，任何的成功都是打拼而来的，股市投资也一样。而本章就将告诉你，如何在风云无常的股市中，打拼出你的财富。

◇ 快速了解股票、股市与股票术语
◇ 股票账户开立的基本流程
◇ 炒股的常用软件及应用
◇ 看懂股市的K线图
◇ 如何选中一只好的股票
◇ 简单的股票买卖投资策略
◇ 止损解套
◇ 摊平解套
◇ 做空解套
◇ 几个防止不被套牢的小诀窍
◇ 手机炒股

6.1　走进股票市场

在股票市场中没有所谓的专家，只有赢家与输家，市场是位好老师，我们应该在这位好老师的指导下，做好一定的准备，而不能急功近利、失去理性，疯狂追涨杀跌。在买卖股票之前，我们应该了解什么是股票、股市行情如何以及股票常用术语等。

6.1.1　股票、股票术语、股市参与者

没有雄鹰自离开母体，就能一飞冲天；没有天生就成功的商人；没有帝王一开始就能成就霸业，他们都是努力地走好当前的每一步，从细节、从底层、从基础做起。同样，如果你想驰骋股市，抱得金钱归，光靠勇气还不够，还要学习，从最底层学习，只有打好股"基"，你手里的股"房"才能屹立不倒。

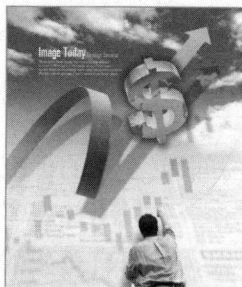

1. 股票的定义及特性

股票是一种有价证券，是股份有限公司为了筹集资金，公开或私下向出资人发行的凭证。投资者通过拥有该公司的股票，即成为公司股东，可以分享公司收益，但同样也得和公司分担风险。

股票一经买进，就不得以任何方式要求股票发行人退还入股本，投资者只能在证券市场进行买卖或转让。

股票本身只是一种虚拟资本，其本身仅是一张记载权益的纸张，甚至在无纸化交易的今天，已经没有任何纸张，所有的交易都在网上进行，仅作为存储在证券交易中心的电脑中的一种数据，其本身并没有任何价值。目前，股票交易已成为证券市场中长期使用的一种交易方式。

股票一般具有收益性、流通性、风险性和参与性等特点，当投资者

购买了该公司的股票，那么只要公司没有破产，就可以通过持有的股份以红利的方式分享公司的盈利，当然投资者也可以选择在证券市场买卖股票，通过差价收益获利。

股票相对于债券、基金来说，可以随时在市场转让，而且可以继承、赠送、抵押等，流动性较强。

不同于买卖债券，一般当投资者拥有该公司的股票，成为公司的股东，那么就可拥有参与公司事务管理，如出席股东大会、选举公司董事、参与公司决策等权利，但是持股的多少，决定了能拥有的权利大小。

2. 股票的种类

根据不同的标准，股票可以划分为不同的种类，一般有 3 种划分方式，一是按照投资者的主体，可以划分为国家股、法人股、公众股；二是根据公司可分配的盈余资产的先后顺序，可以分为普通股和优先股；三是按照上市的区域不同，可以分为 A 股、B 股、H 股、L 股等。下面将做详细的讲解。

- **普通股**：一般指普通大众都可购买的股票，是一种最基础的股份，但相对来说风险也最大。

- **优先股**：优先股则是一般会在股票上表明"优先股"字样的标志，但是在交易上和参与权方面会有一定的限制，股份有限公司需向持有优先股的股东支付固定的股息。

可转换优先股和不可转换优先股

可转换优先股一般指持有可转换优先股投资者可在公司规定的条件下，将持有的优先股股票转换为普通股股票或发行公司的债券。

不可转换优先股一般指持有不可转换优先股股票的投资者无论在何种条件下，都不可以将股票转换为其他金融工具，只有当公司赎回股票时才能取回本金。

- **国家股**：国家股相对来说一般指的就是发行股票的主体，即发行公司属于国有企业或国家控股。

- **法人股**：一般是指股票发行公司是企业法人或具有法人资格的企事业单位，一般可分为国家法人或企业法人。

- **公众股**：一般指国内个人或企业员工拥有的股票，也是普通市民常常投资的一种股票，但规定了个人持股一般不能超过公司所有股份的5%。

什么是法人

我们每个人都属于自然人，而法人就是相对于自然人而言，与自然人一样同样具有民事权利和民事行为能力，与自然人一起构成社会经济运行的重要组成部分，常以政府、法定机构、公司等形式出现，是世界各国规范经济秩序及社会秩序的一项重要的法律制度。

在股市里，常听到 A 股、B 股涨跌，那么你是否真正地了解什么是 A 股、B 股呢？除此之外，你还了解其他的股票，如 H 股、L 股、N 股吗？下面通过表 6-1 进行具体的介绍。

表 6-1 按照定义划分股票

划分方式	定义
A 股	称为"人民币普通股票"，是由境内注册公司发行，规定以人民币进行交易，供我国境内（不包含香港、澳门和台湾地区）机构和个人买卖的股票
B 股	正式名称为"人民币特种股票"，也是由境内注册公司发行的股票。它以人民币标明面值，供我国境内居民以外币进行交易。其中上海上交所上市的B股以美元报价，深圳深交所上市的B股以港元报价
H 股	我国股份有限公司在内地注册，并在中国香港上市发行的外资股
L 股	在我国大陆注册，在伦敦上市发行的外资股
N 股	在我国大陆注册，在纽约上市发行的外资股

除了上述的划分方式之外，在股市我们还常常听到如蓝筹股、成长股、垃圾股等的名词，那么它们又是怎样定义的呢？具体介绍如表 6-2 所示。

表 6-2　常用的股票

划分方式		定义
业绩好坏	绩优股	公司业绩良好，上市后净资产收益率连续3年超过10%的股票
	成长股	销售额和利润持续增长，且速度快于本行业其他公司的股票
	垃圾股	与绩优股相对，指股票的发行公司业绩较差，公司净资产出现连续亏损的现象
收益高低	红筹股	指在境外注册，在中国香港上市，但其30%以上股权由隶属于中国内地有关部门或企业掌控的公司发行的股票
	蓝筹股	通常将那些盈余稳定，能定期分配较优厚股息，被公认为业绩非常好的公司发行的股票称为蓝筹股
成交量多少	热门股	关注度高、交易量大、流通性强、价格变动幅度较大的股票
	冷门股	与热门股相对，指那些少人关注、交易量小甚至无交易、流通性差、价格变动幅度小的股票
	龙头股	通常指在某一时期内对同行业板块的其他股票具有影响力和号召力的股票

3. 关于股票的专业术语

如同一位财务人员，如果不懂得什么是资产负债表、现金流量表、利润表、会计科目、会计等式等专业术语，那么就不能很好地处理账目。

在股市也一样，如果股民不懂股市一些专业术语，那么就如同一张白纸，就不能正确地认识股市，就会被股市所淘汰。

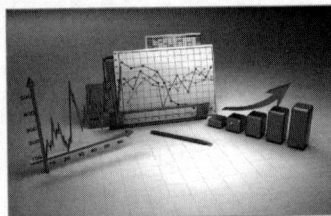

相对来说，一般可以从股市、股价、盘口、发行股票的公司等方面去理解关于股票的一些专业术语。

首先，当我们走进这个市场，所需要了解的关于市场的专业术语，具体如表6-3所示，关于股市的术语相对较多，仅简单列表如下。

表6-3　关于股市的相关术语

名称	定义
牛市	指市场行情普遍上涨并延续较长时间的大升市，也称多头市场
熊市	市场行情普通看淡且持续时间相对较长的大跌市，也称空头市场
多头	投资者预计股价将会上涨，从而低价买进股票，待股价上涨到某一价位时卖出，从中赚取差价。其表现为一连串的大涨小跌
空头	投资者预测股价将会下跌，从而将现有股票卖出，等股价跌到某一价位时再买进，从中赚取差价，其表现为一连串的大跌小涨
诱空	指主力、庄家认为股市行情看好，在买入股票的同时制造股价将下跌的假象，使其他投资者卖出股票的行为
踏空	投资者认为股价会继续下跌而没能及时买进股票，然而股价却一路上涨，使投资者失去了最好的赚钱机会
短多	预测股价将上涨而买进大量股票，短期保持后即将其卖出
长多	预测股价定会上涨从而买进大量股票并长时间持有，待股价上涨到一定价位时再卖出，从中获取高额差价
多翻空	原来对股市前景非常看好，突然改变看法而将手中的股票大量卖出的行为
多杀多	普遍认为股价将上涨而竞先买入，而当天股价并未预期上涨，到快收市时又争先卖出股票，造成股价下跌的行为
诱多	指主力、庄家故意制造股价将上涨的假象，使部分投资者以为股市形势看好，从而大量买进股票的行为
套牢	有多头套牢和空头套牢两种。多头套牢是指买入股票后，股价一直下跌，不亏本卖出而持有股票等待股价上涨的情况；空头套牢是指预测股价将下跌而将股票卖出，结果股价一路上涨的情况
僵牢	指股价在一定时期内出现既不上涨也不下跌的情况
行情停滞	指股价不涨也不跌，投资者持观望态度而不出手的现象
主力	有很强的经济实力，可通过股票买卖来影响两个股市行情的投资力量

名称	定义
突破	一般指股价在一段时间的盘整后，产生一种价格波动，突破了阻力位
零股交易	指不足 1 手的交易。股市中买卖股票的最小单位是手，1 手＝100 股，当卖出的股票不足 100 股时，可用零股进行委托，但买入股票时最低为 100 股
打底	股价在最低点经过重复的小涨小跌，最后突破最低点而上涨的情况
散户	资金少，从事少量股票买卖的投资者
大户	资金实力雄厚、股票买卖量大且有丰富实践经验的投资者
机构	依法从事股票交易的法人，如证券公司、保险公司等
庄家	资金实力雄厚，持有某只股票 10%～30%左右的股权，通过控制股票走势和股价变化而获取利润的投资者
盘整	股价经过一段时间的大涨大跌后，进入稳定的小幅波动状态的现象
回档	股价在上涨过程中，由于上涨速度过快而引起的短时间股价回落现象。通常股价回落的幅度非常小，并不会影响整个股价的上涨趋势
反弹	股价在下跌过程中，受到买家支撑，出现短暂的价格上涨现象
反转	从大势来讲，指股市由牛市转为熊市或由熊市转为牛市。简单来说就是指股价由上涨转为下跌或由下跌转为上涨
出货	指庄家或主力在一个较高价位或他们认为合适的价位不动声色地卖出股票
建仓	投资者预测股价将上涨而买进股票
吸货	指庄家在低价位时不动声色地买进股票，在庄家吸货期间，股价波动幅度较小
仓位	投资者已经投入的资金与总投资资金的比例
囤仓	大量买入股票而不急于卖出
持仓	保持手中的股票不买也不卖，等待时机
轻仓	在计划投资资金和已投资资金中，已投资资金占比重较轻（多为现金）

名称	定义
倒仓	庄家自身或庄家与庄家之间进行股票的转移
补仓	以新的价格买入已有的某只股票,以增加股票所占比例,可降低平均成本
重仓	在计划投资资金和已投资资金中,已投资资金占比重较重(大部分为股票)
满仓	将所有计划投资资金全部买为股票,已无现金
半仓	将计划投资资金的50%买成股票,留下50%现金备用
平仓	指买进原卖出的股票,卖出原买进的股票,保持现金与股票所占比例不变
斩仓	又称"割肉",指将买进的股票亏本卖出
全仓	指将所有计划资金一次性创建或平仓,没有剩余现金

当我们已经走进了股市,了解了相关在股市流通的一些术语,那么接下来就应该了解有关股价的相关术语,从而为我们将来在股市交易中,打下一定的基础。股价术语具体如表6-4所示。

表6-4 关于股价的相关术语

划分方式	定义
黑马	在一定时间内,股票的价格上涨一倍或几倍的股票
白马	股票的价格有上涨趋势,且上升空间很大的股票
最高/低价	指在当天的各种成交价格中最高(低)的成交价
涨跌	每个交易日的收盘价与前一交易日的收盘价相比来决定股票的涨跌,高于前一交易日收盘价为涨,用"+"表示,反之为跌,用"-"表示
涨停板价/跌停板价	为了防止股票在公开竞价的过程中出现暴涨或暴跌,引起过分的投机现象,证券交易所限制了每只股票当天的价格涨跌幅度,当股票上涨(下跌)到限定价格后将不能再上涨(下跌),股市中将这种现象称为停板。当天的最高限价称为涨停板价,而当天的最低限价被称为跌停板价
票面价格	股票发行公司在发行股票时设定的股票的面额

划分方式	定义
天价	某些股票由多头市场转为空头市场时的最高价
填息	指在股票除息后，股价上涨到接近或超过除息前的股价，从而使除息前后的差价被弥补的现象
填空	在跳空出现时，将未交易的空价弥补回来，以填补跳空价位
填（涨）权	指在股票除权后，股价上涨，将除权的差价补回的现象
贴（跌）权	指股票在除权后，股价在除权后的价格基础上再往下跌的现象
平（横）权	指股价长时间平盘，除权除息产生的缺口没有动静的现象
铁底	指股价不可能下跌到最底线
头部	股价在上涨过程中遇到阻力而下滑时的阻力点
突破	指股价经过一段时间的盘档后，产生的一种价格波动的现象

在股市里信息最集中并且投资者们也重点关注的地方，就是盘口，与盘口相关的专业术语，具体如表 6-5 所示。

表 6-5　关于盘口的相关术语

名称	定义
集合竞价	在每个交易日开盘之前的 9:15~9:25，由交易主机提供有效报价的买卖委托集中起来撮合交易，以达到最大成交量的价格作为最终成交价格，同时也用做当天的开盘价
开盘价	每个交易日的开盘价通常由集合竞价产生。对于集合竞价未产生最终结果的情况，沪深两市对开盘价都有不同的规定
开低盘	当日开盘价比上一交易日收盘价低
平盘	通常指股票的现价与前一交易日收盘价相同的现象。开盘价与前一交易日收盘价相同称为开平盘；收盘价与前一交易日收盘价相同称为收平盘
买盘	以比当前市价更高的价格进行委托买入，并已经达成成交的一种行为

名称	定义
卖盘	以比当前市价更低的价格进行委托卖出，并已经达成成交的一种行为
洗盘	指庄家大户为了减小拉升股价的阻力、降低拉升成本，利用手段将股价大幅降低，吓跑一些意志不坚定的散户并接收他们抛售股票的行为
杀跌	主力或庄家在股价下跌的过程中抛出股票，使股价继续下跌
崩盘	由于某种原因造成股票大量抛出，接货能力相当低，从而导致股价无限制地下跌，何时停止无法预测
震盘	股价在一天中出现忽高忽低的大幅波动现象
红盘	当日收盘价高于上一交易日收盘价
全盘尽黑	当日所有股票都呈下跌状态
护盘	庄家或主力在股市低迷时期买进股票，带动中小投资者跟进买入，刺激股价上涨的一种操作手法
扫盘	指庄家或主力不计成本，将卖盘中的挂单全部吃掉的行为
试盘	指庄家或主力在建仓完成后，通过少量股票的买卖来试探市场人气、持仓比例以及有无其他主力存在的行为
砸盘	砸盘分为两种情形，一是庄家主力为了拉升股价，先大量抛出手中股票，造成一种股价下跌的假象，使一些散户或跟风者退出；另一种是庄家达到做庄目的后，大量抛出股票，达到出逃的目的
盘档	指股市无新鲜血液输入，股价波动幅度很小，持续时间较长
盘坚（软）	股价缓慢上涨（下跌）
盘口	在股票交易过程中，具体到个股的买进或卖出的 5 档或 10 档交易信息
盘体	描述整个股市行情形状的俗称
升高盘	开盘价比上一交易日收盘价高出很多
支撑线	又称抵抗线，指股价在下跌过程中，做空头的投资者都认为已经有利可图而买进股票，使股价停止下跌甚至回升时的关卡

人们常说的股民，其实就是从股票与发行股票公司的角度出发的专业术语，与此相关的术语还有很多，下面简单介绍如表 6-6 所示。

表 6-6　与发行股票公司有关的专业术语

名称	定义
股本	代表上市公司的所有股份的总和，股本理论上应等于上市公司的注册资本
股东	以其合法资产用合法的方式购买股份有限公司的股份，就是该公司的股东，可凭购买股份的多少享受相应的股东权益
股民	在证券交易市场买卖股票，从中赚取差价的人群
高息股	指上市公司在利润分配时派发较高股息的股票
增资	上市公司为业务发展需要而办理有偿配股或无偿配股的行为
股票发行	指符合证券发行条件的上市公司按法定程序向投资者募集资金的行为
承销	股票的销售工作专门委托给专业的股票销售机构代理
主承销商	上市公司聘请的专门负责新股的上市辅导和帮助发行股票的证券公司
认股权证	通常指由发行人发行的附有一定条件的有价证券，投资者可按约定的期间或到期日以约定的价格认购或沽出权证的标的资产（如股票、黄金、外汇）
股票发行价	股票首次公开发行时向投资者提出的购买价格
配股	指股份有限公司向原股东发行新股票、筹集资金的行为
分股	经公司董事会投票表决并取得所有股东的赞同后，将已经销售的股份拆分成更大量的股份，原股东所持有的股份比例保持不变
摘牌	已上市公司由于长期亏损以致扭亏无力，或由于其他原因被停止上市交易
法定资本	它在股票市场中是为了使上市公司具备承担责任的能力而设定的公司上市所必须拥有的资本金额，以保障债权人利益
净流动资本	它是公司的生命线，其值为流动资产减去流动负债
年度报告	上市公司每个财会年度向全体股东宣布财务状况的报告

4. 股市的参与者

就如同去淘宝选购商品一样，当我们看见心爱的宝贝，进入店铺，我们会去更详细地了解产品、了解店铺经营以及评价等，总体来说就是了解购买产品的这个市场。初入股市也一样，我们首先得了解这个市场的参与主体。具体可以从以下几方面去了解，具体如图 6-1 所示。

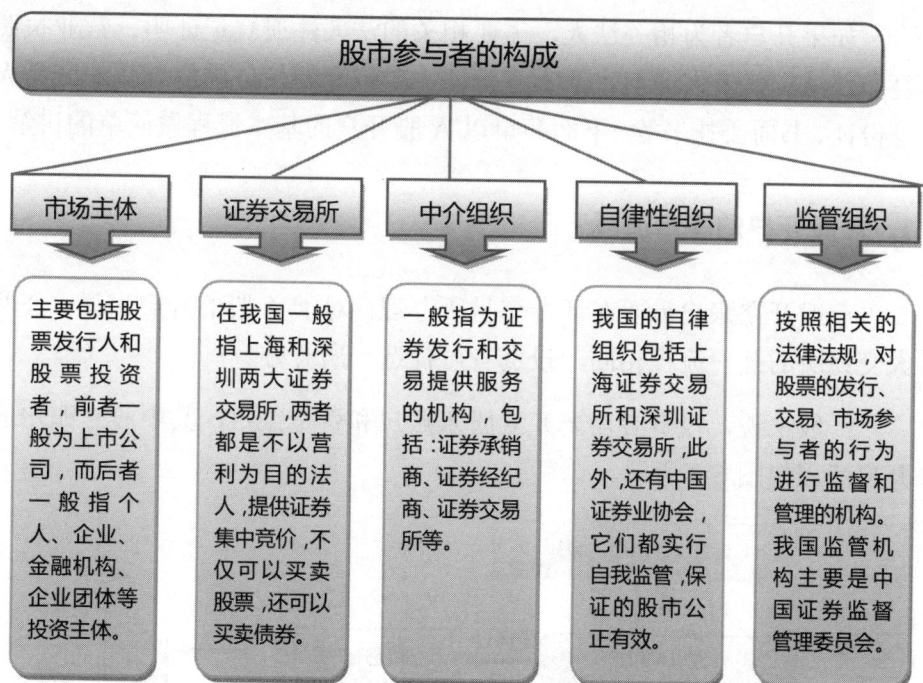

股市参与者的构成

市场主体

主要包括股票发行人和股票投资者，前者一般为上市公司，而后者一般指个人、企业、金融机构、企业团体等投资主体。

证券交易所

在我国一般指上海和深圳两大证券交易所，两者都是不以营利为目的法人，提供证券集中竞价，不仅可以买卖股票，还可以买卖债券。

中介组织

一般指为证券发行和交易提供服务的机构，包括：证券承销商、证券经纪商、证券交易所等。

自律性组织

我国的自律组织包括上海证券交易所和深圳证券交易所，此外，还有中国证券业协会，它们都实行自我监管，保证的股市公正有效。

监管组织

按照相关的法律法规，对股票的发行、交易、市场参与者的行为进行监督和管理的机构。我国监管机构主要是中国证券监督管理委员会。

图 6-1 股市参与者的构成要素

如上提到的两大交易所，一般股民们都接触过，不仅可以在内参与买卖股票，还可以买卖债券或基金。两大证券交易所都成立于 1990 年，可分别简称为上交所和深交所。

其中，上交所是我国内地最大的证券交易市场，采用电子竞价的交易方式，买卖都通过电脑主机进行公开申报竞价，由主机按照价格优先、时间优先的原则自动配对成交。深交所也采用相同的方式。

6.1.2　股票账户开立的基本流程

我们知道，炒股的第一个步骤就是要开立一个股票账户，不同的股民开立股票账户所需要的资料也不同。

如果开户者为个人时，需要持有股民身份证到交易所登记或已经为证券交易所的会员，就可办理开户手续。

如果开户者为相关法人，需要相关的法人注册登记证明、营业执照复印件法定代表人证明、法人身份证、单位介绍信、单位委托的交易人身份证、书面委托书等。下面简单以 A 股开户的基本流程做简单的讲解。

1. A 股开户的基本流程

一般开立账户需要在证券交易所办理，对于 A 股的开户来说，在两大交易所的开户流程相同，投资者可任选一所开办。

一般来说，投资者需要开立股东账户和资金账户，其中股东账户的开户流程如图 6-2 所示。

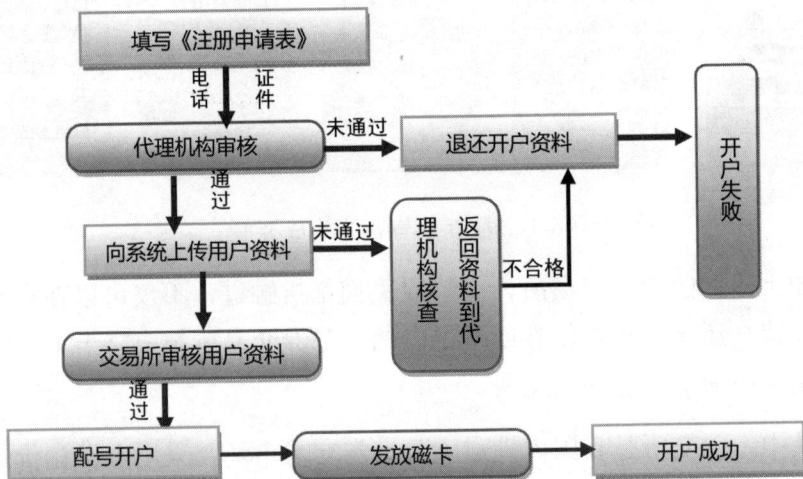

图 6-2　A 股开户流程

当投资者已经成功开立了股东账户以后，那么投资者就可以通过股东代码卡以及其他相关的证件到交易所开立资金账户。

投资者需要填写开户资料并且签订与交易所的委托协议以及委托买卖合同，同时投资者还需要选定交易的方式，如网上交易、手机交易、电话委托等，可选择一种或多种方式，最终完成资金账户的开立。

2. B 股开户的基本流程

相对与 A 股来说，B 股的开户流程较简单，首先，它需要符合条件的投资者在境内开办的商业银行之一存入一定的外汇资金；其次，银行向投资者提供入账的凭证以及对账单；最后，只需要投资者向经营 B 股的证券公司提供相应的资料，就可以完成开户。

在上述的开立过程中，如果投资者是境内投资者，那么需要本人亲自办理，境外可委托他人，且入账的金额要大于等于 1 000 美元。

3. 开户账户的收费标准

无论是 A 股还是 B 股账户的开立，都需要缴纳一定的费用，但两者存在一定的差别，具体如表 6-7 所示。

表 6-7 A 股与 B 股开立账户的费用比较

交易所	账户类别	A 股	B 股
上交所	个人账户	40 元/户	19 美元/户
	机构账户	400 元/户	85 美元/户
深交所	个人账户	50 元/户	120 港币/户
	机构账户	500 元/户	580 港币/户

6.1.3　股市买卖的基本流程

当我们已经对股票的种类有了一定的了解，并且已经开立了股东账户及资金账户后，在对股市行情进行分析下，接下来我们就可以对看中的股票迅速出击，进行买卖，但是股票买卖的流程是怎样的呢？具体如图 6-3 所示。

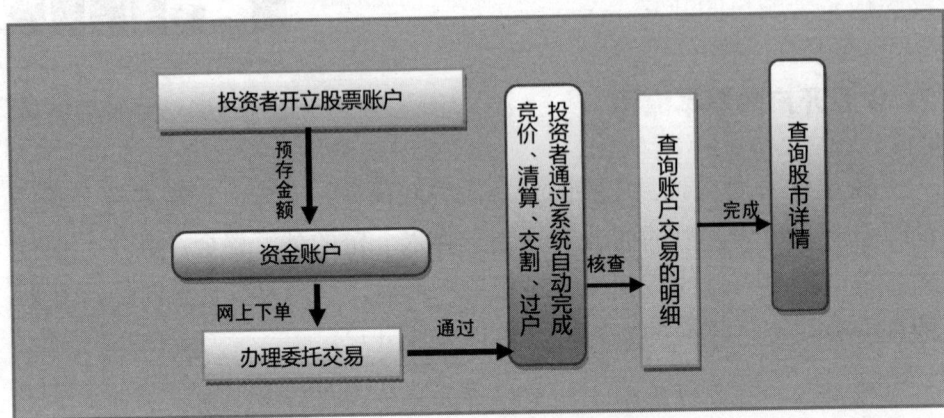

图 6-3　股市操作的基本流程

在以上的操作过程中，当投资者在开户完成并向资金账户存入足够的金额后，就可以进行股票买卖了。需要注意的是，一般的股民不能直接进入证券交易所参与买卖，只能委托股票经纪人来代理买卖。

对于现在炒股的大多人来说，使用证券商提供的行情交易软件，通过网上交易的方式，在家就可查询股市的各种信息。

如果股民一旦委托成功后，就会由系统自动完成清算交割过程，即系统将相应的资金从 A 用户的账户中扣除或划入 B 用户的账户中。

对于某些投资者，股市是限制其进入的，这些投资者是哪些人呢？

● 未满 18 周岁的未成年人及未经法定代理人允许者。

● 证券主管部门及证券交易所的职员与雇员。

● 党政机关干部、现役军人。

- 证券公司职员或未经证券主管部门或证券交易所允许者。

- 被宣布破产且还未恢复者。

- 法人委托开户但未能提供该法人授权开户证明者。

- 曾因涉嫌证券交易案件在查未满 3 年者。

6.1.4　炒股的常用软件及应用

对于炒股者来说，一般都会下载常用的软件，进行股票行情分析以及买卖交易。常用的炒股软件一般有大智慧、同花顺、钱龙和通达信等，本节将详细地讲解通达信软件。

1. 行情分析软件——通达信

通达信是深圳财富趋势科技有限责任公司推出的一种网上行情分析交易的软件，一般可分为收费登录和免费登录，投资者可自由选择，如图 6-4 所示，在其中单击"免费精选行情登录"按钮，单击"登录"按钮登录。

当登录以后，将出现如图 6-5 所示的页面，菜单栏中包括系统、功能、报价等菜单项，投资者可选中任意一项，进行操作。

图 6-4　登录通达信系统　　　　图 6-5　通达信系统的运行界面

如图 6-6 所示，在系统菜单中选择"选择品种"命令，就将出现如图 6-7 所示的关于品种的具体详情，如图选择"上证 A 股"选项，那么在右边的窗口中，将出现上证 A 股的具体明细。

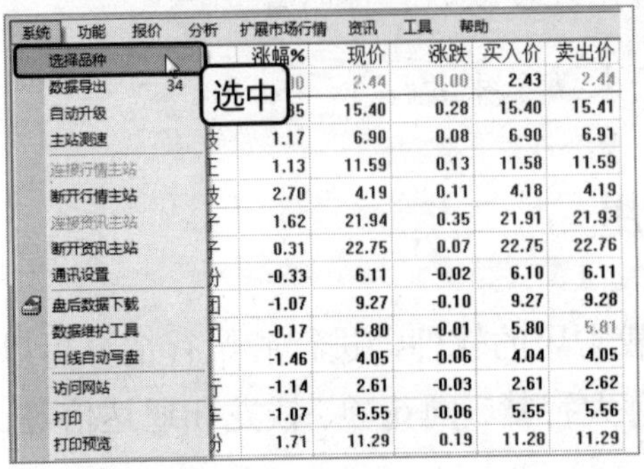

图 6-6　查看投资品种

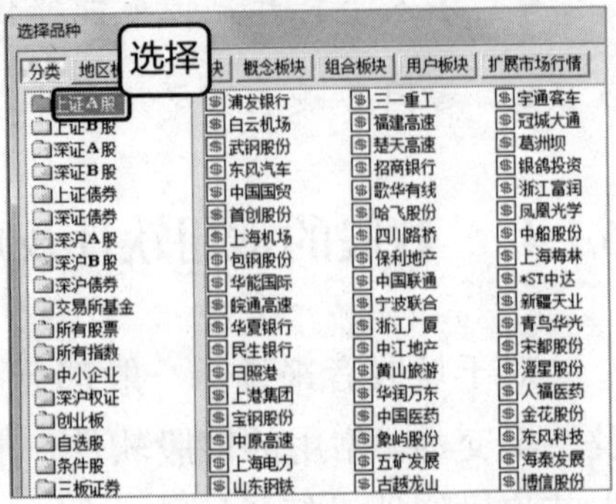

图 6-7　品种的具体详情

2. 利用通达信查询信息

如果投资者想要查看某一只个股明细，可直接在"资讯"菜单中选择"基本资料"命令，如图 6-8 所示。

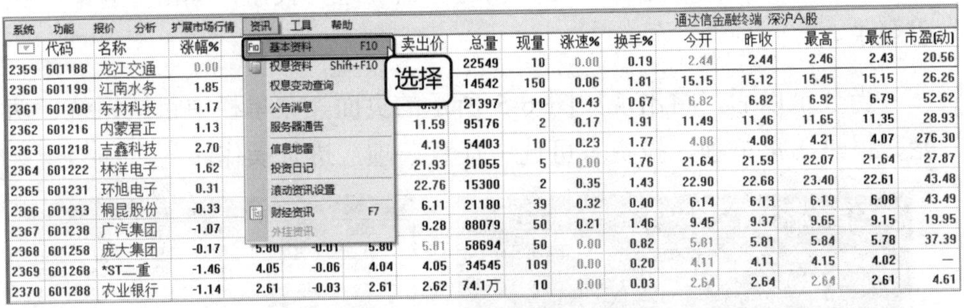

图 6-8　查看个股信息

此时就将出现如图 6-9 所示的个股详情分析界面，包括该股票发行公司的最新提示、分红扩股、增发、限售解禁等详细情况，如图在 2012 年末总股本为 1.213 2 万股，每 10 股派发 0.11 元红利，在 2012 年非公开发行 10 267.857 1 万股，发行价格为 2.24 元/股。

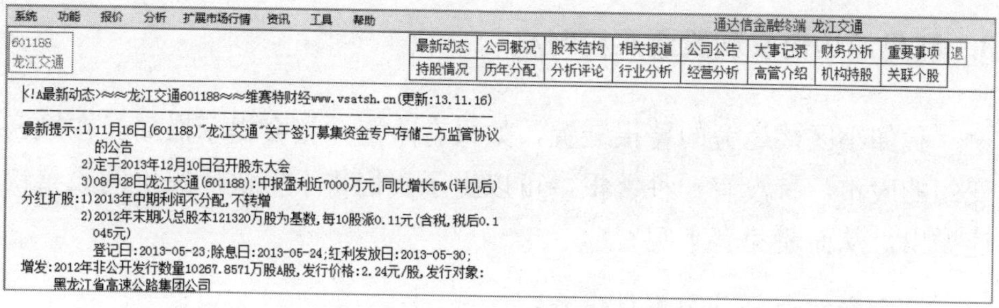

图6-9 个股详情

当然除了以上的查看个股信息，还可以对多只股票详情同时进行查询。在系统登录界面的首页中，在"分析"菜单中有"大盘走势"、"分时走势图"、"分析图"等命令，选择"多股同列"命令，如图6-10所示。

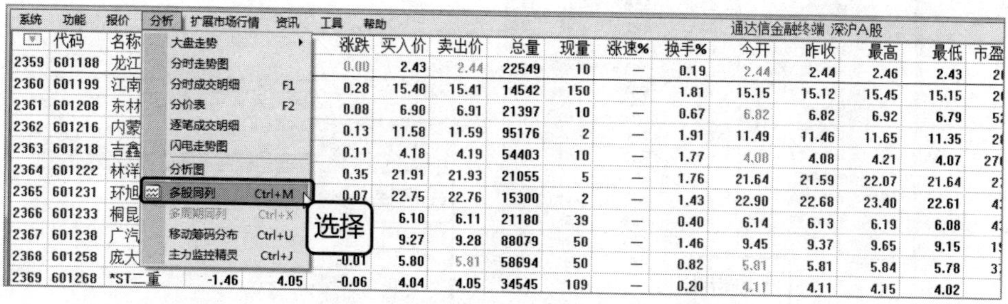

图6-10 查看多股详情

此时将出现如图6-11所示的页面，显示多只股票的K线图、换手率、限量等，实现了多图的同时并列显示，投资者可以多图比较分析。

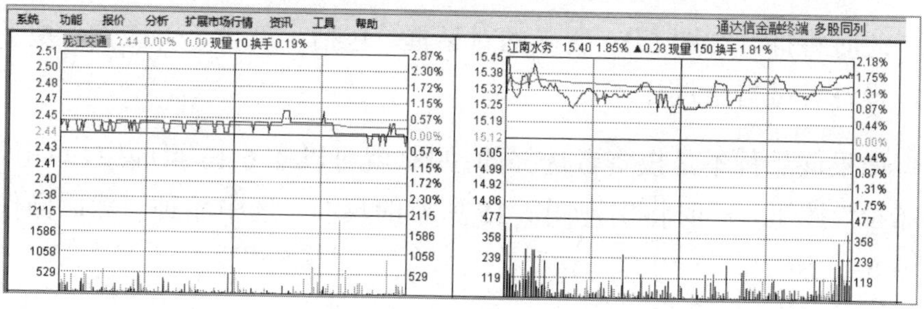

图6-11 查看多股详情

通过上图，我们可知换手率较高的是内蒙君正个股，因此现量也较少，而江南水务个股换手率第二，现量也最高。

3. 利用通达信发现股票买卖时机

犹如小区楼道旁的警报装置，如果有险情，就会提示撤离。在风云变幻的股市，有没有一种警报，可以提示我们将手里快速跌价的股票快速抛出，从而避免套牢呢？

这个当然有，下面将具体介绍。

首先，在"功能"菜单中选择"预警系统/条件预警设置"命令，如图 6-12 所示，在打开的"条件预警设置"对话框中选择一只个股，单击"修改设置"按钮，如图 6-13 所示。

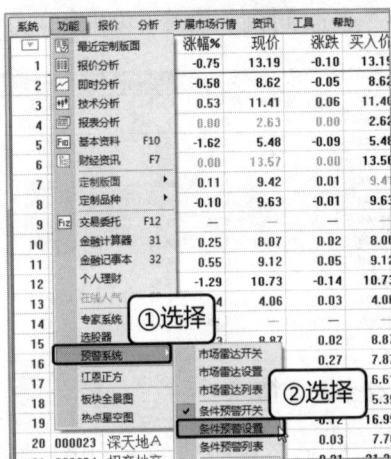

图 6-12　开启预警系统　　　　图 6-13　选定具体品种预警

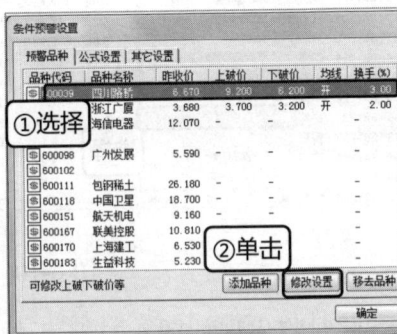

此时将打开如图 6-14 所示的对话框，包括上破价、下破价、换手率等，投资者可自由设计。

如果该品种不是投资者选择的，那么就可以在 6-13 页面中，单击"添加品种"按钮，此时将出现图 6-15 所示的页面，选中品种，然后操作如同图 6-13 所示。

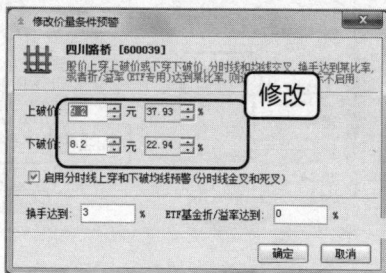

图 6-14　修改预警条件　　　　图 6-15　重新选定品种预警

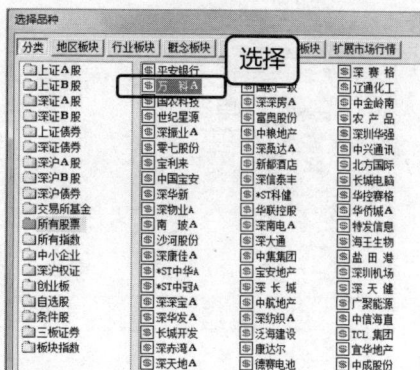

同时，除了条件设置预警外，我们还可以通过公式设置预警，在"条件预警设置"对话框，单击"公式设置"选项卡，将出现如图 6-16（左）所示的几个公式，单击下方的"添加公式"按钮，将打开如图 6-16（右）所示的公式，选中后，单击"确定"按钮，就完成了格式设置预警。

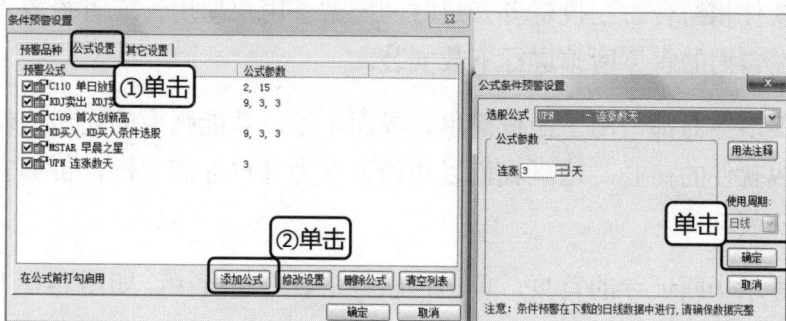

图 6-16　设置公式预警

同时，我们还可以如同设置电话来电提醒一样，进行铃声设置。在"条件预警设置"对话框中，单击"其他设置"选项卡，为了更好进行区别，投资者可以指定一种声音文件，单击指定声音文件旁边的按钮，将出现可以选择声音的路径。

如图 6-17 所示，可以在"MY MUSIC"文件夹里选择，选择完成后单击"打开"按钮，然后左边窗口中单击"确定"按钮，就完成了对声音的设置。

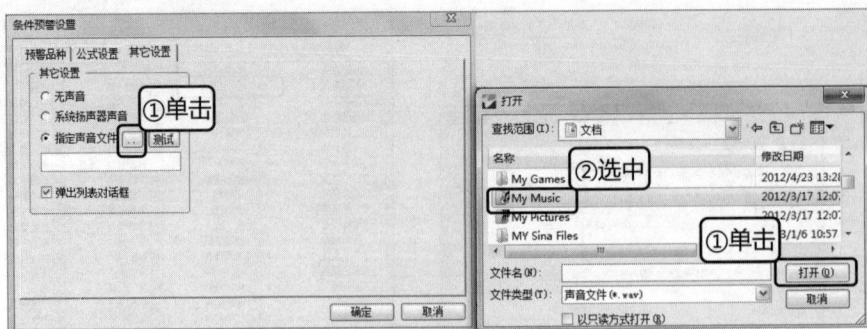

图 6-17　设置声音预警

4. 下载安装炒股软件

对于投资者来说，除了行情分析，还需要进行买卖交易的软件。

为了方便投资者使用，很多券商都会将自己的交易外挂程序与行情分析软件相结合，在投资者开户时一同赠予用户使用，或者投资者可以选择在它们的官方网站进行下载安装。

很多券商都采用了操作简单、界面干净、功能强大的通达信软件作为集成软件的核心。这里我们以华西证券为开户券商为例，讲解它的下载与安装。

登录华西证券的首页，单击"软件下载"超链接，如图 6-18 所示。

图 6-18　登录华西证券页面

此时将出现如图 6-19 所示的页面，出现交易软件，选择其中一种软件，在"下载"按钮处右击，选择"目标另存为"命令。

软件名称	类别	描述	版本	更新日期	下载	下载次数
华彩人生1点通（PC版）7.09 NEW	交易软件	"华彩人生1点通"是原有华彩人生版网上交易系统的全面升级版本，集行情、交易、华西特色产品及服务为一体。 "华彩人生1点通"致力于通过为您提供"一体化"的证券投资理财服务，助您投资绩效不断提升，与您共同才智领升、共享华彩人生。 "华彩人生1点通"最新版本为V7.09。 新增： 1、港股行情支持点击报价更新模式 2、基金适当性管理功能优化 (MD5校验码：BFDC6E390894AF440B90D8CDF5EABD0C)	7.09版	2013-9-13	下载	218829
融华富贵（PC版）NEW	融资融券交易软件	"融华富贵"是融资融券网上交易系统的最新版本，集行情、分析、资讯、交易为一体。 "融华富贵"秉承"有融乃大，共赢于信"的服务理念，助您的投资花开富贵。 "融华富贵"最新版本为V6.88。 (MD5校验码：375B75E5414320E954872FA2CB225TDF)	6.88版	2013-2-1		

图 6-19　选择"目标另存为"命令

此时将出现安装路径的选择，可选择安装在桌面，如图 6-20 所示。

单击"保存"按钮，此时将打开如图 6-21 所示的对话框，在打开的提示对话框中显示程序的下载程度。

图 6-20　找到新下载的程序　　　　图 6-21　运行程序

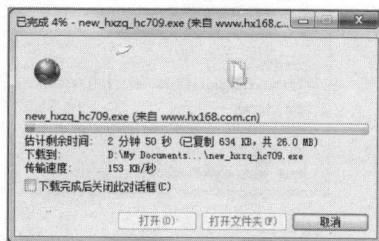

此时就可以在桌面找到下载完成的图标，如图 6-22 所示，双击该图标，将出现如图 6-23 所示的页面，出现程序的名称、发行商、发送方等，此时单击"运行"按钮，就可以进行程序的安装。

图 6-22　找到新下载的程序　　　　图 6-23　运行程序

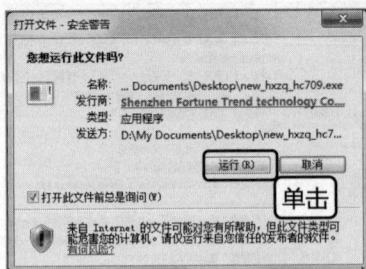

紧接着，将出现如图 6-24（左）所示的对话框，此时将出现安装的目录，单击"开始安装"按钮，开始安装。

当安装完成后，系统将自动打开小窗口提示对话框，如图 6-24（右）所示，提示的华西证券华彩人生-V7.09 程序已经安装完成，此时确认程序名称没有错误后，就可以单击"确定"按钮。此时，我们就可以在桌面上发现安装好的程序。

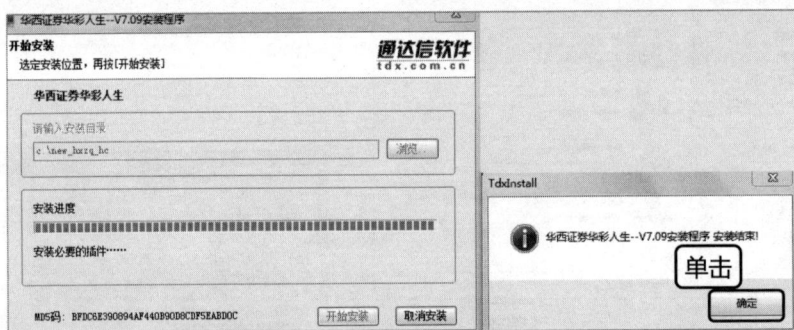

图 6-24　安装程序

安装完成后，就可以在桌面看到两个程序图标——华彩人生 1 点通和华西证券独立交易。双击第一个图标，如图 6-25 所示。

此时在打开的如图 6-26 所示的登录界面中，在该界面会出现 3 种登录方式：一是"行情+交易"；二是"独立行情"；三是"独立交易"。

任选一种登录方式，如图选择的"是行情+交易"的方式，此时投资者需要输入自己的资金账号以及交易密码，当选择完成后，单击"登录"按钮，就可以查看行情并进行相关的股票交易了。

图 6-25 双击目标程序

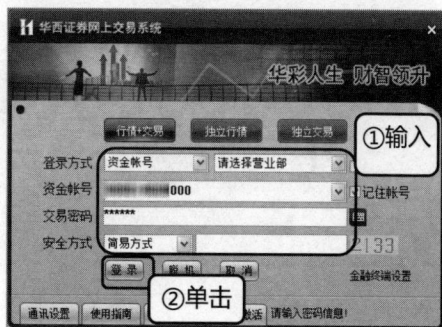

图 6-26 登录交易系统

6.2 提升你的回报——股票买卖

闯荡于股市，最终的目标不仅是拿回你的投资成本，更在于高额的回报。那么该以何种方式去操作，是短线操作还是长线操作？它们具体该如何操作，又有何技巧呢？且看如下分析。

6.2.1 看懂股市的 K 线图

K 线图最早源于日本，日本商人用其来记录米市的价格波动以及行情变化，后来被引用到股市中，因为 K 线图绘制出来的形状类似于蜡烛，因此也被称为阴阳线或蜡烛线。

通过 K 线图，可以把股市中每月、每周、每日的变化记录下来，因此无论是短线操作还是长线投资，都离不开对于 K 线图的运用，它是股票技术分析中常用的工具，效果如图 6-27 所示。

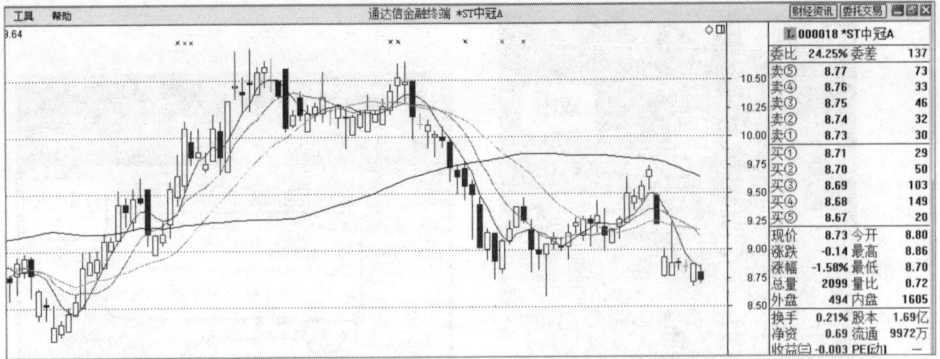

图 6-27　K 线图

　　如上图所示，横坐标为时间，纵坐标为价格，最右边为分析的窗口，从图中可以看到，当时的现价为 8.73 元，涨幅为-1.58%，换手率为 0.21%，到目前为止，还处于一种下跌的状态。

　　图 6-27 中，所有的图示几乎都由类似白蜡烛和黑蜡烛的图标组成，那么它们之间又代表些什么呢？解释如图 6-28 所示。

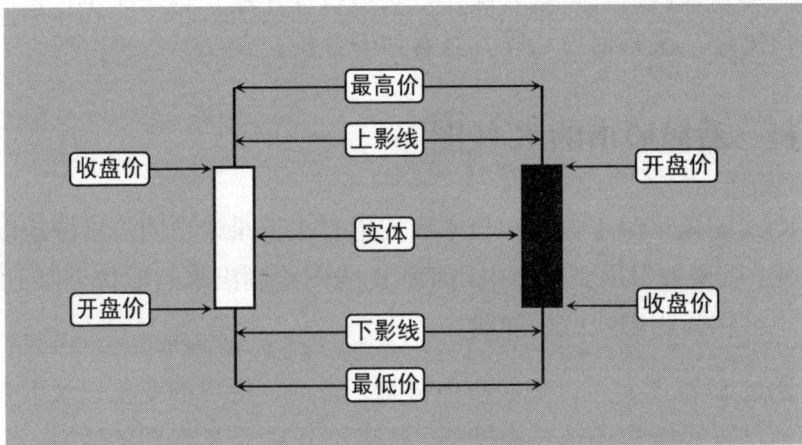

图 6-28　K 线图组成元素

　　如上图所示，一般白色（红色）的蜡烛代表价格上涨，而黑色（绿色）则代表价格的下跌。

我们该如何通过看懂 K 线图的上涨以及下跌趋势，做好买入或抛出的准备呢？具体介绍如下。

如图 6-29 所示，为浙江美大（002677）在 2013 年 7 月~12 月的走势，该股从 7 月中旬起，达到了最低点 7.98 元，之后开始呈现一种缓慢上升的状态，其中最高点达到 14.95 元。在整个上升阶段中，每一次下跌回调都是很好的买入机会。

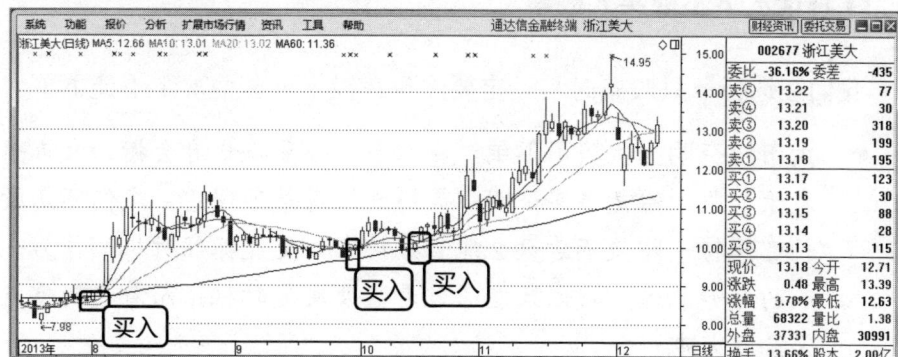

图 6-29　具有上涨趋势的 K 线图

当股市中出现下跌的趋势时，我们就该考虑是否该继续持有自己手里的股票，通过 K 线图，可分析当前持股行情。

如图 6-30 所示，在 2013 年 9 月初最高点达到 38.58 元时，随后开始急剧下降，之后开始呈现一种平缓的趋势，最低点达到 15.49 元。在下跌行情中，初期的每一次反弹冲高都是抛售的机会。

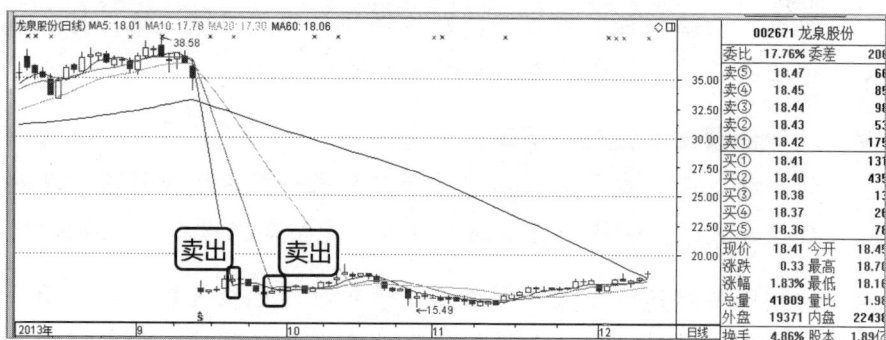

图 6-30　具有下跌趋势的 K 线图

6.2.2　如何选中一只好的股票

对于投资者来说，选择的股票的好坏，直接关系着投资的成败，选股时一定要慎重。相对来说，选择的股票要具有良好前景、获利能力和股票竞争力较强、波动较小等特点。

1. 11 种情况下不能买入股票

我们在选择一只股票时，一定要注意在以下一些情况下不能下单。

- **大市没有明显优势不下单：** 在以前，很多投资者会抛开大市热衷于个股，但是事实证明，最终的结果是不理想。我们不是股神巴菲特，即使不看盘也能长期持有，更能抓住时机。作为一般的非专业者，我们只能通过看盘来决定时机，而看盘的重点是先看大市。

- **对于前景存在问题的企业股票要慎重：** 如果企业具有不断发展、壮大的前景，那么它的股票就值得拥有，即使现在处于下跌，后市也有不断上升的可能，可是如果企业的前景较差，那么随着它经营得越来越困难，那么我们手里持有的股票也会存在隐患。

- **企业管理存在问题不下单：** 如果企业内部业绩较差、应付账款较多、面临诉讼、重组等，则这样的企业股应该远离，持有该企业的股，可能会将你拉入跌价的深渊。

- **从外部获得的信息不下单：** 如果某一只热门股只是从外部得来的消息，而非自己深入研究，那么如果一跌价，投资者心理就会掀起波浪，如果一直下跌，最后只能忍痛抛出，成为地板价。

- **短期内暴跌过的个股不下单：** 对于短期内已经连续下跌，而且还存在下跌的可能，如果投资者没有多余的闲钱，那么可以选择绕过。

- **小于 30%上升空间的个股不下单：** 相对来说，很多投资者喜欢去博 10%的反弹，但往往总是与反弹的时机擦肩而过，错过了时间也没有等来白马。

● **正处于下跌状态的个股不下单：** 如果投资者在下跌的股市中，还在继续跟单，那么就是企业前景良好或是企业的内部价值大于股价，如果投资者跟单了，那么就要稳拿稳卖。

● **在没明确自己能承受多少亏损前不下单：** 跻身于股市，我们最大的目标都是为了赢取高额回报，但是自古成败论英雄，在决定自己赢得利润之前，首先我们还得考虑自己能承受多大的损失，事先有个心理准备，那么当股市持续下跌时，也才能保持不失去理智。

● **没有明确值不值得下单前不下单：** 任何一项投资，在投资之前，我们都要考虑，投资该类划不划算。投资股市也一样，没有胜算之前，不要下单。

● **情绪波动的情况下不下单：** 无论是债券还是基金的投资，都需要理智，股市更是如此，如果不能理智对待，那么不管是买入还是抛出都可能存在问题，如果投资者要下单，那么就要先把情绪稳定下来。

2. 牛市中如何选股

高风险高回报的股市中，需要我们步步经营。买卖股票和我们做生意一样，需要进货、出货，不过不同于一般的进货、出货，它的风险性更高，所以投资更需要理智，因此无论是进货还是出货的时候，我们都要理智进行。

首先我们需要分析市场的环境，明确现在是不是买卖时机，分析现在股票处于牛市还是熊市，从而制定不同的买卖策略。

当然在进出货的同时，我们更要比较市场。在股市也一样，对于股票的投资者来说，其中典型的市场就是牛市和熊市。在不同的市场，投资者所处的投资环境不同，采取的策略也不同。具体介绍如下。

股票的无形市场

　　无形市场是相对于隐形市场来说的，无形市场没有把交易大厅作为交易运行的组织中心，投资者仅利用证券商与交易所的电脑联网系统，就可以通过在交易所的系统中输入买卖指令进行交易，除此之外的委托买卖、清算交割、成交回报等都通过该市场进行，这也是现在的股民们大多采用的方式，不仅能方便、快速地获取信息，更能迅速地抓住时机，从而抓住利润。

　　从股市的 K 线图中，我们知道随着时间的改变，股市也只存在三种状态——上涨、下跌和平行。一般我们将在一个长时间里都呈现上涨趋势的环境称为牛市，而与此相反的则称为熊市。

　　在牛市中，相对来说绝大多数的股票都处于一种上涨的趋势，在如此活跃在股市里，大家如何才能淘到一只好的股票呢？

　　根据众多投资者的经验，总结出了一个"三高"理论，即主力资金介入高、板块的呼应高、涨幅高，具体解释如下。

- **主力资金介入高**：对于个人散户投资者，一般会根据 K 线图来判断主力资金投入较多的股票前景较好，没有主力资金进入的股票适当放弃，当主力实力较强时，可以建仓介入；当主力实力较弱时，可持观望态度。

- **涨幅较高**：相对来说，股票一般都会经历缓慢上涨到加速上涨的过程，当加速上涨后，就可能达到涨幅的最高位置，当涨幅已经达到 50%以上，就会进入高价区，此时行情见顶的风险大。

- **板块呼应度要高**：如果股票有板块呼应，说明行业的前景良好，该行业的股票属于潜力股或热力股，即使投资者在较高点介入，被套牢的可能性也较小。

　　对于进入股市中的投资者来说，一般还可以分为稳健型和激进型的投资者，不同的投资者在牛市中采取的方法也不同。

　　对于稳健型的投资者，投资者不能为小的波动所打动，应坚持到牛市中的见底信号，满仓介入潜力股；而对于激进型的投资者来说，可采取逢低吸入逢高抛出，但注意不能完全空仓，满仓介入强势股并波段性操作。

总体来说，在牛市里，投资者一般可以通过如下几种方法进行操作。

- **新高介入**：在牛市开始之初，股票创出历史新高往往是开始加速上涨的起点，当个股突破历史高点时，预示着股价的上涨趋势到来。相对来说，股价的突破点位置正是多数投资者追涨的绝佳位置。

- **趁火打劫**：牛市中绝大多数股票都在上涨，但也不排除因为利空消息而短暂下跌的情况发生。一旦利空消息被宣布，开盘通常都会逆市下跌，此时若逢低吸入，一般都会有较好的收益。

- **紧握龙头**：若要参与龙头股的操作，必须要了解龙头股震仓洗盘的全过程，更要能经受住心理的考验，不要轻易被震出局。只要龙头股还处在上升浪中，就要坚持握股，不能频繁换股。

- **阻力介入**：股价在一段时间内上涨到某一点后又回调下落，始终未能突破该价位，此价位即是强阻力位，一旦股价突破，上涨速度将非常迅猛。

- **涨停介入**：涨停通常情况下都是主力操作的结果，在大牛市环境中，有些股票可能连续出现几个涨停，因此，涨停介入的方法是短线投资的首选方法。

3. 熊市中如何选股

在了解了牛市的操作后，接下来我们开始对熊市的操作进行探讨。

在牛市里我们更看重股价的走势，而在熊市里，我们更多注重选股的质量，一般不建议对任何的股票进行操作，如果要选择则可从以下几方面着手。

- **有主力资金介入**：虽然主力资金介入该股较少，但也不是不存在，如果投资者能把握机会，以比主力资金更小的成本介入，那么就能实现获利的机会。

- **熊市后暴跌的股票**：当熊市已经持续一段时间以后，那么下跌也呈现一种缓慢的趋势，投资者可以选择一些"跌无可跌"的股票，因为此时该股票会存在反弹的机会。

- **股票发行公司发行前景良好**：一般适合习惯中长线投资者购买，该类股在牛市中比较受欢迎，那么在熊市中就可能会存在下跌的情况，这就需要看投资者如何抓住机会，以低价购买一只优质股，等待上涨的时机。

以上就是熊市操作的一些方法，投资者可以根据自己的投资经验适当的选择，总的来说一定要根据自己的实际情况出发。

股票交易时间

　　一般在 9:15~9:25 是股票的几何竞价时间，投资者可以在此时下单，此时委托的价格是在前一日的收盘价的基础上，加上或减去 10%，在当日的涨跌停板之间。一般在 9:30 之前委托的单子会在 9:30 的时候撮合，一般经过投资者竞价得出的价格就是当天的开盘价，如果投资者在当日委托的价格未成交，那么就需要在下一个之后的交易日重新挂单。

6.2.3　短线操作，一举击中

对于投资者来说，如果不想在风云变幻的股市中长期持有，那么就要把握时机，抓住机遇，进行短线操作。

1. 短线操作中的黑马与白马

股市的黑马是投资者都想追求的对象，但是并不是每个投资者都能抓住，那么黑马会在什么时候出现在股市呢？以下就是一些容易出现黑马股票的情形。

- **流通股票较小，易于控制**：主力庄家若想炒热某只股票，就会投入大量的资金，以占据该股大量的股份。若股票的流通股本过大，需要的资金就越多，就越难控制。

- **某只股票股性比较活跃**：股性越活跃的股票，表明关注该股的人数越多，进行拉升炒作的可能性也就越大。相反，太过沉寂的股票很难在短时间内将人气提升上来。

- **股票的近期走势为低位震荡格局**：主力庄家若要炒作某股，必须持有大量的廉价筹码。主力建仓的手法有很多种，一般在震荡、洗盘和初步拉升的过程中都可以得到很多廉价筹码，而这一过程在 K 线图中则体现为在低价位区震荡，其中又以箱型震荡最为常见。

- **利好题材的影响**：股市有时还会出现一些利好的题材，使股价在短时间内狂涨。我国股市中可能遇到的引发股价上涨的题材有很多，如"回购"、"三通"、"预亏"、"三无"概念等。

- **公司改善经营模式**：某些上市公司由于市场竞争力较差，公司业绩较差，通过资产重组或产业转换等方式，引入优良的资产重组方式，改变公司的产业结构，使公司的经营业绩大大提升，此时这类股票的炒作空间一般较大。

- **主力机构的炒作**：主要表现在股价涨跌没有任何规律可循，甚至出现股价已经明显偏离价值时，仍有大量的买入操作，使股价继续上涨，远离其投资价值区。而一旦主力停止操作或获利出局后，股价将大幅下跌。

在我国的股市中出现的黑马，通常都是主力庄家炒作的结果，一般在形成前，股市的各项指标都表现出弱势，投资者此时会觉得股市下跌的空间较大，会使投资者产生抛股的心态。

如果股价一直下跌，就会引起投资者的恐慌，一般黑马出现之前的股市，人们已经不对它产生任何希望，如果此时基本面利空，而且技术面也相对走坏，散户们就会空仓，而此时主力庄家就可能正在大举建仓。

股市中有黑马，同样就有白马，当然这里不是唐僧的白马，股市的白马又是怎样定义的呢？

股市的白马与黑马是一个相对的概念，通常是指业绩较好、成交活跃、红利优厚，并且还能在整个股市中对某一板块甚至大盘都起到领涨作用的股票，与海外市场中的蓝筹股有相似之处。在我国的股票市场中，白马股形成的概率很低，因为它的产生主要受国家总体经济形式的影响。

2. 短线操作法则

如果我们想抓住股市中的黑马，就一定要运用好短线操作，首先，我们就必须遵循一定的短线操作的法则，如同遵循市场准则一样，具体如下。

- **趋势与基本面法则**：此时我们应该观察大盘是否处于上升的周期，确定具有代表性的板块，选中 5~10 个目标股，同时要收集个股的详细资料，包括公司流通盘、业绩、经营动向等，从而丢弃流通盘较大、股性呆滞、无重组希望的股票。

- **中线地量法则**：通常投资者可以以 10MA 为止损点，短线以 5%~10% 为利润出发点，中线则以 50% 为出货点，在大盘见底时出现地量（以 3 000 万流通盘日成交 10 万股为标准衡量是否为地量），并且在收盘前 10 分钟逢低买入，实现分批介入。

- **短线天量法则**：可选择今日底部个股的日换手率连续大于 5%~10%，并且 5MA、10MA、20MA 出现了多头的排列，在 60 分钟的 MACD 再度金叉的第 2 个小时逢低分批介入市场，如果大盘一旦巨变，就保本出局。

- **强势新股法则**：一般如果投资者可选择基本面较好、具有成长性、的新股，在上市日的换手率在 70% 以上，在创新高时买入，在盈利达到 5%~10% 时抛出，止损设置为保本价。

- **成交量法则**：当个股的成交量持续超过了 5% 时，意味着主力较活跃，此时短线的成交量就会加大，股价也表现出良好的弹性，投资者可以寻求短线交易。当然高位放量长阴线就是顶部出现，此时如果没有更准确的信息，千万不要立即出局，以避免重大利空下带来极速下跌。

- **购买下降趋势的股票要慎重**：如果股票现在处于下跌的趋势，

投资建仓，猜测它的底部，那么会具有一定的风险性，投资者一定要慎重，因为可能永远触不到底或者触到底的时候，你已经血本无归。

- **看股票的攻击力，决定何时立场**：短线操作的目的是对于在股票走势中不确定的因素大小额调整，对于不确定的因素可能会带来巨大的风险，通过短线操作就能避开这种风险，因此，如果股票的攻击力消失，那么就应该马上出局。

短线操作"四心"

等待黑马出现的无比耐心、辨别黑马真假的细心、抓住黑马的决心、判断失误后迅速的加以改正的狠心，被称为短线操作的四心。相对来说，对于第一"心"和第三"心"，投资者要更为看重。

---

3. 短线操作技巧

当我们已经了解了一些短线操作的原则以后，那么接下来就是对于短线操作技巧的一些简单分析，具体如下。

1）明确左右侧交易

如图 6-31 所示，当股价上涨，达到最高点 6.42 元时，以顶部为境界，在左侧的尚未形成高抛（9 月中旬到 10 月初）就是左侧交易，而如果在顶部回落后的杀跌就是右侧交易。

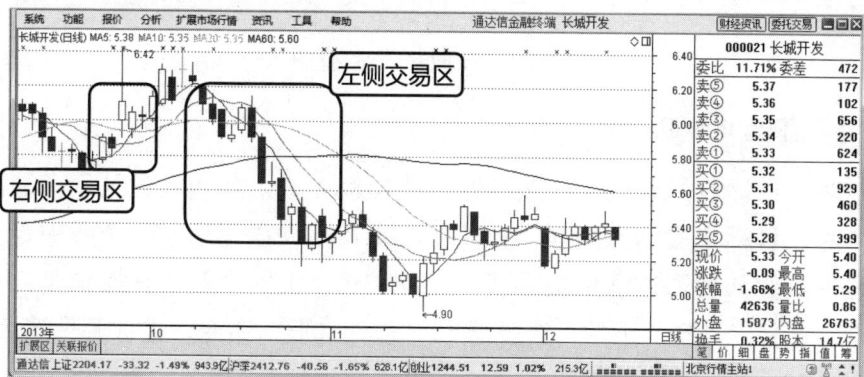

图 6-31　左侧交易与右侧交易

当股价下跌，达到 4.90 元时，以股价的底部为界，底部左侧就低者就是左侧交易，见底回升后的追涨，就是右侧交易。一般以高抛、低吸为代表的左侧交易大多是主观预测，而以杀跌、追涨为代表的右侧交易才是客观的应变能力。

2）大盘操作的条件

在当日的排行榜中，如果有 5 只以上的股票涨停，市场则处于强势，大盘的背景优良。此时在短线操作时，当所有个股的涨幅都大于 4%时，市场较好，此时投资者就可以选择那些强势性的目标，如果个股的所有涨幅都小于 3%，此时市场处于弱势，大盘的背景不好，此时不宜进行短线操作。

图 6-32 所示为大盘 A 股 K 线走势图，从 2013 年 9 月开始，股指由最高的 2 376.60 点抛下到最低的 2 176.24，在 11 月中旬不断回暖，最高点达到了 2 366.63，此时短线操作一定要谨慎。

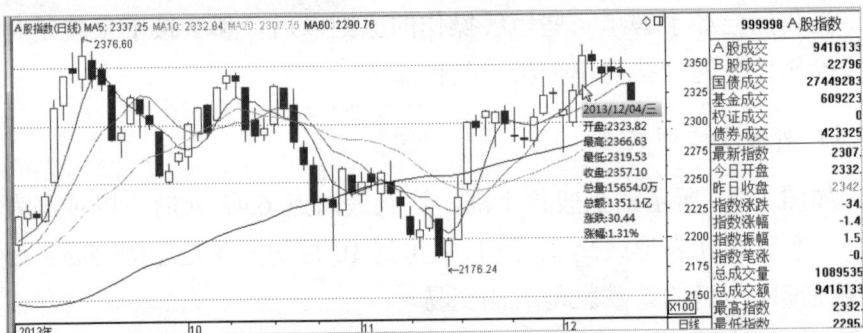

图 6-32　A 股指数走势图

3）寻找目标股

对于目标股的寻找，一般可通过涨幅板完成，如当大盘处于上涨的形势时，目标个股的涨幅在 3%以上，或者在大盘变动时，个股中走势较强者，假如要通过涨幅板寻找涨幅在 3%以上的个股，其操作是：在菜单栏选择"功能"下的"选股器"/"条件选股"命令，进行条件选股，如图 6-33 所示。

此时将进入如图 6-34 所示的对话框，出现选股的格式，以及涨幅参数的设置等，当选择完成后，先单击“加入条件”按钮，然后在选股条件列表将出现设置的条件，最后单击“执行选股”按钮。

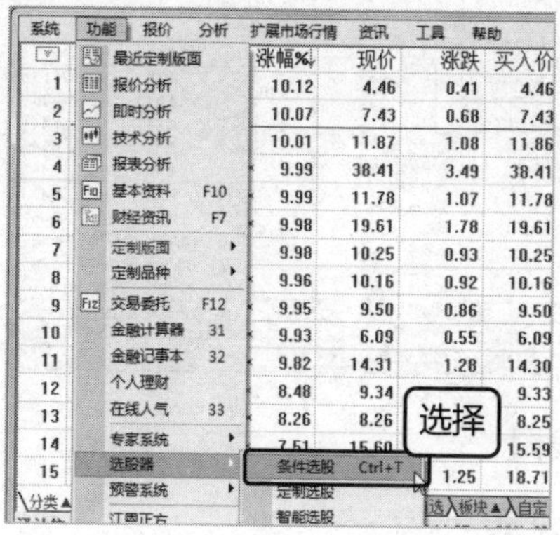

图 6-33　条件选股

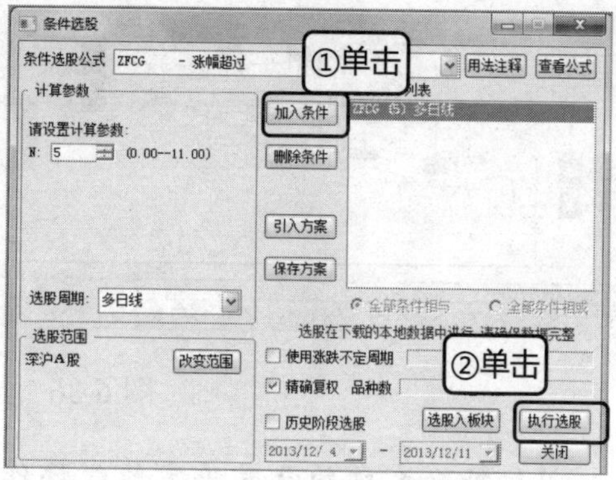

图 6-34　执行选股

此时系统将自动返回涨幅板的页面，如图 6-35 所示，在图中所有的涨幅不仅都在 3%以上，而且大多超过了 5%，其中排名前十的个股涨幅都在 9%以上。

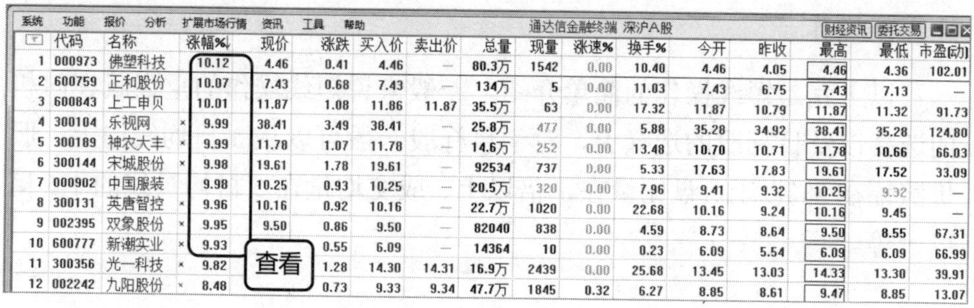

	代码	名称		涨幅%↓	现价	涨跌	买入价	卖出价	总量	现量	涨速%	换手%	今开	昨收	最高	最低	市盈(动)
1	000973	佛塑科技		10.12	4.46	0.41	4.46	—	80.3万	1542	0.00	10.40	4.46	4.05	4.46	4.36	102.01
2	600759	正和股份		10.07	7.43	0.68	7.43	—	134万	5	0.00	11.03	7.43	6.75	7.43	7.13	—
3	600843	上工申贝		10.01	11.87	1.08	11.86	11.87	35.5万	63	0.00	17.32	11.87	10.79	11.87	11.32	91.73
4	300104	乐视网	×	9.99	38.41	3.49	38.41	—	25.8万	477	0.00	5.88	35.28	34.92	38.41	35.28	124.80
5	300189	神农大丰	×	9.99	11.78	1.07	11.78	—	14.6万	252	0.00	13.48	10.70	10.71	11.78	10.66	66.03
6	300144	宋城股份	×	9.98	19.61	1.78	19.61	—	92534	737	0.00	5.33	17.63	17.83	19.61	17.52	33.09
7	000902	中国服装		9.98	10.25	0.93	10.25	—	20.5万	320	0.00	7.96	9.41	9.32	10.25	9.32	—
8	300131	英唐智控	×	9.96	10.16	0.92	10.16	—	22.7万	1020	0.00	22.68	10.16	9.24	10.16	9.45	—
9	002395	双象股份	×	9.95	9.50	0.86	9.50	—	82040	838	0.00	4.59	8.73	8.64	9.50	8.55	67.31
10	600777	新潮实业	×	9.93		0.55	6.09	—	14364	10	0.00	0.23	6.09	5.54	6.09	6.09	66.99
11	300356	光一科技	×	9.82		1.28	14.30	14.31	16.9万	2439	0.00	25.68	13.45	13.03	14.33	13.30	39.91
12	002242	九阳股份	×	8.48		0.73	9.33	9.34	47.7万	1845	0.32	6.27	8.85	8.61	9.47	8.85	13.07

图 6-35　查看结果

当找到目标个股时，一般从个股的 K 线图上着手：3 日均线情形，止跌 K 线，该股的最近一次的放量，该股的周线图，看看周 K 线是否处于强势向上的情形。如图 6-36 所示，该图的周线从 8 月中旬开始大幅度下降以后，经过 9、10、11 月的回暖，现在处于一种缓慢恢复期，没有明显的强势向上，不过在 2013 年 12 月 11 日处于上涨的状态。

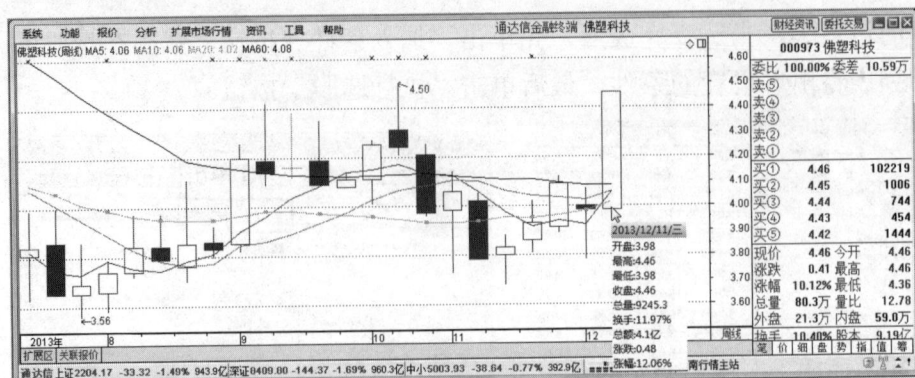

图 6-36　周线图

4）根据大盘的涨跌决定短线操作的措施

当大盘上涨时，上涨的股票数大于下跌的股票数，此时大盘还处于优势地位，可积极进行短线操作；如果此时情况相反，那么此时涨势可能存在一定的虚幻，所以此时短线操作一定要小心。当大盘下跌时，此时下跌的股票数大于上涨的股票数，那么此时大盘较弱，应停止短线操作。

以上就是短线操作的简单介绍。一般来说短线操作的重点就在时机的选择以及目标股的选择上，对于目标股一般可以从 3 日均线向上、股价涨幅在 3%以上、盘比量在 1 倍以上、成交均量在 5 日均量线的 1.5 倍以上等。

6.2.4　简单的股票买卖投资策略

股市如战场，同样需要讲究策略，只有投资者的策略运用得当，才可以打败风险，从而赢得胜利。

不同的投资者适用不同的方法，一般有分散风险、守株待兔、看大盘买卖、挂单试盘买卖和逢三抛、逢一逃等投资策略。具体介绍如下。

1.　分散风险

我们都知道鸡蛋不能放在一个篮子里，那样就不能保全鸡蛋，投资股市也一样，我们不能将所有的家当压在一只股票上，如果你慧眼识英雄，那么可能大涨，可是如果是相反的情形，那么有很大的可能将血本无归，被套牢。

对于新股民，或者市场不能很好把握的投资者来说，在不确定大行情的前提下，可以实行分批次购买不同种类的股票，这样不仅可以控制买入的交易成本，在买入单只个股时，因股价的持续下跌，也不可能所有的个股都被套牢。而且当行情上涨或下跌还不明确时，在有获利的情形下，可以卖出部分股票，若股价持续上涨，就可以高价卖出；当大盘的行情不明确时，可以投资不同的板块以及不同行业的股票，当大盘下跌时，可以逆势，通过一些上涨的股票获得的利润来抵消其他股票的亏损。

我们都知道在股市里有股价和实际的价值之分。股票的价值可以用发展潜力来衡量，一般可将股票分为：潜力好、价格高的股票；潜力差、价格高的股票；潜力好、价格低的股票；潜力差、价格低的股票。

投资者在选购时，可以根据自己的可投资成本选择性地购买，一般最佳的组合就是价格低但是潜力好的股票，而价格高、潜力差的股票则要尽量远之。

当投资者将股价与潜力考虑在一起的时候，就会发现，股市出现的一些波动，对于短线操作的投资者来说，如果资金的流向是投资回报高的板块时，就要赶紧抛出价格高、潜力差的个股。

2.　守株待兔

守株待兔的投资策略，一般是指在牛市到来之前，投资者可以选择一只目前没有明显的涨势但是质量相对较好，而且此时投入的成本较低的股票而一直持有，并等待一个最佳的时机抛出。

该策略一般适用在股市都有春天的牛市中，当投资者已经选择好一只高质量的股票后，在对该股的基本面进行分析后，坚持持有，不被其他的涨势高的个股吸引，不动摇持有该股的信心，等待它的慢慢上涨，当预测牛市即将结束时，就可以在一个合适的价格中将其抛出。

3. 看大盘买卖

看大盘买卖的策略，就是根据大盘的走势，决定继续持有手中的股票还是抛出。一般在股市中，大部分股票的上涨或下跌都和大盘走势有一定的关系，逆势的个股少见，而且一般投资者也不容易抓住。

是建仓还是空仓，投资者可以根据观察市场中大盘的走势而定，当市场总体上涨时，应加大持股量。

相反，当市场总体下滑时，应赶紧顺势抛出，避免个股被套牢，而当市场走势不明时，那么就可以在场外观望。

4. 挂单试盘买卖

挂单试盘买卖，简单说就是在买卖该股前试探市场，试盘买卖的具体操作，如图 6-37 所示。

通过该策略，可以减少个人的操作失误，避免买卖的盲目性，并且该策略也常被运用在 T+0 的交易制度中。

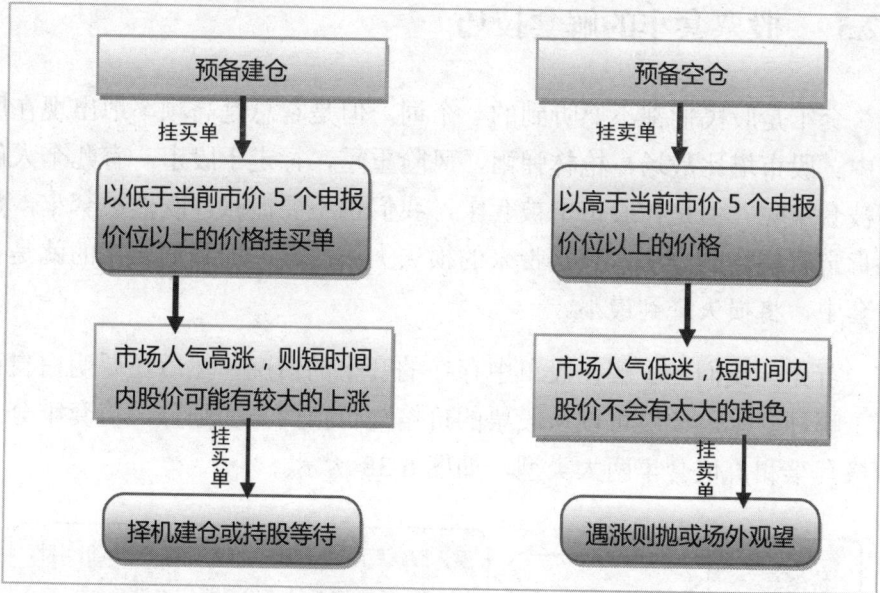

图 6-37　试盘买卖流程

5. 逢三抛，逢一逃

对于很多投资者来说，因为经验以及专业的缺乏，不知道自己该何时买入，何时抛出，那么此时，投资者就可以在买入股票时，设置一个盈利点和止损点。

如设置盈利点为 30%，止损点为 10%，当投资者获利达到或接近 30%时，就应该卖出获利，当资产亏损达到 10%时，就赶紧斩仓，避免被套牢。

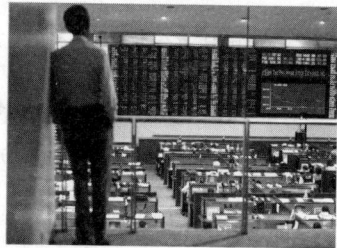

使用这种方法既能避免因等待继续上涨而失去最佳的卖出机会，又能防止因行情继续下跌而造成更大的损失。

6.2.5　股票套牢的解套技巧

　　套牢是股民们都不愿听到的一个词，但是它总是高频率地出现在股市中。股市堪比战场，枪林弹雨，风险重重，行走于股市，有几个人能不被套牢呢？但是在股市中被套牢，我们也不要慌张，既然被套牢，那么肯定有解套的方法，只是带来的损失大小而异，而我们要做的就是在解套中，将损失降到最小。

　　首先，我们应了解在股市中存在的套牢的情况，然后还要明白自己属于哪种套牢。一般可以从股票的价格与价值两方面划分，将套牢分为价格套牢和价值套牢两大类型，如图 6-38 所示。

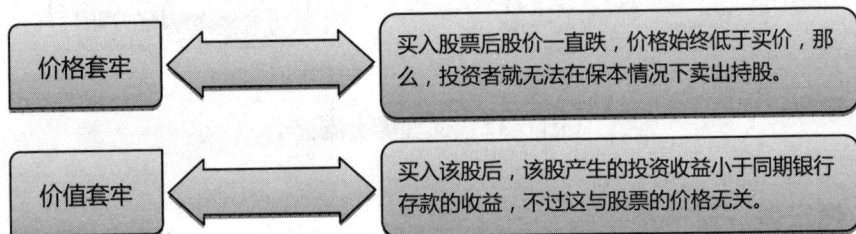

| 价格套牢 | ⟷ | 买入股票后股价一直跌，价格始终低于买价，那么，投资者就无法在保本情况下卖出持股。 |
| 价值套牢 | ⟷ | 买入该股后，该股产生的投资收益小于同期银行存款的收益，不过这与股票的价格无关。 |

图 6-38　股票套牢的两种类型

根据两种套牢类型的不同组合，在实际投资中通常会有 4 种情况。

- **价格套牢时价值也套牢**：发生这种情况时，投资者处于两难的境地。割肉出局无疑会遭受相应损失，继续持股做长期投资也不划算。

- **价格套牢时价值非套牢**：这种情况下，投资卖出股票将会赔本，但若长期持股其收益也不会比将资金存入银行的收益低。

- **价格非套牢时价值套牢**：此种情况下长期持有股票，其收益将低于银行同期存款的收益，但由于股票的现价不低于买入，因此，随时卖出股票都可以收回本金，甚至还可能取得不错的差价收益。

- **价格非套牢时价值也非套牢**：这种情况下，投资者无论是持有还是抛出股票都不会出现亏损，而且不但股价的收益率高，且获取高价差的机会也很大。

在实际操作中，多数投资者都关心的是股票的价格，所讲的套牢也仅仅指股票的现价低于买入价格，而未考虑股票的投资价值。

其实，当股价的价格被套牢时，应该再考虑一下股价的投资价值，若价值未被套牢，持股等待便是个不错的解套方法。

当我们被套牢时，我们不能被动挨打，我们要寻找解套的办法，一般常用的解套方法介绍如下。

1. 止损解套

适时止损解套就是指投资者预测到股价会有大幅下跌，并在下跌刚刚开始，持股成本价与现行股价差别不是很大时，就果断斩仓卖出，从而避免更大的损失。

一般该方法主要适用于熊市初期，投资者斩仓后带来的亏损不会太多。

而对于中小股民来说，一般在股票下跌时，都不愿面对下跌的事实，认为此时抛出则会大亏，还不如放手一搏，等待股票再次上涨挽回损失。人们普遍的追高心理，也会影响人们做出理智的决策。

当股价一直下跌，整体的股市在恶化时，想抽身已经来不及，最后被一套再套，所以对于投资者来说，一旦发现自己的购买是一种错误操作时，一定要果断卖出。

同时当感觉国家上调印花税、某股涨幅过大或深幅下跌时，要赶紧止损；当个股放量下跌，出现异常的卖盘，那么说明此时主力资金已经无力护盘，投资者应该果断止损。

2. 摊平解套

摊平解套法的核心内容是，在买入股票后股价一路下跌，投资者不愿斩仓止损而继续持有，当股价下跌到一定程度时，以更低的价格买入相同的股票，从而降低该股票的总体持股成本。这样，当股价开始回升时，解除套牢的机会就可大大增加。该方法适用于股市前景不太清明，但确定不会有重大利空因素影响的行情。

摊平成本解套法主要应用的是分散投资原则，具体操作方法是：在市场大行情不明了的情况下，投资者需将资金分为多份，以其中一份资金试探性地买入股票，若股价跌破自己的成本价过多时，预测到股价即将反转，则用剩下的资金在低位再买入，使得投入总资金与总持有股数的比值降低。

使用摊平成本解套法时，需要具备以下两个基本条件，一是投资者要具有充足的备用资金，以保证在低位时能拥有资金买入低价股；二是，市场总体行情还未恶化，还未出现多头市场转为空头市场的预兆。

3. 波段解套

一般波段解套方法适用于大多市场中的阶段被套，特别适合在震荡的行情中，主要是通过股价的上下波动，利用波动差价来解套，通过低买高卖的方式，减少亏损。该种方法操作方式多样，投资者需要做的就是主动出击，但是如果操作不当，会造成更大的亏损，因此它要求投资者投入一定的时间、精力、专业能力。一般具体操作有 4 种方式：向下波段法、向上波段法、单日 T+0 法、分批解套法。

在我国股市中，波段操作一般指股民在高价位时卖出，在低价位时买入的方法，是对于国内的个股呈波段性特征运行的一种操作方式，一般可分为向上波段法和向下波段法，相对来说在向上波段中，峰顶是卖出的最佳机会，而波谷就是买入的机会。

对于单日 T+0 法则一般指在单日买入当日卖出的个股来说，一般要求市场出现机遇，如黑马的出现，快、狠、准的出击，对于分批解套法，一般指根据投资者持股不同，在一定的时机一部分清仓，一部分继续持有。

4. 拔档解套

拔档解套法的操作方法是，当股票出现价格套牢并预测股价仍将下跌时，在较高位将股票卖出，在预测到股价下跌受阻即将反弹时，在较低位买入股票，在反弹过程中卖出，以此差价来弥补上次卖出时的亏损。

一般情况下，拔档解套法解套的速度较快，投资者在卖出与买入之间的时间间隔不会太长，最短的可能在买入后的第二日就可以卖出，最长时间也就在一个月到两个月内，必然会有卖出的机会。

但是拔档解套法具有很高的危险性，投资者在采用该方法解套时，要能比较准确地预测股价会在下跌时反弹，并且在反弹过程中自己的操作能有盈利。若预测错误则会有踏空的危险，操作失误时很容易亏损投资本金，因此投资者采用此种方法解套时，一定要慎重。

5. 做空解套

投资者在投资股票时，都希望做多以求获利，但有时候在股票被套后，做空却可以成为一种有效的解套方法。

当股市行情处于大熊市中期时，若股票不幸被套牢，投资者可将持股卖出做空，等到大盘见底后，再在底部以低价买入，等待行情反弹。这样，不仅可以减小熊市中的持股风险，股票反弹的时候若操作得当，在弥补前次做空时造成的损失的同时，还可能带来收益。

但是做空解套法与止损解套法存在一定的区别，首先，都要求投资者在亏损的情况卖出持股，止损解套法要求投资者在亏损不多，且市场前景明显转弱的熊市初期使用，不必考虑后市反弹的情况，若股票现价已经远低于自己的买入价，则不宜使用止损解套。

6. 换股解套

换股解套法类似于换血，投资者卖出自己手里的弱势股，用强势股的赢利抵消弱势股造成的损失，换股后不仅可以解套，甚至可能获得更多的收益。

一般换股解套法的核心是选择性地将一些股性不活跃、盘面较大、缺乏炒作题材和想象空间的个股择机卖出，将资金用于投资一些有新庄入驻，未来可能形成板块热点或狂涨的黑马个股。具体怎么换，换哪些？操作如图 6-39 所示。

换低不换高

在确定换股对象时，不能盲目追求当前狂涨的个股，这种股票不仅风险高，而且投资成本也相对较高。投资者应该选择的是价位较低、走势相对平稳的个股更换。

换优不换劣

这就需要投资者在换股之前，从基本面入手，对比想要卖出和想要买入的股票的质地，换入公司基本面好，或有政策扶持的上市公司的股票。

换强不换弱

这是指要换入的股票需要有充裕的后备资金，最好是大盘股或在板块中具有领头效应的个股。这类股票时常会有庄家入驻，很容易成为日后的狂涨黑马。

换热不换冷

在换股时，首先考虑将手中的冷门股换为当前的热门股。因为很多冷门股表现得很死寂，可能长期处于横盘甚至缓慢下跌的行情中，很容易出现价值套牢。

换新不换老

一般的新股持股成本较低，盘面不大，很容易成为庄家炒作的对象，股价容易被抬升。同时，发行新股的上市公司资金较为充足，其收益率容易超越老股。

图 6-39　怎样换股

7. 几个防止不被套牢的小诀窍

对于一些股民来说，一般觉得套牢是持有中的事情，下面我们简单介绍几个减少套牢的小诀窍。具体如图 6-40 所示。

目标清晰

在购买股票之前，先想好购买的个股以及数目，在计算清楚的条件下再购买，不能盲目地跟风购买，并盲目等待，从而盲目地被套牢。

设立止损点

投资者在一入市时就应该设置止损点，而且要严格执行，有的投资者可能在当天买入就被套牢，那么此时就应该赶紧斩仓出局。

突然放量要谨慎

对于股价的无缘由的下跌不可怕，可怕的是突然出现的放量，形成巨大的成交量，此时可能是庄家或主力在出货。

小心中阴线

无论是个股还是 K 线的趋势，一般建议投资者遇见中阴线时，可以考虑出货。

选择好的基本面的个股

在买前分析个股的基本面是一个关键的步骤，对于考察的基本面的步骤一定要小心谨慎，当发现基本面有重大变化的不利情况时，要赶紧斩仓，避免永久被套牢。

掌握一个技术指标

当投资者已经对某一项指标研究透彻时，那么一旦股市有任何的风吹走动，投资者都可以在心中做到有数。

图 6-40　防止不被套牢的小诀窍

在购入时，及时对自己的购买的个股进行一定的研究，就不会在大盘下跌后不知所措，一旦出现不利情况，该出手时就出手。

6.2.6　手机炒股

对于一些白领上班族或者商务人士来说，不会花太多的精力在炒股上，而且他们炒股一般也是通过手机炒股，那么手机能否代替电脑，给我们想要的信息，买到我们想要的股票呢？

手机炒股是基于无线通信网的数据传输功能来实现用手机进行股票信息查询和交易的新一代无线炒股应用系统，投资者可通过手机终端完成实时行情、各种报价、证券资讯的查看和在线交易等基本操作。

要能实现手机炒股，首先得确定自己所使用的手机能否安装炒股软件。目前市场上可以免费使用的炒股软件很多，在软件的官方网站一般都会有支持的手机类型说明，用户在下载软件之前应先确认该软件所支持的手机型号列表中是否有自己使用的机型。

其次，任何炒股软件都需要接入互联网访问实时行情数据或提交交易委托，这就要求用户手机能正常访问互联网（即手机至少需要开通GPRS 业务，如果手机支持 3G、4G 功能，开通 3G、4G 业务后可以更快速地访问互联网）。

在达到以上两个条件以后，用户就可以下载并安装炒股软件，使用行情、报价与资讯等查看功能，但用户若要进行委托交易，还必须向证券交易开户商申请开通手机炒股业务。

开通手机炒股业务

要开通手机炒股业务，需要投资者本人携带有效身份证及沪深证券账户卡原件到营业部柜台填写《手机炒股业务申请书》，并了解手机炒股业务的风险后方可开通。

同时，在开通手机炒股业务前，投资者必须要开通网上交易业务，应先签署《网上委托协议书》，然后再签署《手机炒股业务申请书》方可办理开通手续。

目前网络上手机炒股软件种类较多，但使用较多的还是免费的同花顺手机炒股软件，用户可直接访问同花顺手机炒股网站，官网网址（http://mobile.10jqka.com.cn）进行下载，如图 6-41 所示，然后在该页面单击"按机型下载"超链接，选择适合自己手机机型的安装方式。

图 6-41　登录同花顺手机下载页面

此时将进入如图 6-42 所示的页面，选择自己手机的品牌和型号，如图选择完成后单击"确认机型"按钮，紧接着将进入如图 6-43 所示的页面，此时单击"立即下载"按钮，进入下载操作。

图 6-42　选择手机机型

图 6-43　下载软件

此时将出现如图 6-44 所示的页面，需要手机用户选择下载的方式。一种是通过电脑下载，直接单击"下载到本地"，那么用户就可以通过数据线或蓝牙将下载的软件的应用程序直接复制到手机上；另一种方式是直接将下载地址发送到手机上,直接在手机页面下载。

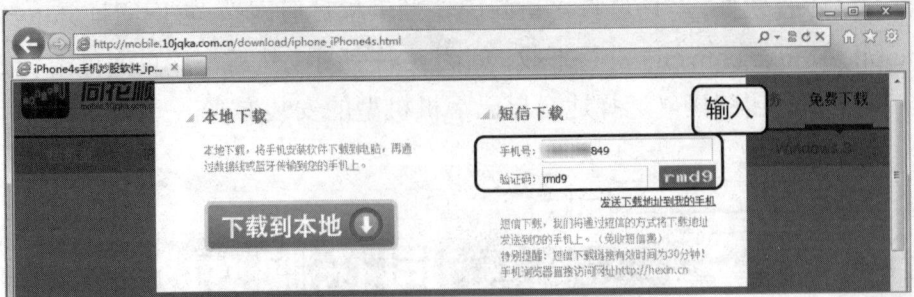

图 6-44　选择下载方式

当找到下载地址进行下载以后,此时就可以手动找到并运行安装程序,具体操作如图 6-45 所示。

在整个安装过程中,用户只需要选择"是"、"选择"和"继续"三类操作。

由于手机性能限制,机身内存不会太大,建议用户在安装软件时,将其安装到存储卡中,以节约手机机身内存,同时用户在任何安装的阶段也都可以退出,所以该操作程序也是双向的。

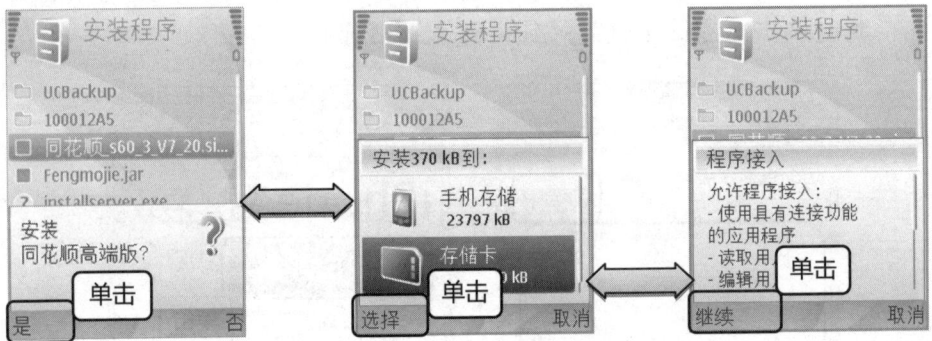

图 6-45　同花顺手机炒股软件的安装

当手机安装完成以后,就可以进行股票的买卖操作了,具体的操作则和电脑操作类似。

7

以钱生钱——外汇

有没有一个交易市场能进行 24 小时交易呢? 有没有一种产品能全球交易呢? 能不能以不同的货币参与交易呢? 有, 那就是外汇市场。现在就让我们一起去了解什么是外汇, 外汇有哪些投资方式以及如何买卖外汇等。

    ◇ 外汇的定义
    ◇ 外汇的投资方式
    ◇ 外汇交易时间
    ◇ 外汇术语
    ◇ 外汇汇率
    ◇ 十大外汇交易平台
    ◇ 外汇买卖流程
    ◇ 外汇投资4部曲

7.1　走进外汇市场

　　一般当人们进行银行存款时，不仅会了解各种存款利率，同时也会了解外汇汇率。那么什么是外汇？外汇汇率和银行利率有什么区别？我们到底该如何利用外汇来进行投资理财？下面我们就来寻找这些答案。

7.1.1　外汇的定义

　　外汇是国际汇兑的简称，通常指用外国货币表示的用于国家间各国间债券债务结算的一种支付方式，是全球经济化、国际贸易发展的产物。

※知识看板

　　一般可以从两大方面来认识外汇，一是静态外汇，二是动态外汇。

1. 静态外汇

　　从静态方面看，可以分为狭义的外汇和广义的外汇。

- **狭义的外汇**：一般指可用外国货币表示的，必须以外国货币表示的资产、必须是在国外能够得到补偿的债权、必须可以自由兑换为其他支付手段的外币资产。

- **广义的外汇**：以外币表示的可用于国际清偿的支付手段和资产，包括铸币、钞票、外币支付凭证等其他外汇资产，常见的外汇资产包括票据、银行存款凭证、国库券、公司债券等。

2. 动态外汇

　　从动态方面看，外汇可以理解成货币在各国间的自由流动，从一个国家的货币兑换成另一个国家的货币。

7.1.2 外汇的投资方式

我们在外汇市场要买卖外汇，那么首先就要了解外汇交易方式，外汇的交易方式，简单如图 7-1 所示。

套汇交易

利用不同地点、不同货币种类、不同的交割期限，从而进行高卖低买，从中牟利的一种交易行为。可分为两角套汇和三角套汇。

套利交易

利用两个国家之间的利率差异，将资金从低利率国家转向高利率国家，从而牟利的一种行为，适合资产由国内国外两部分组成的投资者。

即期外汇交易

在外汇买卖成交后，原则上在两个工作日内办理交割的一种外汇交易，这体现了及时性，而且即期交易一般采用即期汇率。

远期外汇交易

远期外汇交易是指外汇买卖成交后，货币交割（收、付款）在两个工作日以后进行的交易。外汇市场上的远期外汇交易最长可达 1 年，一般以 1~3 个月最为常见。

掉期外汇交易

买卖双方按照一定的汇率，在相互交换时使用另一种货币的外汇买卖活动，一般含两个方向相反的交易。

外汇期货交易

交易双方在交易所内，公开叫价拍卖，在未来某一日以既定汇率交割一定数量外汇。

图 7-1 外汇的交易方式

以上交易方式适合一些机构投资或者拥有较多资产的投资者，而对于普通的投资者，则可采取一些更简单的投资方式，具体如图 7-2 所示。

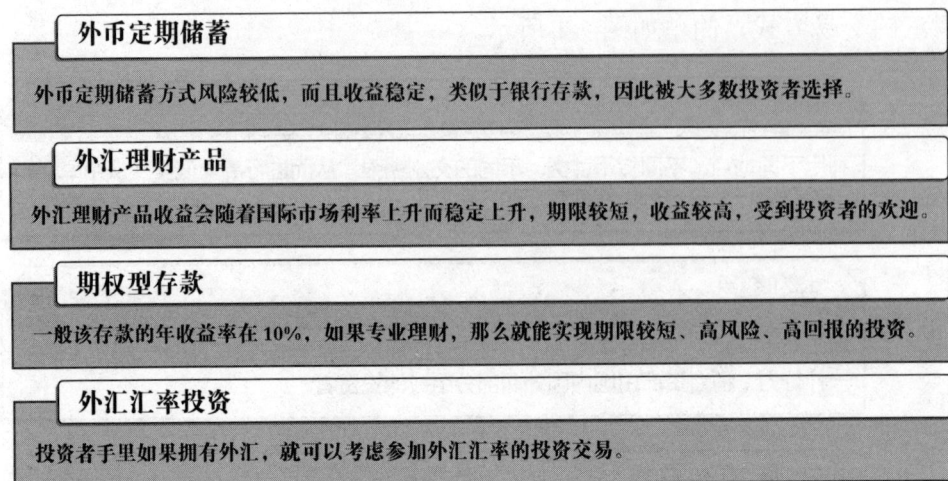

外币定期储蓄

外币定期储蓄方式风险较低，而且收益稳定，类似于银行存款，因此被大多数投资者选择。

外汇理财产品

外汇理财产品收益会随着国际市场利率上升而稳定上升，期限较短，收益较高，受到投资者的欢迎。

期权型存款

一般该存款的年收益率在 10%，如果专业理财，那么就能实现期限较短、高风险、高回报的投资。

外汇汇率投资

投资者手里如果拥有外汇，就可以考虑参加外汇汇率的投资交易。

图 7-2　普通投资者常选的外汇理财方式

7.1.3　外汇交易时间

外汇市场不同于其他交易市场，它是一个 24 小时都不会停止的市场，主要的波动和交易时间从周一的新西兰开始到周五的美国芝加哥结束。

而且一般在周末进行交易，在中东地区也会有一些外汇交易的存在。由于全球市场的时区差异，因此，外汇市场的交易从未停歇。

※知识看板

虽然外汇 24 小时都在交易，但是并不意味着，我们在每 1 个小时都需要去交易，只需要在特定的时间，当出现机遇的时段积极参与即可。这就需要了解哪个时段才是最好的交易时段。

全球的外汇市场各自独立又相互影响，由于所处的时区不同，外汇市场"此开彼关"，当一个市场结束，往往就为下一个市场的开盘奠定了基础。通过先进的网络系统，世界各地的投资者都可以参与交易。

以北京时间为标准，全球外汇交易时间可以总结如表 7-1 所示。

表 7-1　外汇交易时间

市场	时间	市场	时间
新西兰惠灵顿外汇市场	4:00~12:00	澳大利亚外汇市场	6:00~14:00
日本东京外汇市场	8:00~14:30	新加坡外汇市场	9:00~16:00
伦敦外汇市场	15:30~00:30	德国法兰克福外汇市场	15:30~00:30
纽约外汇市场	21:00~04:00		

从上表可知，我国国内的投资者具有一定的时区优势，在 15:00~24:00 时间段，是投资者的工作或休息时间，而在 17:00~24:00 时间段是投资者的自由时间，投资者可以用来做外汇投资。

周末时，全球的外汇一般都会休市，所以在周末时间，投资者可以适当为周一的买卖做准备。

在交易时段，当然会存在几大市场重叠的现象，如在我国北京时间 15:00~16:00 时段，亚洲外汇市场和欧洲外汇市场会存在重叠.

而在北京时间的 20:00~24:00 时段，欧洲和北美洲的市场的交易却呈现一种活跃的状态。

当然，在全球外汇市场交易最频繁、市场波动最大、交易最多的时间段是北京时间的 20:00~24:00 时段，也是各国央行外汇交易的繁忙时段。

对于普通的投资者来说，在北京时间的每周二～周四是一周交易相对活跃的时期，投资者应抓住机遇，进行交易。

同时要注意一般不要计划在周五交易，因为此时可能出现偶然的风险，而且在节假日时，因为外汇市场休市，所以交易量不大，投资者难以把握市场行情，那么此时交易是不利的。

相对来说，投资者可在15:00~18:00时段进场下单，根据市场分析、技术图形、阻力等，设好止损、止赢点，不用一直盯盘，在17:30~18:00、20:50~21:00（冬令时加1小时）看盘，其后每隔半个小时看一次即可。

7.1.4　外汇术语

对于投资者来说，任何一项投资，都有属于它自己的术语，股票、债券、基金如此，外汇也一样，只有了解一定的专业术语，才能在炒汇这条路上越走越远。

※知识看板

在外汇市场都存在哪些专业术语呢？外汇的专业术语，可以以英文字母表的26个字母开头，具体如表7-2所示。

表7-2　外汇专业术语

术语	定义
账目	关于所有交易对象、数量、金额等所有记录
套汇	指在买进或卖出一种商品的同时在相关的市场，反向交易相同数量，从而套取不同市场间的价差
柱状图	如股票中的K线图一样，属于外汇图表类型中的一种，有4个部分组成：构成垂直高度的最高价、最低价、开盘价和收盘价
升值	一国货币价格因市场需求增大而上升被称为"升值"，如美元升值
最好价位交易	以最低价买进或最高价卖出的指令称为最好的价位交易

续表

术语	定义
通货风险	一般指汇率变化，而且是反方向的变化而给投资者带来的损失
贸易差额	一般指一国出口与进口的差值
基准利率	既定国家中央银行的借贷利率
基点	一般作为产品价格最小变化的衡量单位
熊市	与牛市相对应，价格持续下跌的市场
空头业者	相信价格/市场将上涨的投资者
大数交易员术语	指汇率的前几位数字，这些数字在正常的市场波动中很少发生变化，因此通常在交易员的报价中被省略，特别是在市场活动频繁的时候
牛市	在外汇市场中，长时期的上涨价格称为牛市
清算	对于一笔交易进行结算的过程
佣金	在一笔交易中，经纪人对于投资者收取的费用
确认书	由交易双方交换进行交易确认的各项条款的一种交易文件
持有成本	简单指在持有期间需花费的成本，此成本会决定远期价格的汇率
可兑换货币	可与其他货币或黄金以市场的汇率进行自由兑换的货币
合约	某些外汇交易的标准单位
交易对方	外汇交易的参与者，一般指银行或个人
交叉汇率	一般指两种货币的汇率，又称为非标准的汇率
币种	一般指有政府或央行发行的该国的交易单位，如我国的人民币
总需求	政府开支+个人消费支出+企业费用
卖出价	一般指在出售的金融工具中的最低价格
日间交易	指在同一交易期内开设并结清同一批头寸
代理	受雇于委托人并代表其经济行为的个人

术语	定义
交易员	在交易中充当委托人或者是交易对方
赤字	支出大于结余，在一国贸易中产生的负结余
交割	指交易双方交付双方所有权的一种行为
贬值	一般指由于各种因素，在货币市场，一种货币兑换另一种货币价值下跌
持平	在外汇市场，在交易中没有任何的头寸或所有的头寸已经完全抵消
原始保证金	一般指进入头寸所需一定的期初抵押存款
远期点数	一般为了计算远期的价格，以当前的汇率为基础进行加减计算
银行同业买卖	一般指一些国际银行向其他大型国际银行报价时所参照的外汇汇率
追加保证	一般由经纪人或交易员进行的操作，追加客户的保证金
运营者	提供市场行情信息，对交易进行操作的交易员
调至市价	一般在每个交易日结束时利用收盘汇率进行估价并调整与市价相同
到期日	一般指金融工具的交易日或到期日
卖出价	一般指一种外汇货币在卖出时，卖方参照的价格或汇率
抵消交易	用于撤销或抵消未结头寸的部分或全部的市场风险的交易
开放定单	一般当市场价格与指定的价格相靠近时，投资者进行买卖的订单
柜台市场	非交易所进行交易的市场
隔夜交易	一般指在第二个交易日仍在开放状态的交易市场
指令	简单指交易在特定日期系统进行只是的命令
头寸	一般指投资者拥有的或借用的资金数量
庄家卖价	指市场准备卖出某产品时的价格，庄家卖价也称为散户买价
激进	一般指一种投资态度，对于行事或价格走势果断确信
分析师	擅长投资评估并为客户整合买卖和持仓推荐意见的金融专业人士

术语	定义
升水	预测到货币市场价格或上涨，向即期价格中添加的点数
价格透明度	每一位市场的参与者能对各种外币的报价拥有了解的权利
利润	在外汇的完结交易中，实现的兑现利润或损失
报价	一种对于市场具有指示性的价格，表示某金融工具的最高或最低价格
上升幅度	在外汇市场的某一阶段，价位在下降后开始回升
波动范围	会在交易记录中进行表示，一般指在最高价与最低价进行的波动
汇率	相对于本国，以外国的货币计算本国货币的表示方式
阻力位	某一价位，货币价格多次冲击该价位但是却无力超越
再估价汇率	指交易商在每日结算时，为确定当日的利润和亏损而使用的市场汇率
回购	一般指交易的双方相互约定，卖方对该产品进行回购
双向交易	一般指买入或卖出的数量相等
空头头寸	一般指由于投资者卖出空头从而产生的一定的投资头寸
即期价格	一般指在两个交易日内产生的价格，即当前市场的价格
价差	和其他商品一样，买卖外汇的价格之间的差额
停止损失订单	一般指投资者自我设置的一份停止损失的订单
支撑位	一般指一国的外汇率在指定的最高最低价自我调整，与阻力位相反
技术分析	指投资者通过分析图表、价格趋势、交易量等，对外汇市场进行预测
替克	一般指在货币价格中的最小单位的变化
次日	一般指与当日的交易时间相对应，也称为下一交割日
交易成本	指在外汇市场，投资者为买卖外汇而支付的相关的成本
交易日	一般指外汇投资者可以在各大交易所进行买卖外汇交易的时间
交易额	一般指外汇投资者在指定的时期的交易成交量或交易规模

术语	定义
未兑现盈利	一般指现价为开市价位的理论上的盈利或损失
双向报价	一般指交易所同时提供的外汇交易的买入或卖出的价格
证券提价交易	高于同种货币前一轮报价的最新报价
提价交易规则	美国法律规定的不能被卖空，除非交易价格低于卖空交易被执行的价格
交割日	交易双方同意进行款项交易的日期
变动保证金	由于市场各种因素的变动，经纪人要求投资者追加一定的保证金
易变性	在一定的时期市场价格变动的状态
十亿	一般当数字金额较高时，可用于该种说法
波幅与窄幅	波幅一般表示在一天之中的振荡幅度，而窄幅表示在 30~50 点的波动
区间	货币在一段时间内上下波动的幅度
上、下档	是一种价位目标，价位上方成为阻力位，下方称为支撑位
长、中、短期	在 1~6 个月以上为长期；一周~一个月为中期；一天~一周为短期
单边市	一般指持续的 10~15 天的行情保持一种向上或向下的单一状态
交易状态	分为交易清淡或交易活跃，前者一般表现为交易量小，波幅不大，后者相反
上扬、下挫	货币的价值因各种因素的影响，表现为一种突破性的发展
回档、反弹	在一种上升或下跌的趋势中，出现的反向的行情
打底	当价位下跌在某一点时，一段时间内波动不大
假破	突破阻力位被称为破位，而如果突然破位但是又立刻停止，则被称为假破
停损、止损	当投资者预感方向错误，在某价位立刻平仓
止损买盘	一般指在外汇市场卖完后，汇率不跌反涨，使得空头不得不强补买回的行为
卖压、买气	逢高点卖单或逢低价进行买单
平仓	通过卖出或买入相同数量的货币来平衡先前买入或卖出的货币

作为外汇投资者来说，并不是所有的外汇术语都要求掌握，但是如果多了解一点，那么对于投资者来说才能真正做到理性专业的投资。

7.1.5　外汇汇率

外汇汇率就是将一国的货币折算另一个国家的货币的比率或价格，如我国通过人民币折算成的各种外币的价格。人们投资于外汇，一般都集中在商业银行，和投资股票一样，赚取其中的差价。

※知识看板

我们到底该如何去理解汇率呢？具体如表 7-3 所示

表 7-3　外汇汇率的分类

划分方式	名称	名义
汇率变动	固定汇率	一般指汇率固定，波动的幅度较小，就好像人们的存款利率
	浮动汇率	汇率根据外汇市场的供求关系自由涨落，无波动的上下限
从银行买卖角度来说	买入汇率	它表示买入一定数量的外汇需要支付多少本国货币的比例。相对来说，外币折合本币数较少的汇率就是买入汇率
	卖出汇率	一般银行向客户卖出外汇时所使用的汇率。它表示银行卖出一定数额的外汇需要收回多少外国货币
	中间汇率	买入汇率与卖出汇率两者之和相加，再除以 2，即为中间汇率
根据外汇交割期限长短划分	即期汇率	一般指外汇买卖成交后，买卖双方在当天或在两个营业日内进行交割所采用的汇率，在交货时由货币的供求关系情况决定的
	远期汇率	它由买卖双方事先签订合同，达成协议汇率，约定在未来一定时期进行交割
市场管制	官方汇率	官方汇率如同官网，由国家的外汇管理机构制定公布的汇率
	市场汇率	在外汇市场上买卖外汇的实际汇率，随供求状况的变化而变化

划分方式	名称	名义
市场管制	黑市汇率	指在外汇黑市市场上买卖外汇的汇率，一般会被禁止。对于外汇管制严格的国家，外汇交易一律按官方汇率进行
计算方式	现钞汇率	又称现钞买卖价，是银行买入或卖出外币现钞时所使用的汇率。一般银行在收兑外币现钞时使用的汇率，会低于其他外汇形式的买入汇率
计算方式	名义汇率	名义汇率通常是先设定一个特殊的货币如英镑等，然后再确定与此种货币的兑换比例
计算方式	实际汇率	一般在金本位制度下，各国都规定了每一铸币单位的含金量，对两种货币的含金量进行比较，称为铸币平价，而实际汇率就是按照铸币平价来制定的汇率
外汇银行的营业时间	开盘汇率	简单来说就是外汇银行在一天的营业刚开始营业，开始进行外汇买卖采用的汇率
外汇银行的营业时间	收盘汇率	一般指在规定的营业终止时间，出现的外汇汇率

对于汇率的了解，就好像人们对于银行存款利率的把握，但是它又比银行的利率更复杂，因为它关系到各种外币之间兑换的计算，那么如何正确地把握外汇汇率呢？

相对来说，外汇汇率会随着一定的行情进行变化，如同人们说的外汇的报价，去年的外汇汇率和今年的外汇汇率是存在一定差别的，汇率会产生一定的变动，实质上就是货币的价值的上下波动，正如我国的人民币相对于美元、欧元等的价值的改变。

汇率的变动具体可表现为货币的升值与贬值，货币贬值是指一国的货币对外价值的下降，也可以称为该国货币汇率的下跌；而货币升值刚好相反，它是货币汇率的上涨，上涨程度一般可用货币升值幅度来表示。

而引起我国的汇率变动的因素较多，如国际收支、通货膨胀、利率差异、财政、货币政策、汇率预期、外汇投机和政府干预等。

对于外汇的汇率处于不断的变化中，那么最新的 2013 年 12 月底的外汇汇率是怎样的呢？具体如下表 7-4 所示。

表 7-4 2013 年 12 月的外汇汇率

	美元	人民币	日元	欧元	英镑	瑞士法郎	澳元
美元	1.00	6.068 2	104.77	0.726 6	0.607	0.891 6	1.121 3
人民币	0.164 8	1.00	17.26	0.119 7	0.1	0.146 9	0.184 8
日元	0.009 5	0.057 9	1.00	0.008 7	0.007 1	0.010 5	0.010 7
欧元	1.376 4	8.352	114.76	1.00	0.835 3	1.227	1.543 1
英镑	1.647 5	9.997 4	140.67	1.197 2	1.00	1.468 8	1.847 2
瑞士法郎	1.121 6	6.806 3	94.9	0.815	0.680 8	1.00	1.257 7
澳元	0.891 9	5.411 9	93.43	0.648	0.541 4	0.795 1	1.00
加元	0.941	5.710 4	88.69	0.683 8	0.571 2	0.839	1.055 2
港币	0.129	0.782 5	13.51	0.093 7	0.078 3	0.115	0.144 6
新加坡元	0.789 5	4.790 9	82.71	0.573 6	0.479 2	0.703 9	0.885 3
新西兰元	0.817 8	4.962 3	85.67	0.594 1	0.496 4	0.729 1	0.916 9
瑞典克朗	0.153 3	0.930 1	16.06	0.111 4	0.093	0.136 7	0.171 9
韩元（万）	9.49	57.57	993.98	6.89	5.76	8.46	10.64
泰铢	0.03	0.185	3.19	0.022	0.019	0.027	0.034

当然上表的外汇汇率，相对来说是以全球为着眼点，以全球的各大货币之间的相互兑换为基础，如 1 美元，相当于人民币 6.068 2 元，而在前几年，1 美元相当于人民币 8 元，说明在外汇市场上，美元在贬值。

当然作为一般的投资者，人们大多依靠银行为平台，以银行给出的数据为外汇买卖的参考标准，通过在各大银行的网站了解汇率的变动，了解各种外汇的价格。表 7-5 所示为从中国银行了解到的 2014 年年初的外汇报价。

表7-5 2014年初最新的外汇汇率

货币名称	现汇买入价	现钞买入价	现汇卖出价	现钞卖出价	中行折算价
澳元	534.4	517.91	538.16	538.16	539.64
加元	563.45	546.05	567.97	567.97	569.84
瑞士法郎	677.07	656.17	682.51	682.51	680.23
丹麦克朗	111.29	107.86	112.19	112.19	111.81
欧元	830.18	804.55	836.84	836.84	838.84
英镑	995.76	965.02	1 003.76	1 003.76	1 005.92
港币	78	77.38	78.3	78.3	78.69
印尼卢比		0.047 7		0.051 1	0.049 8
日元	5.732	5.555 1	5.7722	5.772 2	5.788 4
韩元		0.554 2		0.601	0.574 9
澳门元	75.8	73.25	76.09	78.53	75.96
林吉特	183.47		184.75		184.69
挪威克朗	98.2	95.16	98.98	98.98	98.73
新西兰元	491.52	476.34	495.46	498.42	493.73
菲律宾比索	13.6	13.18	13.7	14.12	13.67
卢布	18.52	18.00	18.66	19.28	18.66
瑞典克朗	92.59	89.73	93.33	93.33	93.08
新加坡元	476.01	461.31	479.83	479.83	477.83

※知识延伸

当然，人们还可以通过一些网站对外汇汇率进行了解，如登录和讯网（http://www.hexun.com/），如图 7-3 所示。在该页面中单击"外汇"超链接，投资者就可以对外汇投资的相关知识进行了解。

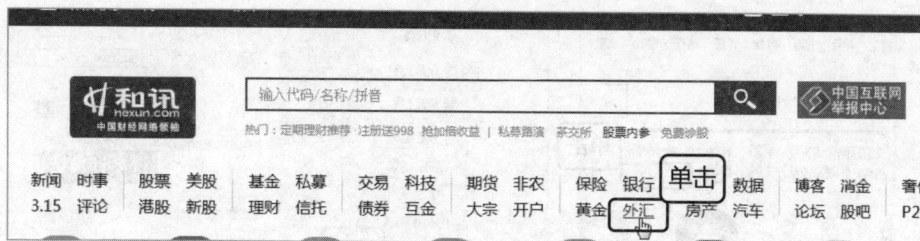

图 7-3 登录和讯网

之后在如图 7-4 所示的页面中，单击"银行牌价"超链接，此时就将出现如图 7-5 所示的查询结果。

货币对		工商银行	光大银行	交通银行
美元/人民币 参考价:679.710	中间价	--	--	--
	钞买价	674.2400	672.9278	672.9300
	汇买价	678.6600	678.6374	678.7100
	钞/汇卖价	681.3800	681.3563	681.4100
日元/人民币 参考价:6.177	中间价	--	--	--
	钞买价	6.0188	5.9546	5.9580
	汇买价	6.1596	6.1523	6.1557
	钞/汇卖价	6.2028	6.2017	6.1989
欧元/人民币 参考价:762.092	中间价	--	--	--
	钞买价	742.8100	734.7013	734.7100
	汇买价	760.2000	759.0897	759.4800
	钞/汇卖价	765.5300	765.1869	764.8000

图 7-4 单击"银行牌价"超链接   图 7-5 查询结果

当然，投资者也可以进行外汇购汇和结汇的比价。进入和讯外汇页面（http://forex.hexun.com/），单击"外汇工具"超链接，如图 7-6 所示。在打开页面的"外汇类"栏中，单击"比价中心"超链接，如 7-7 所示。

图 7-6　进入和讯外汇页面　　　　图 7-7　单击"比价中心"超链接

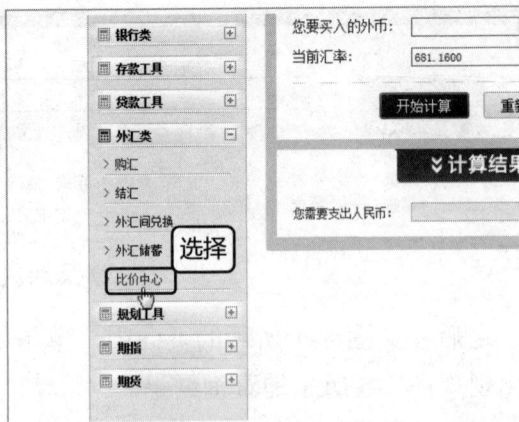

　　若要进行购汇的比价，则在打开的页面中的"我要买入"栏中选择外币类型，再单击"购汇"按钮，即可计算出结果，如图 7-8 所示。同样的，若要进行结汇的比价，则在"我要卖出"栏中选择外币类型，再单击"结汇"按钮，如图 7-9 所示。

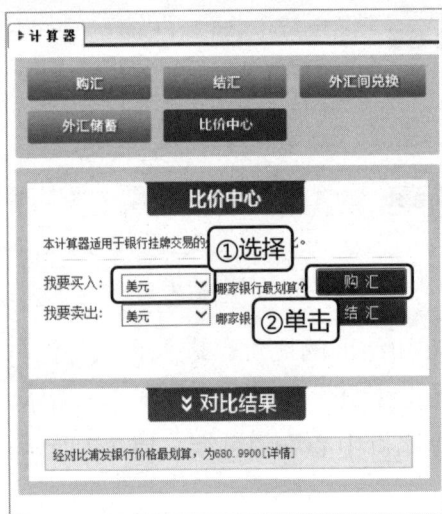

图 7-8　购汇比价　　　　　　　图 7-9　结汇比价

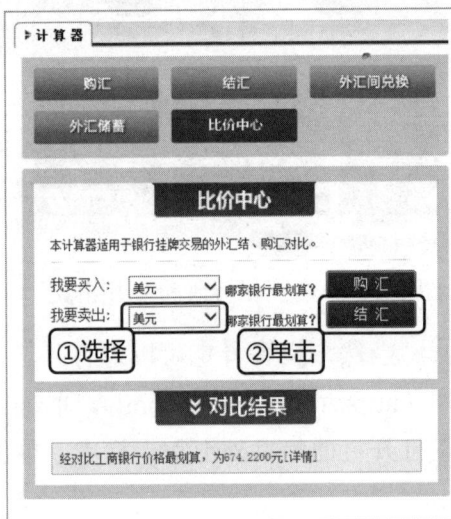

7.1.6 十大外汇交易平台

如同我们买卖基金需要挑选一家优质的基金公司进行开户从而进行买卖交易，买卖外汇也一样，由于外汇面临的是全球市场，选择机会更多，从而也就更为复杂。那么我们此时就可以重点瞄准选择，如十大外汇交易平台。

※知识看板

对于优质的交易平台，一般可以从信誉度、杠杆比例、最少开户金等方面去考察。在国际上排名靠前的十大外汇交易平台，具体如表 7-6 所示。

表 7-6　十大外汇交易平台

排名	名称	最少开户金	杠杆比例	是否有中文	信誉度
1	Easyforex	25 美元	200:1	是	5 颗星
2	HY MARKETS	50 美元	300:1	否	5 颗星
3	ETORO	50 美元	400:1	是	5 颗星
4	PIPTRADE	100 美元	300:1	是	5 颗星
5	AVAFX	100 美元	200:1	否	5 颗星
6	FOREX YARD	100 美元	200:1	是	4 颗半星
7	PLUSSOO	50 美元	500:1	是	4 颗半星
8	FBS	1 美元	400:1	是	4 颗半星
9	NORDFOX	1 美元	500:1	否	4 颗半星
10	HOTFOREX	1 美元	400:1	是	4 颗半星

走出国际，展望国内，在我国的国内银行中，也存在着外汇的几大交易平台，具体如表 7-7 所示。

表 7-7　我国国内银行的外汇交易平台

银行	名称	最少开户金	杠杆比例	交叉盘
中国工商银行	汇盈通	500 美元	10:1	12~32 点
中国银行	外汇宝	500 美元	10:1	12~32 点
交通银行	满金宝	2000 美元	10/15/20/30:1	24~38 点
中国民生银行	易富通	5000 美元	30:1	14 点

7.2　买卖外汇

当我们已经对于什么是外汇、外汇的投资方式、外汇交易时间、外汇的交易平台进行了解以后，接下来就需要在外汇市场上去进行一番厮杀，从而赢得一定的投资战场。

7.2.1　外汇买卖流程

当我们要买卖外汇，了解它的买卖流程必不可少，只有在了解它的基础上，在每一个步骤上做到完美，才能拥有完美的结果，看下面一个例子。

※事例故事

张先生，多年拼杀在外汇市场，他也总结了一些自己的投资规律，而最近他的侄儿小东开始对外汇感兴趣，特来向他请教。

首先，他问了小东一个问题，"如果欧元/美元的交易价为 1.240 0/03，美元/日元的交易价为 107.20/23，如果欧元上涨为 1.253 7，但是日元下跌为 106.76，你会采取怎样的措施？"

小东想了半天，也没有给出答案，于是张先生告诉他，如果看欧元市场，在 1.240 3 买入 10 万单位的欧元，并在 1.253 7 卖出，那么每单位最终将盈利 0.013 4，而在日元市场，在 107.23 买入，在 106.76 卖出，那么每单位将损失 0.47。

相对来说，在外汇保证金交易中，买卖 10 万单位的欧元并不需要完全的投入，只需要它的 1%的保证金，即 1 000 欧元或其他的外汇资产。那么除了保证金，在买卖外汇中还需要注意哪些步骤呢？

※ 知识看板

相对来说，外汇交易一般有柜台和电话交易两种方式，对于具体的交易流程，简单介绍如图 7-10 所示。

投资者在柜台领取个人外汇买卖申请书，并填写关于外币种类、金额、牌价等信息，并将个人身份证、银行卡、现金等交由审核人员审核。

当经办人员审核无误后，可将交易水单打印，然后将外汇买卖确认单交由客户确认，此时投资者一定要再次考虑清楚，如有问题当场指出。

相对来说，一旦客户签字，那么意味着该笔交易成交，成交后就不能再撤销。

经办人员会再次对于相关的信息进行复核，当复核无误后，经办人员需将投资者的确认书、身份证、银行卡等归还于投资者。

图 7-10　柜台办理外汇交易流程

有些投资者，平时工作相对繁忙，他们就可以选择通过电话交易的方式进行交易，而电话交易的流程相对来说也比较简单，如图 7-11 所示。

1	投资者需要到银行开立一个外汇电话交易的专用存折，并预留密码。
2	客户领取电话委托交易规程和操作说明，并将电话交易申请书交存柜台。
3	在银行规定的交易流程下进行交易。
4	成交后该笔交易不得撤销。
5	交易完成后，投资者可通过电话或传真查询交易情况。

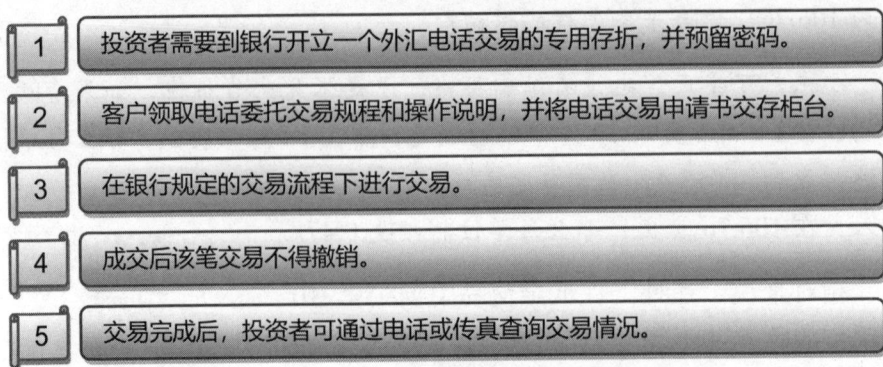

图 7-11　外汇买卖的电话交易流程

当然对于个人投资者来说，可以直接与银行签订委托书，由银行来代为办理两种可自由兑换的货币之间的买卖，通过低买高卖，获得汇差和利息两方面的收入。相对来说，个人的委托外汇买卖具有如图 7-12 所示的特点。

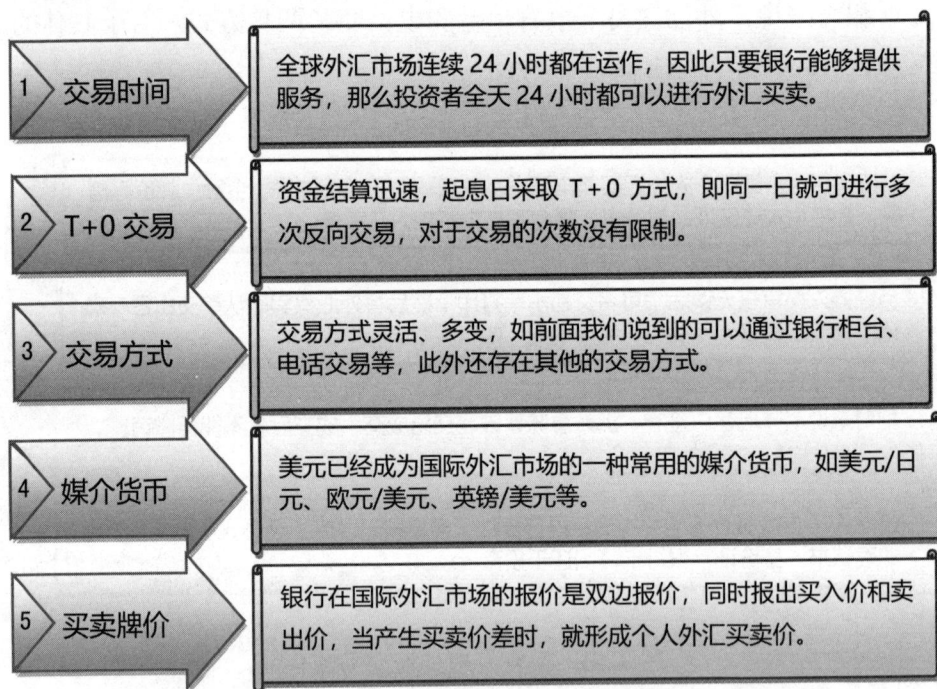

1 交易时间	全球外汇市场连续 24 小时都在运作，因此只要银行能够提供服务，那么投资者全天 24 小时都可以进行外汇买卖。
2 T+0 交易	资金结算迅速，起息日采取 T+0 方式，即同一日就可进行多次反向交易，对于交易的次数没有限制。
3 交易方式	交易方式灵活、多变，如前面我们说到的可以通过银行柜台、电话交易等，此外还存在其他的交易方式。
4 媒介货币	美元已经成为国际外汇市场的一种常用的媒介货币，如美元/日元、欧元/美元、英镑/美元等。
5 买卖牌价	银行在国际外汇市场的报价是双边报价，同时报出买入价和卖出价，当产生买卖价差时，就形成个人外汇买卖价。

图 7-12　个人买卖外汇的特点

我们该如何买卖个人外汇呢？因为前面我们已经讲解了通过柜台办理和电话银行的方式买卖外汇，在此我们将讲解除此之外的另外 3 种方式，具体如图 7-13 所示。

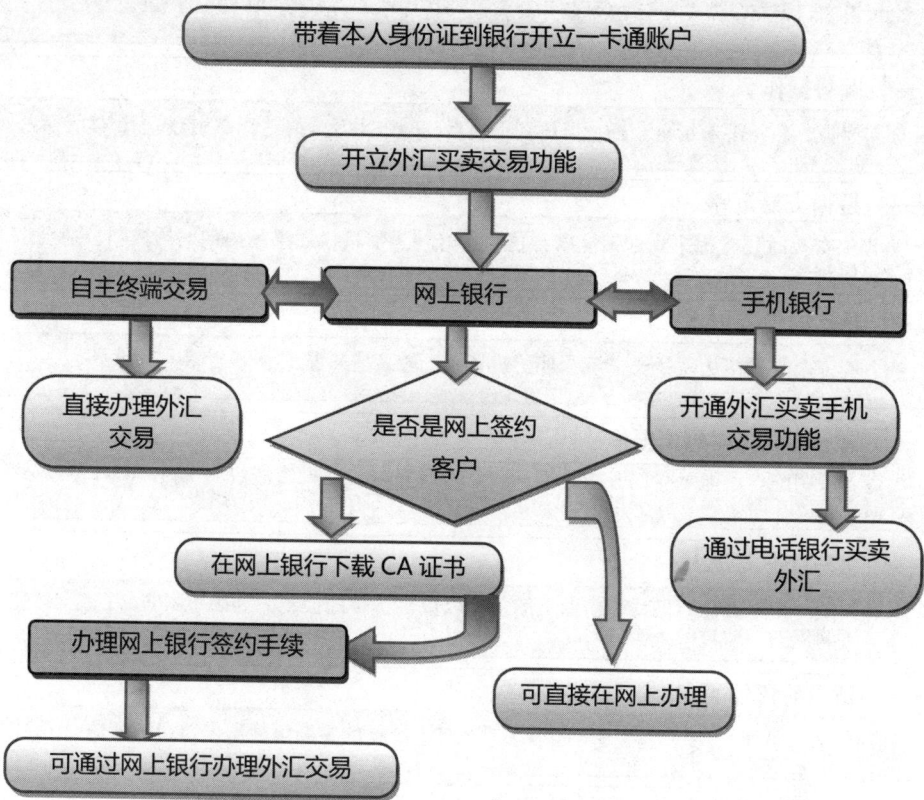

图 7-13　开通个人外汇买卖

相对来说，在不同的银行、以不同的开户方式，其开户起点金额不同，如当采用柜台交易时，工商银行、建设银行的起点金额为 50 美元，当采用电话交易时，交通银行、工商银行的起点金额分别为 300 美元、100 美元。

当投资者开户以后，需要制定一定的交易策略和计划。对外汇投资缺乏一定专业知识的投资者，可以加入一些专门性的外汇投资网站，成为其会员，以便获得关于外汇的最新资讯。

如同买卖股票存在一些小技巧一样，办理个人的外汇买卖也存在一些交易的小窍门，简单介绍如下，如图 7-14 所示。

分析影响交易的因素

对每天的行情交易进行一定的记录并分析，分析影响交易成功的因素，记录盈亏情形。

顺势操作

相对来说，在外汇市场也一样，当达到止损点，尽快平仓，而达到盈利点，则继续持有。

遵循交易策略

当损失扩大时要考虑平仓，不能以行情即将好转为借口，如果超出预期的控制，则会带来巨额损失。

足够的投资资本

外汇的资金来源应为生活必需资金外的投资，当投资者亏损时，不会影响生活。

制定一份合理的止损单

投资者应明确自己能承受的亏损程度，一般可设定为自己投资账户的 3%~10%，当达到止损点，应立即平仓，减少损失，不能孤注一掷，以防带来巨额的损失。

交易量不能过大

相对来说，投资者需要保持 3 倍以上的资金以应付价位的波动。如果手里资金已经不足，那么应减少手上所持的买卖合约。

适当的暂停买卖

长期的交易可能会出现几种交易疲态，那么对于市场的判断可能出现错误的预估。

对市场无法把握时，暂停观望

投资者并非每天都需要入市，不能盲目热衷于入市买卖，成功的投资者都会等待机会，当无法对市场做出准确的分析前，不要盲目介入，可暂停入市，在市场外观望。

果断出击

当投资机遇出现时，应果断出击，不放过此次机遇，不因过去的投资失败，而犹豫不决。

不能总惦记过去的外汇价位

过去的外汇价位从某种程度上来说，可以作为投资者投资决策的参考点，但是也不能决定投资决策，如一些投资者无法抛开过去的高价位，对出现的新低价无法接受，从而做出错误的投资战略。

图 7-14　买卖外汇前需要注意的问题

7.2.2　查看外汇信息

外汇市场区别于其他的市场，它可以是一个 24 小时都在运作的市场，对于具体的行情、牌价、最新的交易数据，我们都可以通过网络来了解，正所谓经济全球化，网络全球化。

投资者可以登录自己常用的网站，如汇通网、和讯网、东方财富网等与经济有关的网站，但相对来说，登录专业的外汇网站，我们可以了解到更多的信息。下面我们就以登录"外汇 265"网站为例，介绍查看外汇信息的操作。

1. 登录外汇网站

登录"外汇 265"网站，此时将出现如图 7-15 所示的页面，在其中显示了关于外汇的行情、外汇的名站导航、外汇最新资讯等，在外汇资讯中，将出现外汇数据、汇市新闻、机构看盘、银行观点等，投资者可以根据自己的投资爱好选择性查看。

在外汇名站导航中，我们可以看到如汇通网、新浪外汇、和讯外汇等。单击"汇通网"超链接，如图 7-16 所示。

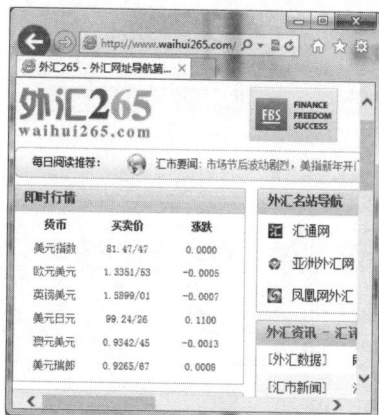

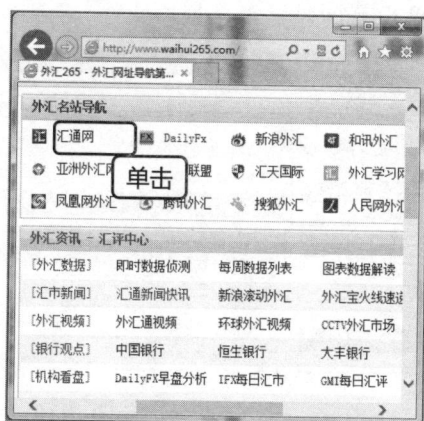

图 7-15　登录外汇网　　　　　图 7-16　外汇名站与外汇资讯

在进入的如图 7-17 所示的页面中，我们可以看到有外汇新闻、行情中心、外汇图形等与外汇相关的信息，我们可以在图中单击"行情中心"超链接，对于当前的外汇市场的相关信息进行了解，从而做出投资决策。

图 7-17　登录汇通网

此时将进入如图 7-18 所示的页面，在外汇行情中我们可以看到有外汇行情、新兴货币、人民币牌价、外汇图形对比、外汇走势对比等，同时还将出现各种货币的走势。

如图以美元指数为标准，买价为 80.870 6 美元，最高价为 80.894 6 美元，最低价为 80.490 6，而昨日的收盘价为 80.560 6 美元，上涨 0.310 0 美元，而与相关的欧元/美元，买价为 1.358 6 英镑，最高价为 1.367 1 英镑，最低价为 1.358 1 英镑，昨日的收盘价为 1.367 1，相对来说，下跌 0.008 5 英镑。

图 7-18　行情中心

同时在图 7-18 中，单击"外汇图形分析"超链接，将会出现如图 7-19 所示的页面，根据选择条件对外汇图形进行分析，如图选择币种为"欧元美元"、日期为"日线"、线性为"CandleStick"，即为 K 线图。

在页面下方将出现具体的外汇走势图，如图 7-20 所示，其中出现包括开盘价、最高价、最低价、收盘价等信息。

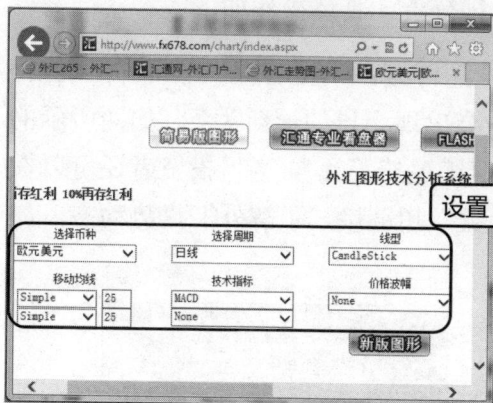

图 7-19　确定选择条件

图 7-20　外汇走势图

同时如果投资者还想了解更多的信息，将各种外汇与我国货币相联系，可以在行情中心页面中单击"人民币牌价"超链接，此时将出现如图 7-21 所示的页面。

出现人民币与各种外汇兑换的一些走势图形，如果投资者想要看得的更清楚明白，那么还可以单击"点击查看大图"超链接，进行图形的放大分析。

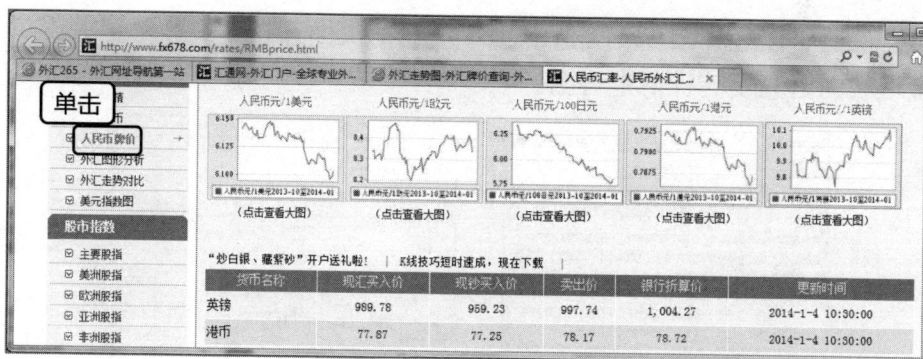

图 7-21　查看人民币牌价

2. 不同的网站重点查询

当然，投资者除了可以使用上例的汇通网，对于外汇的信息进行了解外，还可以对每日的外汇信息进行分析，具体操作如下。

在图 7-16 中，单击 "DailyFx" 超链接，中文名为 "每日外汇"，将进入如图 7-22 所示的页面，在其中会出现当日的最新头条，如图所示的头条为 "欧系货币继续下跌，市场继续追捧美元"，当日投资者还可以在 "技术分析" 栏目下单击 "今日看盘" 超链接，了解外汇盘势动态，如图 7-23 所示。

图 7-22　查看今日头条　　　　　图 7-23　今日看盘

此时将出现如图 7-24 和图 7-25 所示的页面，在其中显示了关于黄金现状的消息及其行情走势图。

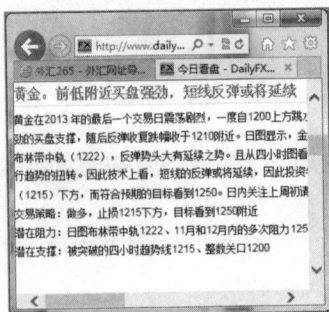

图 7-24　黄金看盘　　　　　图 7-25　大盘走势

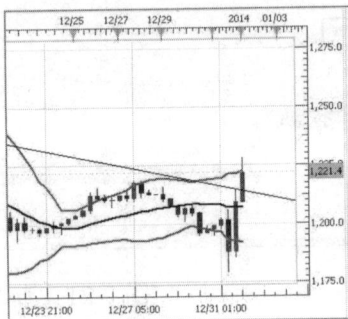

3. 外汇投资四部曲

总体来说，我们可以将外汇投资过程划分为四个步骤：一是了解外汇市场；二是了解外汇的基本知识；三是开立外汇账户；四是在外汇市场上进行交易。其中的每一步，对于外汇投资者来说都非常重要，那么我们该如何才能走好每一步呢？

一是通过委托交予银行全权办理；二是通过自己的学习，了解相关知识，先模拟交易，当具有一定的投资经验后，在进行真实的交易。

如果投资者打算自己亲身体验外汇买卖，外汇知识的学习必不可少，我们可以通过一些网络平台进行学习，图 7-26 所示为登录"外汇学习网"网站，对相关外汇知识进行学习。

图 7-26 登录外汇学习网

在图中，我们将看到如外汇课堂、外汇分析、外汇学习、开户、互动等信息，同时还可以通过"在线答疑"功能，进行在线咨询，此外还可以通过外汇视频，通过一些专家的在线视频分析了解更多的外汇信息。

8

托付他人帮我们管钱——信托

　　不同于债券、股票、保险等的投资理财，相对来说，信托投资是一种更高端的理财，它实现的是高投入高回报，而且风险也较低，但是一般个人无法实现理财。你需要找个帮手，将所有的事项托付给他，你只需要查看你能有多大红包。但是我们将钱交出去后，如何才能保证自己的资金安全呢？本章将告诉你答案。

　　　◇　信托的定义及专业术语
　　　◇　适合投资信托的人群
　　　◇　银行信托产品
　　　◇　信托的购买时机
　　　◇　寻找信托产品
　　　◇　在线预约并填写个人资料
　　　◇　确认预约并缴款
　　　◇　转账汇款的查询
　　　◇　信托合同的签订
　　　◇　权益证书
　　　◇　信托转让

8.1 了解信托市场

对于我们投资的任何一种产品，即使我们不精通，但是至少要了解它是什么、它的前景如何、它的优缺点、它的风险等，总的来说，就是了解这个市场以及与它相关的一切。如果我们选择投资信托，首先就要全面了解信托市场。

8.1.1 信托的定义及专业术语

信托是一种特殊的财产管理制度，也是一种金融制度，与保险、股票、基金等构成了现代的金融体系，而在此基础上的信托产品则是一种为投资者提供低风险、固定收益回报的金融产品。

※知识看板

我国在市场上流通的信托产品，一般可分为四大类，具体如图 8-1 所示。

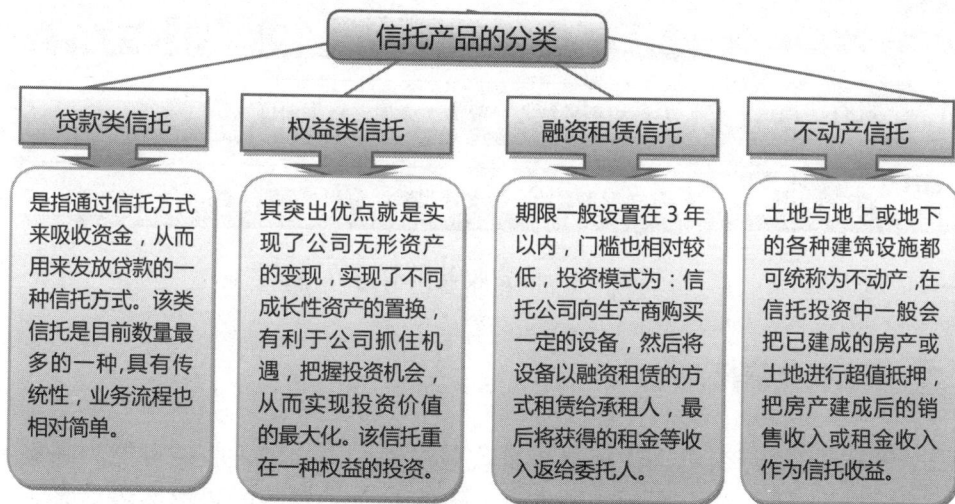

信托产品的分类

贷款类信托	权益类信托	融资租赁信托	不动产信托
是指通过信托方式来吸收资金，从而用来发放贷款的一种信托方式。该类信托是目前数量最多的一种，具有传统性，业务流程也相对简单。	其突出优点就是实现了公司无形资产的变现，实现了不同成长性资产的置换，有利于公司抓住机遇，把握投资机会，从而实现投资价值的最大化。该信托重在一种权益的投资。	期限一般设置在 3 年以内，门槛也相对较低，投资模式为：信托公司向生产商购买一定的设备，然后将设备以融资租赁的方式租赁给承租人，最后将获得的租金等收入返给委托人。	土地与地上或地下的各种建筑设施都可统称为不动产，在信托投资中一般会把已建成的房产或土地进行超值抵押，把房产建成后的销售收入或租金收入作为信托收益。

图 8-1 信托产品的分类

当然除了以上常见的划分方式，一般投资者还会根据收益的固定与否来划分信托的种类，如人们根据投资收益，将信托划分为固定收益、浮动收益、混合收益信托等，其中固定收益信托一般常被人们使用。

1. 固定收益信托

固定收益的信托产品的本金及预期收益一般由融资方的相关资产或第三方担保来保障，如抵押贷款类信托、担保类信托、结构化信托等，收益相对固定，但抵押率及变现价值等会影响风险。图 8-2 所示为固定收益类信托的特点。

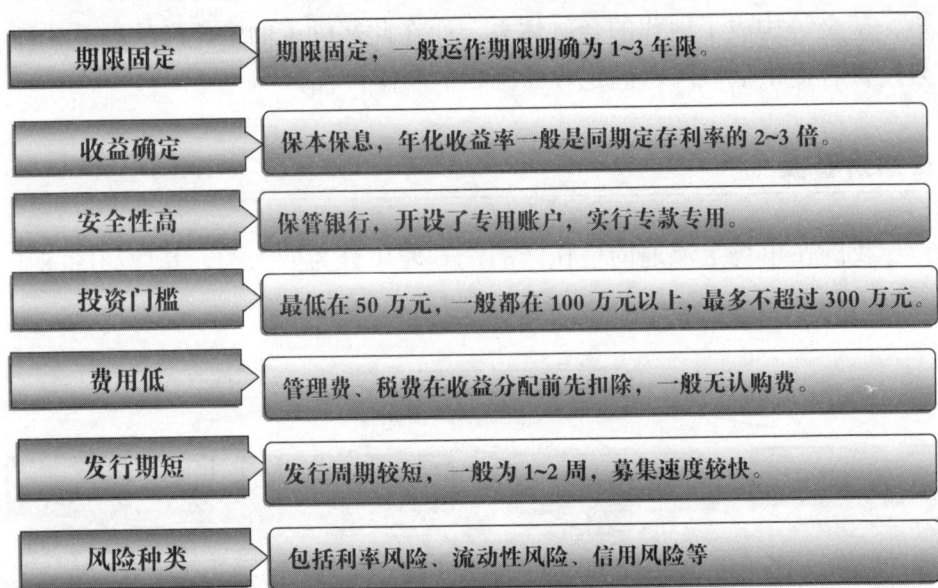

期限固定	期限固定，一般运作期限明确为 1~3 年限。
收益确定	保本保息，年化收益率一般是同期定存利率的 2~3 倍。
安全性高	保管银行，开设了专用账户，实行专款专用。
投资门槛	最低在 50 万元，一般都在 100 万元以上，最多不超过 300 万元。
费用低	管理费、税费在收益分配前先扣除，一般无认购费。
发行期短	发行周期较短，一般为 1~2 周，募集速度较快。
风险种类	包括利率风险、流动性风险、信用风险等

图 8-2　固定收益类信托的特点

2. 浮动收益信托

浮动收益，简单来说就是投资收益浮动，不固定，收益可能为高额收入也可能为负值，类似于股票，适合那种善于冒险的投资的投资者。一般在日常生活中，人们不仅会希望获得浮动收益，更希望拥有一部分固定收益，于是混合收益信托就应时而生。

3. 混合收益信托

对于混合收益信托，其中收益的一部分为固定收益，投资者的收益是被保证的，而剩余部分的收益则是浮动的，具有一定的风险性。

而至于哪一种信托投资最好，因人而异，每种信托都有它的特点，投资者可根据自己情况适当的购买。

※知识延伸

如同股票的建仓、平仓、斩仓等专业术语一样，在信托市场，它也具有自己的术语。虽然我们一般委托他人代为打理，但是至少还是要了解一些。那么信托市场具有哪些专业术语呢？具体见表 8-1 所示。

表 8-1 信托专业术语

术语	定义
信托目的	和投资目的一样，是投资者购买信托产品所要实现的目的，如有的投资者是为了资产的风险转移，而有的投资者则是为了实现高额的报酬
信托财产	一般指投资者可用来实现信托投资的资产，一般包括股票、债券、基金等有形资产，也可包括保单、商标权、信誉、遗嘱等无形资产
信托报酬	一般由受托人与委托人协商确定，可根据收益大小以及信誉度等确定，是作为受托人的个人或机构在办理相关信托事务后可取的报酬
受益权证书	一般当投资者开户成功后，信托公司会给予投资者一份受益权证书，是投资者拥有信托收益的凭证
信托行为	一般指投资者作为委托方，信托公司作为受托方，双方签订了合同或协议后，就构成了一定的信托行为，不同的信托合同需要不同的手续

在上表中，一种信托行为的构成，必须满足一定的条件，具体如下。

● **信托双方真实的意思表示：**一般通过信托合同、个人遗嘱、法院裁定等确定。

- **信托行为不能具有欺骗性**：在法律上来说，信托行为是建立在信任的基础上的，如果具有欺骗性，那么在法律上是无效的。

- **财产转移**：信托行为的确立还需以财产为中心，如果财产的所有权没有转移，也不能构成信托行为。

- **信托目的要合法**：信托目的必须满足合法，而且具有可实现性。如果投资者欲达到投资收益为 50%，就是不太现实的投资目的，最后可能导致信托行为无法达成。

8.1.2 适合投资信托的人群

高回报是所有投资者都想要的结果，但并不是每个人都适合信托投资。对于信托产品的投资者，它具有一定的要求，具体如下表 8-2 所示。

表 8-2 适合信托投资的人群

划分方式	个人	机构
风险偏好	个人对于风险的偏好大于存款	高于债券、基金、保险低于股票
理财方式	理财方式以银行存款为主，对于股票投资较少	非常注重资金的安全性,特别是投资在100万元以上的投资者
投资收益	认为利息收入相对较低	对于资金的流动性有一定的需求
投资经验	投资经验在一年以上，具有一定理财经验、风险判断和市场分析能力	具有一定的投资经验
投资现状	已经投资于国债的投资者，并准备购买即将发行的国债	机构目前已经参与了债券市场的投资，当前拥有一定的闲置资金

无论是机构还是个人投资者，如果能满足以上几点，那么就可以考虑投资固定收益的、购买期限相对较短的信托产品，这不仅能保证资金的安全，而且还能满足资金的流动性。此外，关于信托投资，我们一定要跳过几个误区，具体如下图 8-3 所示。

一味追求高收益

对于投资者完全追求高收益而忽略投资风险的做法是错误的，任何投资都具有风险，风险与收益具有一定的匹配的。

只相信银行

对于很多投资者来说，认为只有银行才是最值得信赖的，而拒绝一些信托公司，实际上这也无形中为投资增加了成本，因为银行只作为一种信托销售的中介。

喜欢投资具有政府背景的项目

投资者认为该类项目的资金安全性、信任度等方面存在优势，然而投资该类信托，从收益上来说，会低于其他的一些投资项目，所以投资者应具体问题具体分析。

只选交易对手强的产品

投资者认为交易对手的实力越强，企业越具有前景，那么项目就越安全并更能实现盈利，然而对于实力较强的公司，投资种类往往较多，因此承担的风险也在扩大。

排斥房地产信托

很多投资者认为房地产就是一种泡沫经济，风险太大，实际上，我国现在的房产是具有一定的风险，但是如果融资方给你 100 万的股票和 100 万的房产，你选谁呢？

排斥矿业投资

很多投资者认为矿业属于冷门的产业，投资的回报也不会很快见效，甚至出现负值的回报，实际上矿业充斥着我们的生活，其投资的回报很惊人。

把"类信托"等于信托

两者在资金到位、价格、收益率等方面存在一定的差别，相对来说类信托的投资门槛更低，从某种程度上来说，是一种对于信托的延伸与扩展，但是承担的风险更大。

图 8-3　信托投资误区

8.1.3　银行信托产品

对于投资者来说，一般都认为同类产品如果在银行购买，那么相对的产品风险也会较低，对于本金的安全也会更好。如果能在银行购买信托，那么投资者一般会选择在银行购买，因此便有了银行信托产品。

对于信托产品，银行一般只起到代销的作用，实际的投资收益还是掌握在委托方，即各种信托公司手里，银行在中间起到桥梁的作用，同时在银行购买，还需要相对支付一定的手续费用。

但对于有些信托产品来说，是由银行和信托公司一起推出的，作为一种人民币理财产品销售，主要由银行代为发行。

其中签约的双方仍是投资者和信托公司，信托公司将投资者的资金用于各种专项的信托计划，在一定的投资期限取得一定的收益。相对来说，银行代理的信托产品收益较高、期限较短、收益稳定，但相对股票、货币基金来说，变现能力较差。

银行信托作为银行理财产品的一种，它与银行自身推出的理财产品有哪些区别呢？谁的收益较高,谁的收益较低呢？具体比较如表8-3所示。

表 8-3　银行信托产品与银行理财产品的比较

划分方式	银行信托产品	银行理财产品
发行主体	信托公司	银行
投资起点	50万元、100万元、300万元	10 万元、20 万元、50 万元
产品投资期限	1年、2年、3年	7 天~1 年
预期收益	6%~10%	2%~5%

购买银行的信托，如购买银行理财产品一样，首先要看懂产品说明书，重点看认购期、到期日、到账日。如果发行的信托产品比较受投资者欢迎，可能在发行首日就全部发行完毕，则认购期为 1 天，所以投资者要提前关注该信托产品的发行日。

而对于到期日，简单来说即时间已达到合同约定的期限，银行就需要按照约定在到账日把投资者的本金及投资所得，返还到投资者的账户上，如果是保本型的信托，则银行会将本金及收益在当天确保到账。

8.2　信托买卖

当我们已经在信托市场了解了信托产品以及它的专业术语，甚至是它的投资误区，那么我们就可以试着去挑选一款合适的信托产品，然后进行买卖，最后抱得红包归。

8.2.1　信托的购买时机

如同我们买卖股票，要看准时机，果断出手，而在时机未来临之前，绝不轻易投资，购买信托产品也一样，你需要抓准一个时机。请看下面的例子。

※事例故事

又到了年底，几家欢喜几家愁，对于章先生来说，喜忧参半，喜的是终于有了自己的新房，忧的是现在还欠银行贷款80万元，而且还有7%的贷款利息。

这几天妻子回家告诉他一个好消息，最近收回一个朋友的欠款，刚好80万元，和妻子商量下，打算一次性地清偿银行的贷款及利息。

在银行里，他碰见一位做银行信托投资的朋友，朋友告诉他，最近银行正在推行一种信托理财计划，期限为3年，每年收益为13%，他计算下，如果投资该项信托计划，除去还款金额，每年收益为4.8万元，3年总收益为14.4万元，相当于不仅没支出银行的贷款利息还获得了额外的收益。

如上述案例，说明有些债务不一定需要完全偿还，当理财收益大于借款成本时，那么就可以采取如上的方法，前提是要采取一家值得信赖的信托公司，参加信托计划投资。对于章先生来说，这就是一次机遇。

※知识看板

一般投资者投资信托集合计划时，一定要先咨询专业人士，根据自身情况，确保在了解信托产品、考虑风险、收益情况下，找准买卖时机安全投资。

根据来自于信托协会的最新数据，在 2013 年 10 月底，信托资产的规模已经达到 10.13 万亿元，突破 10 万亿元，目前信托已经成为我国投资者的一种重要的理财方式之一。

要充分的了解信托产品，可以通过一些信托投资网站查看。如图 8-4 所示，登录"第 1 信托网"，即可对最新的信托信息进行了解。

在该页面中，单击"信托产品"超链接后，我们将看到各种信托投资的信息。其中包括信托产品名称、收益率、认购起点、产品期限等，从图中我们可看到 4 种信托产品，其投资收益都在 9%以上，高于同期的债券利率。

当然，如果投资者对于其中一类商品，还想了解详情信息，可以单击产品下方的"查看详情"按钮。

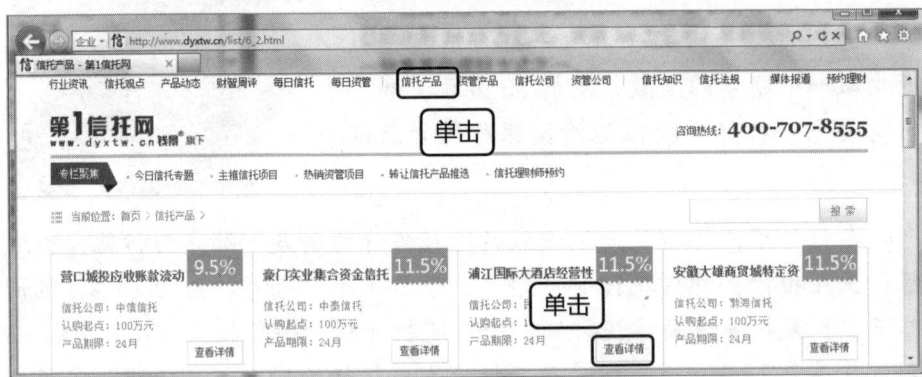

图 8-4　登录信托网

此时就将出现如图 8-5 和图 8-6 所示的关于该信托产品的信息。由图中，我们可以看到投资者最关心的投资收益一般在 10%以上，并根据投资者的多少，阶梯式上涨。

而在图 8-6 中，我们还可以看到，对于该产品可能会带来的风险，该信托公司还制定了一系列的风险措施。

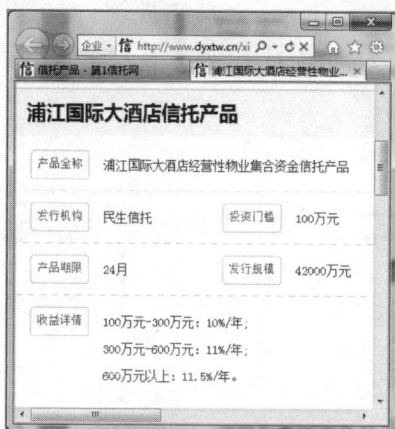

图 8-5 投资收益

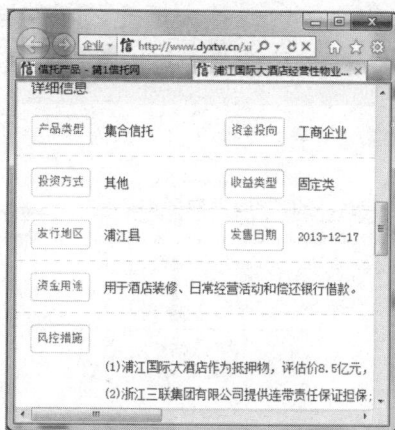

图 8-6 风控措施

严格来说，投资者选择信托产品时，应从三方面着手，分别是该信托产品的风控措施、投资收益和信托公司的优质度，具体如图 8-7 所示。

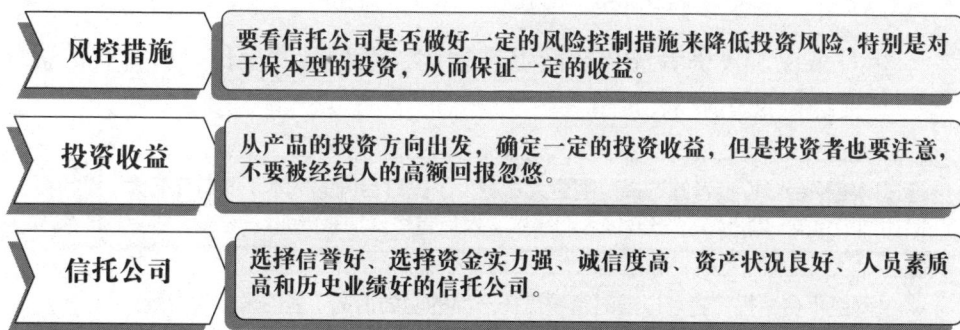

风控措施	要看信托公司是否做好一定的风险控制措施来降低投资风险，特别是对于保本型的投资，从而保证一定的收益。
投资收益	从产品的投资方向出发，确定一定的投资收益，但是投资者也要注意，不要被经纪人的高额回报忽悠。
信托公司	选择信誉好、选择资金实力强、诚信度高、资产状况良好、人员素质高和历史业绩好的信托公司。

图 8-7 从 3 方面选择信托产品

8.2.2 信托买卖程序

当我们买卖股票、债券、基金等，需要了解它的交易流程，那样才能实现交易的顺利进行。买卖信托也一样，它也拥有一定的程序。

对于买卖信托来说，首先需要了解信托产品信息，投资者可以到信托公司柜台或各大信托公司的官网进行了解，之后再选择在线了解，比较各种产品信息，并进行在线咨询。信托在线买卖具体流程如图 8-8 所示。

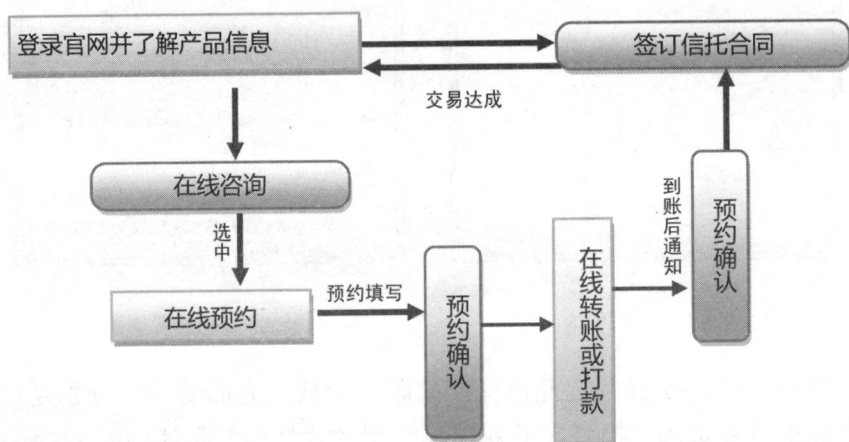

图 8-8　信托在线买卖流程图

相对来说，投资者选择在网上进行这一系列步骤操作，所具有的优势，具体如图 8-9 所示。

通过网络平台，投资者的选择范围更大，减少了签订合同的成本，同时在各大信托网都有专业的税收、财务相关的建议，投资者可以借鉴吸收。

通过网络平台，投资者可以随时查看信托产品的明细情况，包括投资的数量、种类、价值、收益和交易情况等。

一般在网络平台进行转让，更加方便而且参与的投资者也会更多，从而也保证投资者资金的流动性。

图 8-9　网上买卖信托的优势

1. 寻找信托产品

首先，我们可以选择一家信托公司，登录其官网，如登录中国信托网，通过该类网站，挑选自己感兴趣的信托产品，之后可以在网上登录中国信托网，对信托产品、信托机构、最新资讯等进行了解，如图8-10所示。

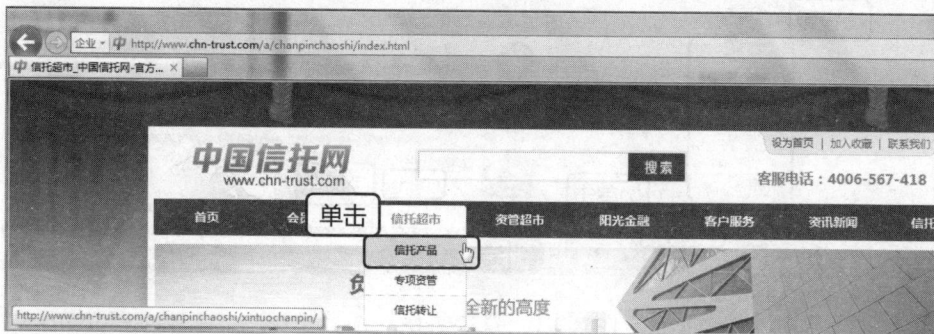

图 8-10　登录信托网

在打开的页面中，投资者可从信托公司、期限、收益等方面寻找信托产品，如图 8-11 所示，也可以直接单击"地产信托"超链接，如 8-12 所示。

图 8-11　条件设置　　　　图 8-12　产品选择

当在图 8-11 所示页面中设置好搜索条件以后，单击"开始搜索"按钮，此时将出现右边窗格所示的一些搜索结果，如图 8-13 所示。

如第二项的名称为"爱建信托—中海恒信—杭州临安成龙官山邸多个客户专项资产管理计划",预期收益为 10.6%~11.5%,投资期限为 24 个月,投资起点为 100 万元,发行时间为 1~3 周。如果投资者想要了解更多信息,那么就可以单击"了解详情"超链接。

图 8-13　爱建信托的选择结果

如在图 8-12 所示页面中选择了投资项目为"地产信托"时,就将出现如图 8-14 所示的页面,在图中的右边窗口,将出现搜寻到的众多与此相关的信托产品。

如名称为"中融信托-中融-华夏孔雀城四、五、六期集合资金信托计划",预期收益率为 8.5%~9%,投资期限为 18 个月,起点金额为 100 万元。如果投资期限已经达到了 12 个月,那么,信托公司将会提前还款。

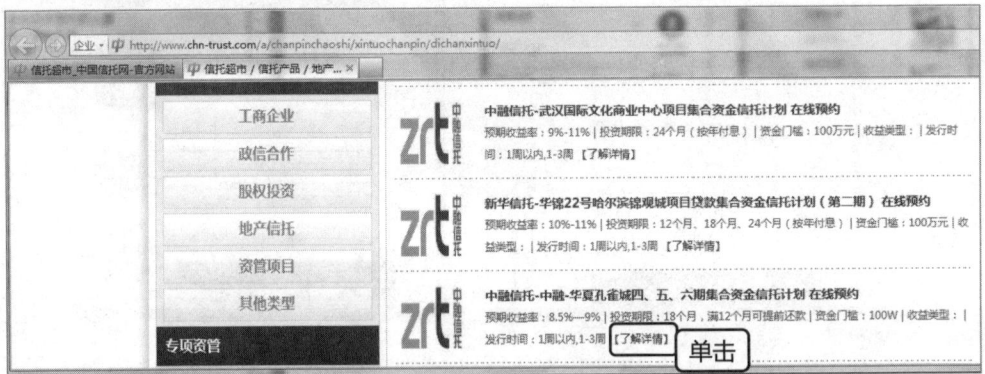

图 8-14　地产信托的搜寻结果

2. 在线预约并填写个人资料

如果我们采用第二种选择方式，即直接根据投资种类进行选择，那么可以直接在图 8-14 所示页面中，在"中融信托-中融-华夏孔雀城四、五、六期集合资金信托计划"的产品项目下，单击"了解详情"超链接，对该产品进行详细了解，此时将出现如图 8-15 所示的产品信息以及图 8-16 所示的产品的亮点。

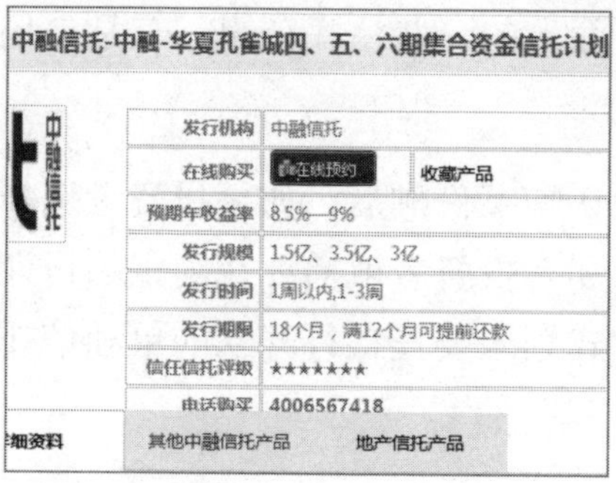

图 8-15　产品信息

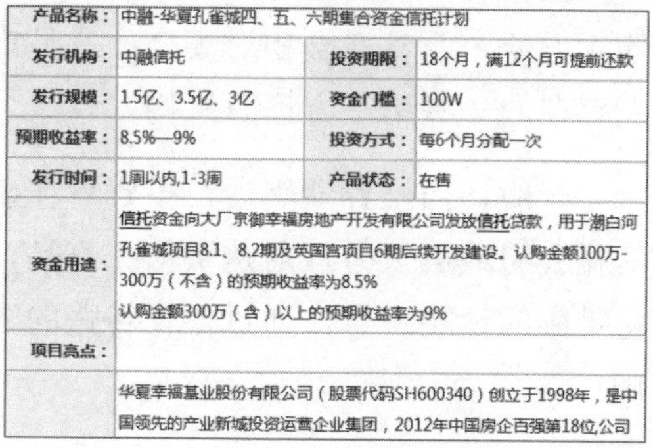

图 8-16　产品亮点

从产品的收益、风控、资金规模等多方面，进行综合考虑以后，如果投资者决定购买，那么就可以单击"在线预约"按钮，此时系统将会自动打开如图 8-17（左）所示的对话框，投资者需要填写个人信息，如姓名、手机号、邮箱等，填写完成以后，单击"提交"按钮。

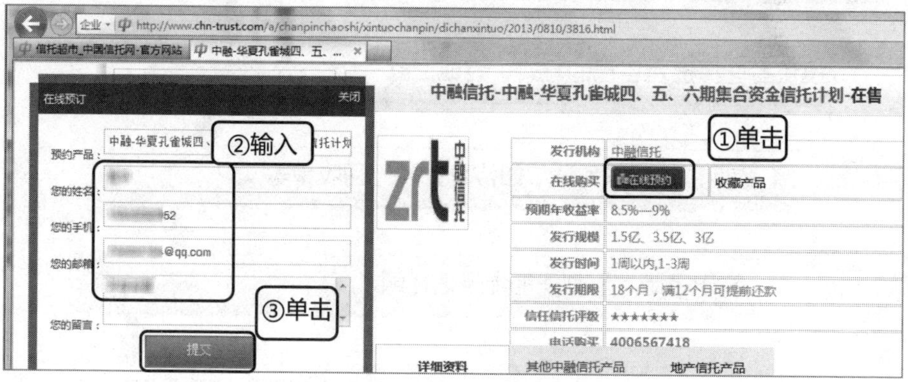

图 8-17　填写个人资料

3. 确认预约并缴款

当信托公司收到投资者的在线申请以后，会对投资者的相关信息进行审核，如果审核通过，那么信托公司一般会通过手机短信或电子邮件的方式通知客户，然后需要投资者对预约的产品进行再次确认，确认无误后，信托公司会要求客户进行缴款。

投资者一般会通过三种方式购买信托产品：一是银行，其网点众多，购买方便，而且资金相对安全；二是市面上的一些信托公司；三是市场上存在的一些第三方理财机构。

一般，当推荐期满后，投资者在确认购买份额后，如果投资者选择信托公司或第三方理财购买信托产品，那么投资者就需要在约定的日期将足额的认购资金，通过银行转账的方式划入委托银行开立的单独信托账户。

相对来说，投资者缴款时，会将资金缴存在信托公司的募集账户上，而非信托公司本身的账户上。投资者一定要再三确定，自己转款的账户是公司的募集账户，而不是信托公司账户。当寻到募集账户后，就可按图 8-18 所示的流程完成缴款。

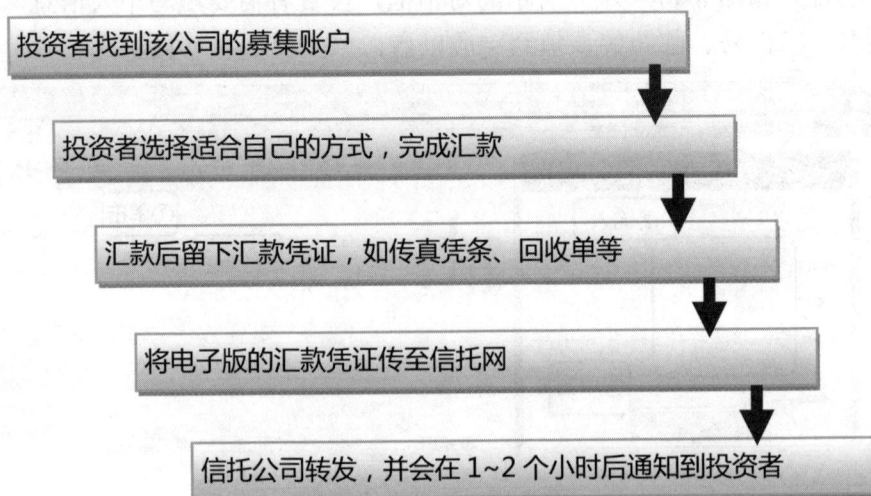

```
┌─────────────────────────────────────┐
│ 投资者找到该公司的募集账户              │
└─────────────────────────────────────┘
                    ↓
    ┌─────────────────────────────────────┐
    │ 投资者选择适合自己的方式，完成汇款      │
    └─────────────────────────────────────┘
                        ↓
      ┌─────────────────────────────────────┐
      │ 汇款后留下汇款凭证，如传真凭条、回收单等 │
      └─────────────────────────────────────┘
                          ↓
        ┌─────────────────────────────────────┐
        │ 将电子版的汇款凭证传至信托网           │
        └─────────────────────────────────────┘
                            ↓
          ┌─────────────────────────────────────────┐
          │ 信托公司转发，并会在 1~2 个小时后通知到投资者 │
          └─────────────────────────────────────────┘
```

图 8-18　缴款流程

对于缴款的方式，相对来说，投资者可以选择通过银行完成，一是到银行的柜台，在柜台人员的帮助下，现场完成转账；二是当投资者因为工作或业务繁忙时，可以选择以网银的方式进行汇款或转账，但是投资者一定要注意在转账完成后收好回单，具体操作程序如下。

首先，在进入了工行页面后，单击"个人网上银行登录"按钮，如图 8-19 所示，将打开如图 8-20 所示的页面，需要投资者对个人的网银账号和密码进行登录。

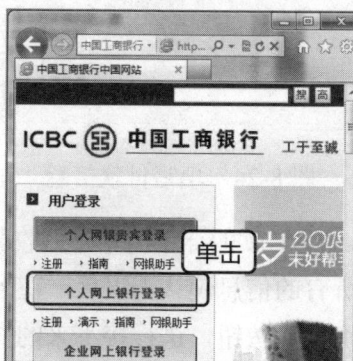

图 8-19　登录工行首页

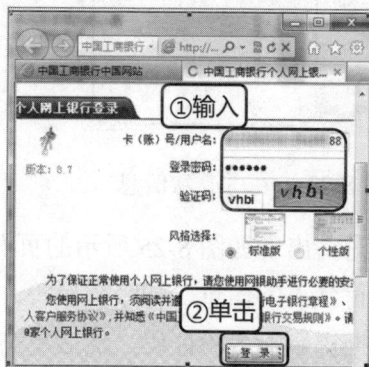

图 8-20　登录个人网银

此时将进入如图 8-21 所示的页面，此时投资者可单击"转账汇款"超链接，此时将出现各种转账汇款的方式，并且还将出现各种汇款方式的收费情况，如图 8-22 所示，同时可单击"转账汇款"超链接，进行汇款操作。

图 8-21　汇款方式的选择

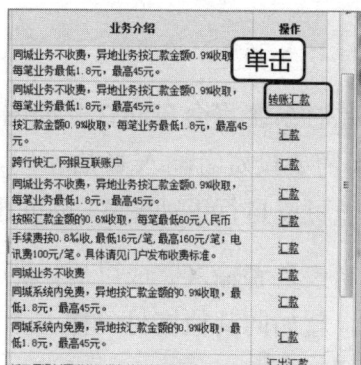

图 8-22　选择某一项业务

此时需要投资者对于汇款的信息进行填写，这主要分为三个步骤，如图 8-23 所示。第一步和第二步需要填写收款人名称、绑定的手机号、汇款金额、用途、留言等，同时还需要在图 8-24 所示页面中，填写付款的账号信息，当确保所有的信息都填写完成以后，单击"提交"按钮，进入下一步操作。

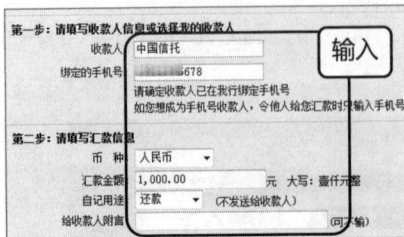

图 8-23　填写汇款信息

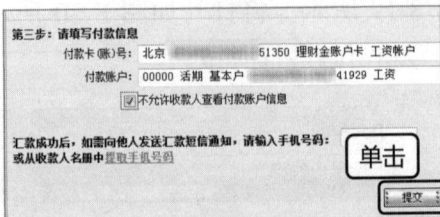

图 8-24　填写付款信息

此时将出现如图 8-25 所示的页面，出现汇款的详细清单，如收款人的信息、付款人的信息、转账金额等，当所有的信息确认无误后，在图 8-26 中，根据提示输入验证码，然后单击"确认"按钮，进行接下来的操作。

图 8-25　汇款清单

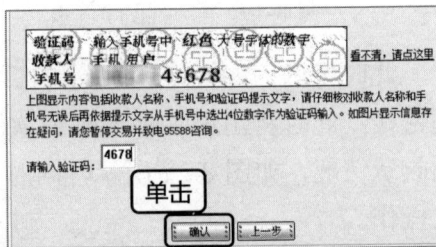

图 8-26　输入验证码

此时系统将会自动打开如图 8-27 所示的对话框，需要投资者输入 U 盾密码，进行确认支付，投资者可以自行手动输入，也可通过软键盘输入。

当投资者输入完成以后，就可以单击"确定"按钮，就如同其他支付一样，本小节在此不做详细介绍。

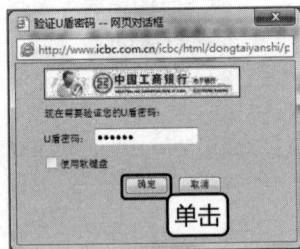

图 8-27　输入 U 盾密码

4. 转账汇款的查询

当转账完成后，需要对是否成功转账进行查询，在图 8-21 所示页面中单击"转账汇款查询"超链接，将出现如图 8-28 所示的窗口，把交易类型、交易种类、注册账号、起止日期等作为查询的条件，选择完成后单击"查询"按钮，就将得出查询结果，如图 8-29 所示。

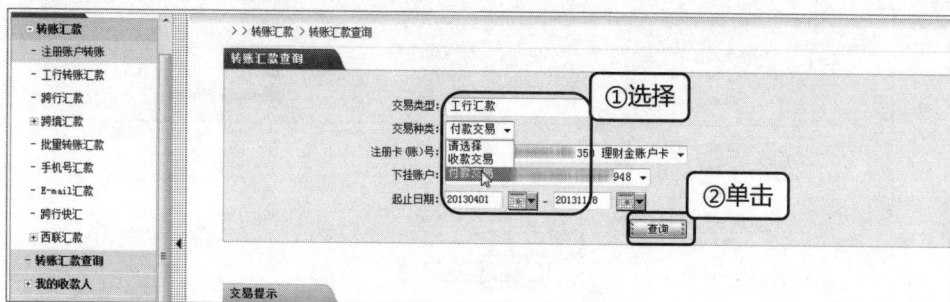

图 8-28　汇款查询

在图 8-29 中，将会出现关于付款人、收款人、金额等详细信息，而且还有汇款成功的提示，投资者可将该名单下载，并保存，同时还需要将该交易明细以电子版的形式转发到信托公司的官方网，从而为下一步信托合同的签订打下基础。

同时投资者也可以对于"回单"明细进行查看，在回单栏下单击"查看"超链接，投资者就可以看到回单的具体明细了。

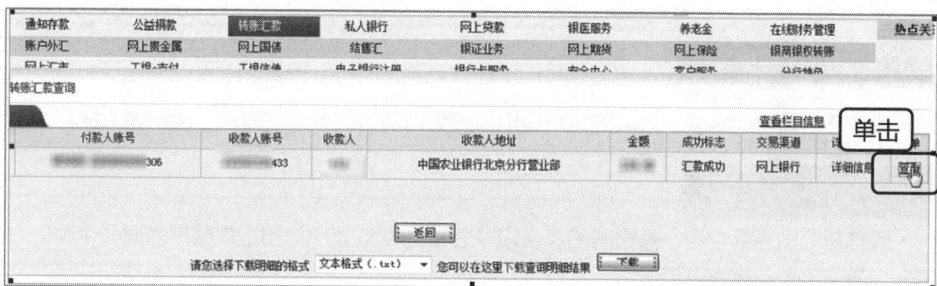

图 8-29　查看回单

此时紧接着会进入图 8-30 所示的页面，出现关于该回单的详细信息，当投资者再次确认回单上的所有信息无误后，就可以单击"确定"按钮。

当然投资者也可以选择将该回单信息进行下载，下载完成后可保留电子版本或将其打印出来。

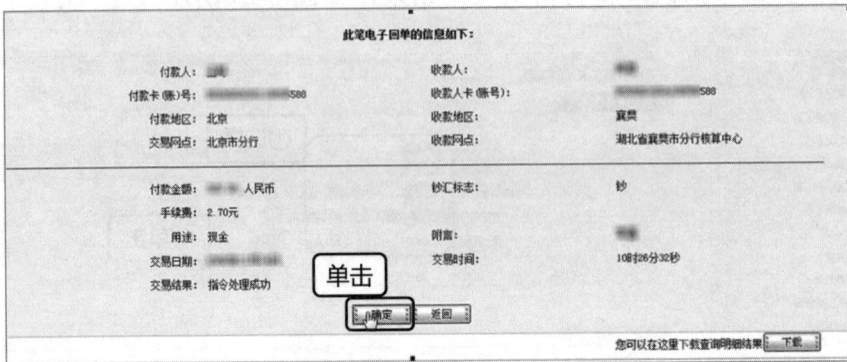

图 8-30　回单详情

以上就是汇款的一系列步骤，相对来说，信托公司会在晚上下班前，确认投资者的汇款是否已经到账，如果到账，就会通知到投资者，在此过程中，投资者无论是通过网银转账还是柜台汇款，都要注意如图 8-31 所示的几点。

汇款次数

投资者如果由于资金周转问题，需要多次转入，那么就需要查看该信托公司是否允许。

汇款账户

一般信托公司都会要求，汇款的账户是以投资者自身姓名开设的账户，而非他人账户。

回款账户

一般信托公司还会规定，投资者的本金以及收益的回款账户与和汇款账户为同一个。

区分不同的账户

一般信托公司的募集账户和保管账户存在区别，投资者在汇款前一定要注意区分。

图 8-31　汇款时需要注意的问题

5. 信托合同的签订

当转款完成以后，接下来就是签订相关的信托合同，而投资者签订信托合同需要准备一定的资料，其中包括两大部分，一是投资者的个人资料，二是相关的信托文件，具体如图8-32所示。

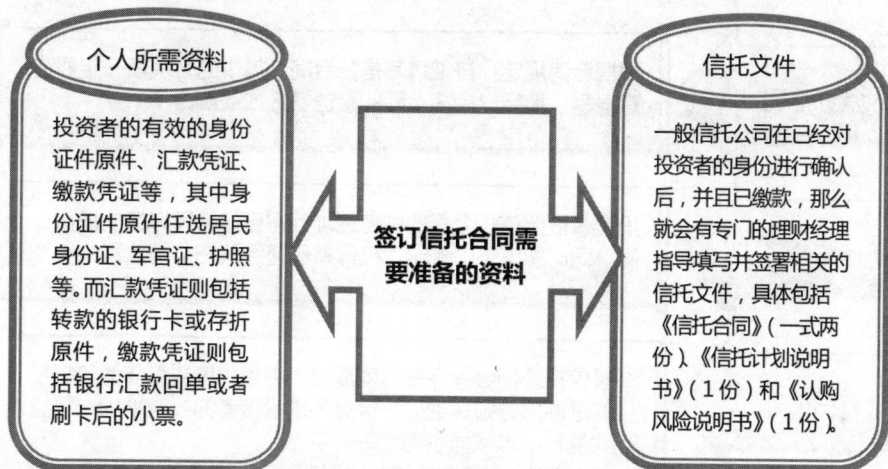

个人所需资料

投资者的有效的身份证件原件、汇款凭证、缴款凭证等，其中身份证件原件任选居民身份证、军官证、护照等。而汇款凭证则包括转款的银行卡或存折原件，缴款凭证则包括银行汇款回单或者刷卡后的小票。

签订信托合同需要准备的资料

信托文件

一般信托公司在已经对投资者的身份进行确认后，并且已缴款，那么就会有专门的理财经理指导填写并签署相关的信托文件，具体包括《信托合同》（一式两份）《信托计划说明书》（1份）和《认购风险说明书》（1份）。

图8-32 信托资料

当投资者已经将资料准备齐全，接下来就需要选择一种适合自己的投资方式，一般来说，投资者具有3种可选择的方式，具体如图8-33所示。

1 投资者可选择亲自到信托公司的办公地或驻外办事机构进行签订。

2 信托公司在投资成功转款后，将信托合同邮寄给投资者，当投资者签订好信托合同后，再回寄给信托公司，从而完成合同的签订。

3 由信托公司的工作人员亲自上门服务，此种方式一般是针对投资者较大的客户，如500万元以上的投资者，一般投资者常选择前两种签订方式。

图8-33 选择签订信托合同的方式

在3种签订方式中，投资者又常选择第二种，通过合同邮寄的方式完成合同的签订，然而这毕竟不是一份邮寄的信件而已，它关乎的是50万元以上的合同，那么投资者对于邮寄过来的信托合同一定要仔细看清楚，同时细心地填写完整以后才回寄。在此过程中一定要注意以下几点，如图 8-34 所示。

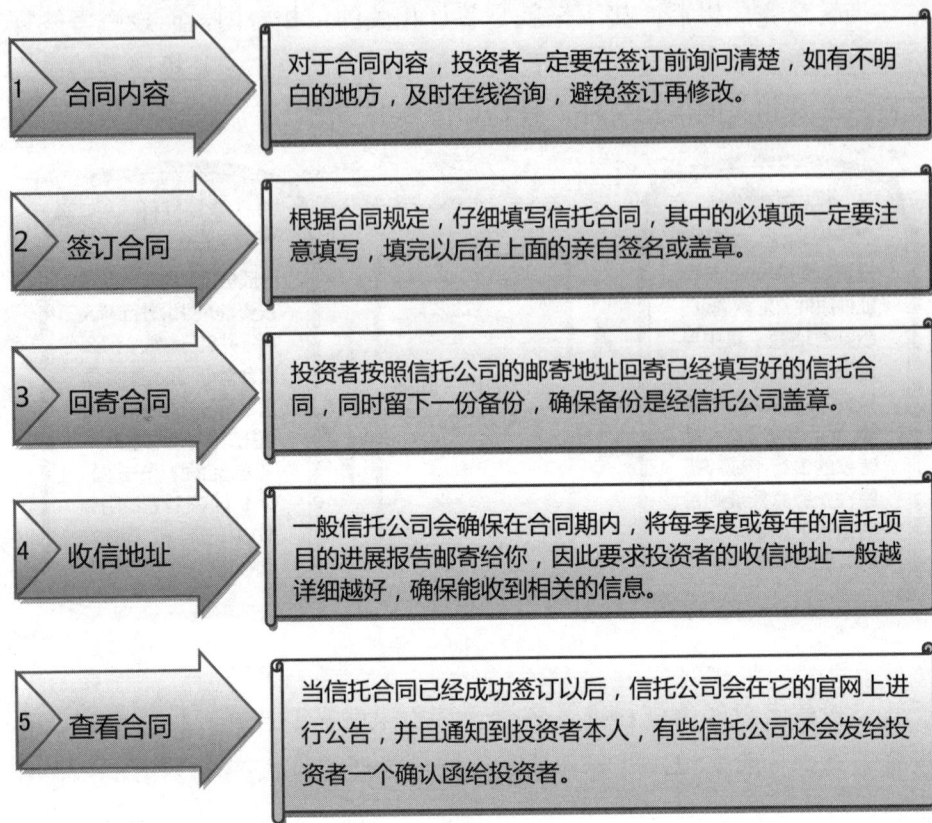

| 1 | 合同内容 | 对于合同内容，投资者一定要在签订前询问清楚，如有不明白的地方，及时在线咨询，避免签订再修改。 |

图 8-34　签订信托合同需要注意的事项

6. 权益证书

当我们已经成功地签订信托合同以后，那么接下来要关注的就是它能带来多大的投资收益？收益是正值还是负值？并在何时，信托公司会将这些投资收益汇款到我们的账户？

我们购买信托产品，实际上是参与信托公司的各项投资项目计划，并且根据自己的投资份额，分享投资果实，但我们能分享投资收益的一个前提，类似于股份有限公司的股东分红所需要的股东凭证一样，那就是权益证书。

相对来说，当投资者已经和信托公司或第三方理财机构成功的签订了信托合同以后，一般在 20 个工作日以后，信托公司就将会给投资者发放权益证书，如果其中有任何的问题，可以拨打该信托公司的客服电话，进行咨询。

8.2.3　信托转让

投资者在购买信托产品以后，如果急需现金周转，那么就可以将手里拥有的该信托产品，进行转让。信托转让会不会给投资者的收益带来一定的影响呢？请看下面一个例子。

※事例故事

李先生在去年将手里的 100 万元闲置资金用来购买了一款信托产品，投资期限为 2 年，预期的年化收益率为 10%，当在今年年初的时候，他急需这笔资金用来周转一个项目，于是他打算将该产品转让出去。

最终在转让中，他只收回了本金 100 万元，而这一年的投资收益 10 万元都让渡给了受让方吴先生，他和吴先生签订协议以后，他们直接到信托公司办理了现场转让手续，吴先生将 100 万元转入了该信托公司的账户，同时与信托公司签订了同样的产品合同，享有和李先生一样的投资收益。

从上例可以看出，投资者在购买信托产品时，要注意关注产品的流动性风险，如果投入的资金预计会在短期内有需求，那么投资者在选择信托产品时，就可以选择期限较短的信托产品，否则在转让时，就可能如上例出现已投资收益为代价的转让。

相对来说，由于各种综合因素，很多投资者都不能持有到期，特别是购买的信托期限较长的投资者，在信托产品的二级市场，对于信托产品的转让需求在大大的增加。

※知识看板

一般来说，投资者如果打算转让手里的信托，那么可以委托信托公司在各种信托网上进行挂牌公告，那么就会有更多的投资者可以了解到该信息。

1. 网上寻找转让的信托产品

当欲转让的信托产品已经在各种信托网上可搜索时，那么投资者可在登录信托网后，如中国信托网，在该页面的下方的"信托转让"中查看。此时，如果投资者欲浏览各种正在转让中的信托产品，此时就可以单击"信托转让"按钮，如图 8-35 所示。

图 8-35　寻找转让的信托产品

在图 8-36 所示页面中将出现各类正在转让中的信托产品，在"四川信托-东旭集团信托贷款集合资金信托计划（转让性质）"产品下方单击"了解详情"超链接。

图 8-36　正在转让中的信托产品

此时就将出现如图 8-37 和图 8-38 所示的页面。其中在图 8-37 页面中，告诉了我们产品的详细信息，如发行机构、预期年收益率、发行规模、发行时间、发行状态、咨询电话等，而在图 8-38 页面中，则告诉了我们关于募集的该资金的用途、项目的亮点等信息。

图 8-37　产品信息

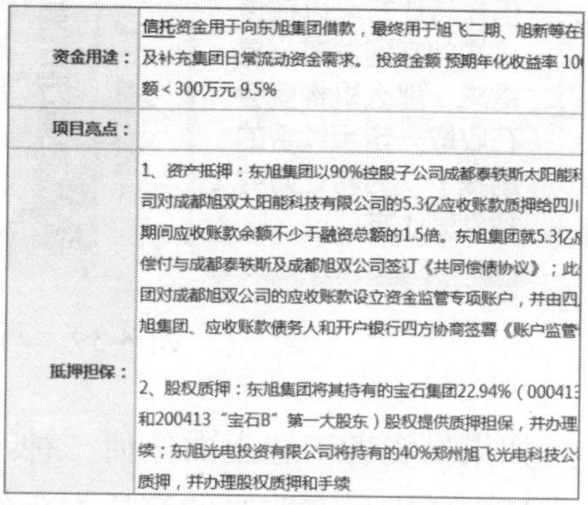

图 8-38　项目亮点

详细了解了该产品信息以后，如果投资者打算接受转让，那么就可以电话联系该信托机构，如图中所示的电话为"4006567418"，通过信托机构，从而与转让方进行联系，双方经过协商签订最后协议，完成转让。

2. 信托收益权的转让

相对来说，如果投资者想要转让自己手中信托的受益权，有三种方式可供选择，通过官方交易平台、第三方理财机构、在信托公司进行登记等，从而快速完成转让。

现在我国信托产品的二级交易的官方平台，包括如天津金融资产交易所、北京金融资产交易所、上海信托登记中心等，作为转让方的投资者可以在该类平台上发布关于转让的信托收益权的信息。

如果有投资者者打算接受购买该类信托，此时已经不能在线申请，那么双方可以在线下商谈有关的于交易价格、时间与地点，在双方协商一致下签订协议。

相对来说，更多的投资者会选择到信托公司进行登记，虽然在该类交易平台上相对比较方便，但是该类交易平台却不能实现对信托产品进行登记，所以在该类平台上成交的转让相对较少。它与第三方理财机构的具体比较如图 8-39 所示。

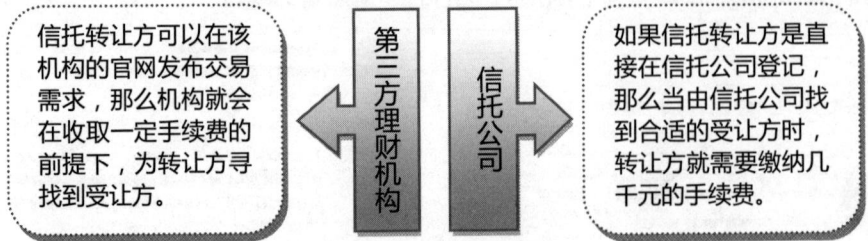

图 8-39　两种方式比较

信托转让方可以在该机构的官网发布交易需求，那么机构就会在收取一定手续费的前提下，为转让方寻找到受让方。

第三方理财机构

信托公司

如果信托转让方是直接在信托公司登记，那么当由信托公司找到合适的受让方时，转让方就需要缴纳几千元的手续费。

如果投资者未选上面任何一种，而是通过一些中间机构寻求受让方，那么还需要支付在购买的信托本金的 1% 的佣金，如投资成本为 100 万元，那么就需要支付佣金 1 万元。

相对来说，无论投资者选择哪种方式，最后在寻求到受让方以后，都需要到信托公司去办理一定的转让手续，才能最终完成转让。

9

找一个人为你的风险买单——保险

我们不停积蓄，不断地积累财富，但同时不得不承认我们也在不断地消费。当我们的财富还不稳定时，我们经受不起任何巨额的消费，甚至那种消费是我们不愿意付出的，如意外、重疾、破产等。那么，为什么我们不找个人来为这些消费买单呢？这个人在哪里呢？在本章，你将得到答案。

9.1 认识保险及保险代理人

在当今的市场，保险已经不再是个陌生的词，更不在是富人的奢侈品，它已经走进千家万户，为各种家庭保驾护航。很多人说保险是个骗子，只是没有找对适合自己的保险罢了，那么我们该如何正确地看待保险呢？什么又是保险代理人呢？

9.1.1 保险的定义及种类

保险是一种风险转移与损失补偿的手段，投保人根据合同约定，向保险人支付保险费，保险人根据合同约定，对于可能发生的事故以及带来的损失承担赔偿保险金的责任。

1. 保险产品

在实际生活中，有哪些保险品种呢？一般可以从两大方面来划分，一是人身保险，二是财产保险，具体的代表种类及特点如表 9-1 所示。

表 9-1　保险产品的划分

人身保险	特点	财产保险	特点
意外保险	针对意外的保障	企业财产保险	针对企业财产
健康保险	主要针对重疾	家庭财产保险	针对个人家庭财产
养老保险	社保的补助养老	机动车辆保险	交强险和商业车险
少儿保险	针对少儿	货物运输保险	针对货物运输途中
分红保险	每年分红	责任保险	雇主对员工的责任
万能保险	保障功能齐全	农业保险	保障农作物
投资连结保险	投资类保险	信用保险	针对大企业
女性保险	针对女性疾病	保证保险	一般用于建筑工程

保险合同中的"三人"

在保险合同中一般存在三人，一是投保人，二是保险人，三是被保险人。投保人一般是指购买保险并支付保险费的人；保险人则指各种保险公司；被保险人则指在保险事故发生时遭受损失后享有赔偿请求权的人。

2. 为什么买保险

我们为什么要买保险？我们每个人是不是都需要保险？在这个世界上有没有不需要保险的人？

在这个世界，哪些人是不需要保险的呢？

● 觉得意外永远不会降临在自己和家人身上。

● 认为自己永远不会为金钱烦忧。

● 不怕生病，即使生病也有足够的能力支付医药费。

● 认为即使有一天自己突然离开世界，也不用担心家人。

如果你是如上任何一种人，那么你这一生就可不需要任何的保险。

对于现在的年轻人来说，因为远离家人，孤身在外为工作拼搏，作息时间以及饮食往往都没有规律，而且工作压力也越来越大，对于他们来说，需不需要保险这位老朋友呢？

● 如果常年在外，可以为父母购买一份保险，那么即使没能在父母身边陪伴，也能为父母留一份关爱。

● 为未知的意外提前买单，以防当疾病或意外来临时，面对高昂的医疗费用无法承担，可以请他帮你，而不是拖累年迈的父母。

● 养成良好的理财习惯，强制储蓄，不断的积累人生的财富。

● 在享受单身的自由与快乐时，为将来的养老做好规划。

如果你不仅是单身青年，而且还是个男人，那么以下的理由还将告诉你，为什么需要你需要保险这位老朋友。

- **男人在家里的作用**：男人是家里的顶梁柱，上有父母需要赡养下有妻儿需要照顾。

- **男人更容易死亡**：据统计，男人的死亡率大于女人，所以男人更需要爱护好自己。

- **做有责任的男人**：男人为自己买保险，更是一种责任感的体现。

人处于世，作为男人，不外乎事业或家庭，无论成就哪一种，你都要保证自己无远虑无近忧，安心打天下。而保险，它就能让你安心。

9.1.2　保险代理人

如同我们进行银行存款，客服经理会为我们服务；购买房产，会有房产经纪人为你配房；买卖基金，会有基金经理为你提供信息；同样，购买保险，你也可以找到为你服务的保险代理人。

那什么是保险代理人呢？保险代理人就如同超市的导购一样，只是一种中介，不过他沟通的两端不是超市和购物者，而是保险公司和保险客户。

在如今这个时间就是金钱的时代，一般我们都会将自己的保单交给一位保险代理人打理，其实我们就是将那一份份无形的资产交到了代理人的手上，只需要在约定的时间，缴纳保费。那么，此时为自己挑选一位优质的保险代理人就相对重要，所以该如何去挑选一位优质的保险代理人呢？

一位优质的保险代理人必须满足如下的条件。

- **诚信**：讲诚信有责任感，会对你及产品负责，为人踏实，口碑较好。

- **专业**：对自己产品的优缺点，了解透彻，能体现一定的专业性，如能讲清保险条款等。

- **目标明确**：能明确客户的需求，从客户的家庭出发为其制定一套合适的保险计划，而不是为客户推荐一份"天价"保单。

- **办事有效率**：能及时通知保险公司的最新情况和产品最新消息，如新产品的面试、新股的发行、提醒你续交保费等，最重要的是，在出险的情况下，第一时间帮助你做好保险理赔等。

在当今的市场，保险市场还不够规范，相对来说，管理还不到位，一些不合格的代理人也存在。那么怎样的代理人是不合格的呢？

首先，如同购买其他的商品，当人们总希望商家给个折扣，购买保险也一样，一些保险代理人，为了保险合同的签订，于是私自给客户打折，进行一系列的违规操作。

其次，在保险行业，仍然存在一定的"老人"，年龄较大，对于市场的把握就会存在一定的滞后性，因此，为客户推荐的品种，可能已经过时。

然后，对于一些初入职场的，还未安定下来的代理人，容易跳槽，而由他经手的保单，在他跳槽后，可能变成"孤儿"保单。

最后，一定要远离的保险代理人，就是在该行业业绩长期较差的人，如果你将自己保单托付给他，可能存在一定的风险，而且，他为你定制的保单，可能是"天价"保单。

9.2　挑选保险产品

当我们已经认识了什么是保险，以及具体的保险品种后，此时就应该走进保险超市，挑选一款适合自己的保险产品。

不同的产品具有不同的特色，更适用于不同的年龄阶段，对于投资者来说，价格高低是考虑的因素，但更重要的是花该花的钱，买该买的产品。实现物美价廉的购买，漫漫人生路，让这位老朋友陪你一起走完。

9.2.1 为自己置一份红包——分红险

分红险不仅是一种对人身的保险,更在于它还可以参与保险公司的每年分红,分红的大小参照一定的比例。

※**事例故事**

今年 30 岁的张女士,为自己购买了一份保额为 9 万元、缴费期限为 3 年、年缴保费 64 130 元的分红险,在选择红利领取方式时,她选择了累计生息。

按照该保险公司常用的低档红利利率,当她 60 岁时,可累积超过 18 万元的红利,到 70 岁时,可累积约 30 万元的红利。当然在通货膨胀的影响下,30 年或 40 年后的 18 万元、30 万元已经不如当今的价值,但是也是一笔不小的金额,而且,当今的钱无论投资在任何领域都难免不被通货。

如上例中的张女士,购买的分红险,9 万元的保额,就是对人生的保障,而 60 岁、70 岁累计的红利,就是参与的保险公司的分红。

※**知识看板**

市场流通的衣服都是设计给不同的人群,有些衣服好看但并一定合身,购买分红险也一样,并不是所有的家庭都适合分红险。那么,怎样的人才适合分红险呢?具体举例如下。

- **资金需求不确定**:分红险的流通性相对较差,如果中途退保,就会给投资者带来一定的损失。

- **收入不稳定**:一般的保险会要求每年缴纳保费,对于收入不稳定的家庭来说,会影响缴费能力,而且一般来说要想获得越高的红利,相对的成本投入就越高。

- **保障需求较高**：投资者购买分红险时，一定要明确购买的主体，一般分红险的购买对象更加注重对身故或全残的保障，很少可以附加重疾、医疗等，所以不适合老人和小孩购买。

不同的家庭自身的保障需求不同，在购买时应从自身的实际情况出发，而不是跟风而买。

此外，当已经购买分红险后，保险公司会给投保人寄来红利通知书，此时投保人就应对通知书的内容进行关注，特别是对于红利的领取方式，具体怎样领取一般会在通知书上注明，是现金领取、累积生息、抵交保费还是缴清增额保险。

此时，如果领取方式变更，则需要留意变更内容，具体的方式有如下几种。

- **累积生息**：一般指当年的分红，投资者可以不用领取，如同利息一样，对它进行累积，等到一定时期一次性领取。

- **抵交保费**：当年的分红配发到投资者手中，投资者可以用来抵交下一年的保费。

- **缴清增额保险**：当投资者觉得有必要增加保额，但是又不想支付更多的保费时，可以将当年的红利作为新增的保额的保费。

分红险，总体来说是一种理财的体现，但不是所有的家庭都适合，投保人在投保前一定要考虑家庭的实际情况。同时，关于红利的预算，一定要看到实际，分红险的重点在于保障，其次才是理财。同时对于红利的领取方式，要根据自身的情况选取。

※知识延伸

任何的理财，在投资前我们都要注意一定的事项，无论是利润回报还是投资的成本，对于投保分红险也一样，一定要注意一些事项，具体如下。

- **接收红利通知书**：如果投资者不知道自己的红利的具体情况，除了询问保险代理人，还可以接收保险公司给投保人寄送的红利通知书，里面会有关于红利的分配政策、年度红利、累计红利等。

- **准确填写自己的联系方式**：投保人一定要检查保单上关于自己的住址或电话等联系方式的正确性，确保自己的保单是在一种可服务的状态，当联系方式有变动时要及时告知保险公司或保险代理人。

- **及时缴纳保费**：一般投保人可能存在忘记保费的缴纳时间的情形，从而导致下一年的保险公司扣款不成功的情况，最终会使自己的保险处于一种脱离服务的状态。

- **咨询保险公司的客服电话**：为了避免出险后，找不到代理人理赔的情形，在没有代理人的情况下，可以拨打保险公司的客服电话。

- **谨慎签字**：在投保前，投保人一定要考虑清楚再签字，而且对于保单上的投保人、被保险人、受益人等需要签字的地方，如果发现未签名或者需要变更收益人的，需要和代理人及时联系。

以上只是简单的几条注意事项，在实际购买时，还要根据具体的细节进行注意，关键一定要注意保单的细节，以避免日后的纠纷。

9.2.2　30 年后你拿什么养老——社保

"养老"一直是个常被提及的话题，不知道有没有人算过这样一个严肃的算式：30 年后，65 岁退休，如果再活 20 年，那么每天以最简单的日常消费，3 盒盒饭，每盒 9 元，那么 20 年到底需要花费多少钱呢？

答案就是 21.9 万元，这还是在不计算通货膨胀的情况下，如果还有添衣购物的花费，那么花费绝对不会仅仅只有这 21.9 万元，你为你的养老准备好了吗？

※事例故事

小刘于 2012 年毕业后，就在一家医药公司做销售员，前一两年由于积极性较大，以及工作努力，业绩挺好，领导也重视，最近两年因为自身疲倦以及长期应酬，身体较弱，业绩相对也低下，于是公司经理常找他谈话，在一次和经理不愉快的谈话后，他毅然辞职，而且在生气之下，还退掉了自己的社保。

然而他拿到的社保退款却还低于 900 元，他很困惑，公司交了近两年的保费，但是为什么退到自己手里却这么少呢？他把这事向一个在保险公司工作的同学咨询。

他的同学告诉他，他得到的这不足的 900 元，只是退给他自己曾经所交的钱，也就是自己个人账户上的 8%，而单位交的 20%，则被国家收回到养老统筹基金里去了。

如上小高的例子，告诉我们一个道理，在离职后，尽量不要去退保，而且一旦有了新单位，就要尽量续上，否则，最终吃亏的还是自己。

一旦退保，不仅如上例的养老账户来资金较少，特别是对于医疗险，单位每月缴纳大概在 7%，个人 2%，医保机构每个月会往个人医保账户转入自己缴纳 2%，账户里的钱可以累计刷卡买药或看门诊，一旦离职在 3 个月以上，没有补交，那么医保就失效了。

※知识看板

对于社保的缴纳一般分为两种情况，一是单位为员工购买，另外一种是个体人员参保。不同的类别缴费比例不同，我们知道养老保险一般都是按百分比计算的，那么就会存在一个基数，那么这个基数该如何确定呢？具体以 2013 年 6 月前成都地区的缴费为例：

在成都地区，按社会的平均工资 3 326.7 元、最低标准 950 元计算，在最低标准下，五险一金的基数分别为：养老 1 896 元，医疗、工伤、失业、生育都统一为1 700元，住房公积金在2013年上调至1.464 4万，对成都周边地区的一些特有的县市如彭州、崇州、金堂县等不低于960元，其他区县不低于950元。

当确定社会基数以后，那么对于其中的"五险一金"的具体缴费比例如表9-2所示。

表 9-2　社保缴费比例

社保内容	单位	个人
养老保险	20%	8%
医疗保险	6.5%	2%
失业保险	2%	1%
生育保险	0.6%	无须缴费
工伤保险	0.6%	无须缴费
大病保险	1%	无须缴费
住房公积金	6%~15%	6%~15%

以上是由单位和个人共同承担的比例，那么如果是个人缴费的话，也存在3个档次，同样以2013年6月前成都地区为例，具体如下。

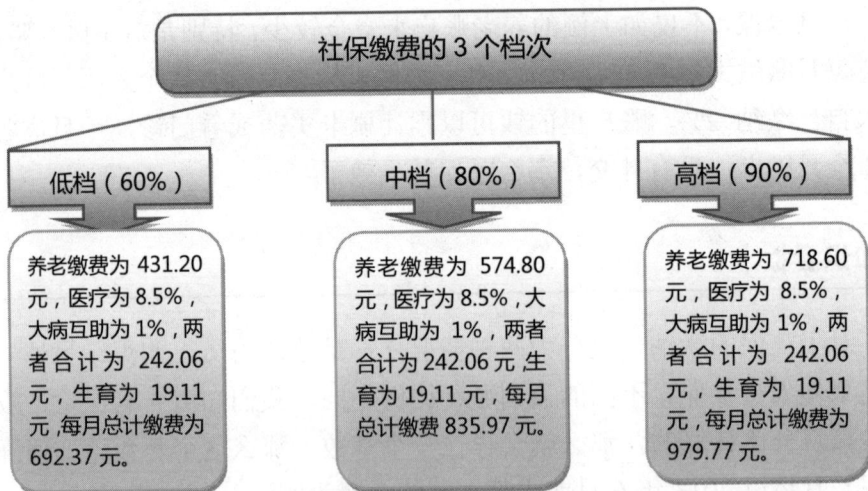

图 9-1　社保缴费的3个档次

　　社保缴费一般由单位代为办理，当办理完成后，会有一张社保卡，参保人员可以通过该社保卡的账号以及密码进行网上查询。下面，具体以成都地区举例如下。

　　首先，需要登录成都市人力资源和社会保障局，或者输入与此相关的网址如"http://www.cdhrss.gov.cn/"，此时我们将进入首页的页面，在"查询专区"的窗格输入社保编码、查询密码、验证码等，当输入完成后，单击"登录"按钮，进行个人账户的信息查询。

图 9-2　登录社保查询页面

　　此时我们将进入如图 9-3 所示的页面，包括个人参保的信息，如大病医疗补充保险、工伤保险、养老保险、医疗保险、生育保险、失业保险等，此外还包括参保状态、参保时间、终止时间、单位编码、单位名称等。

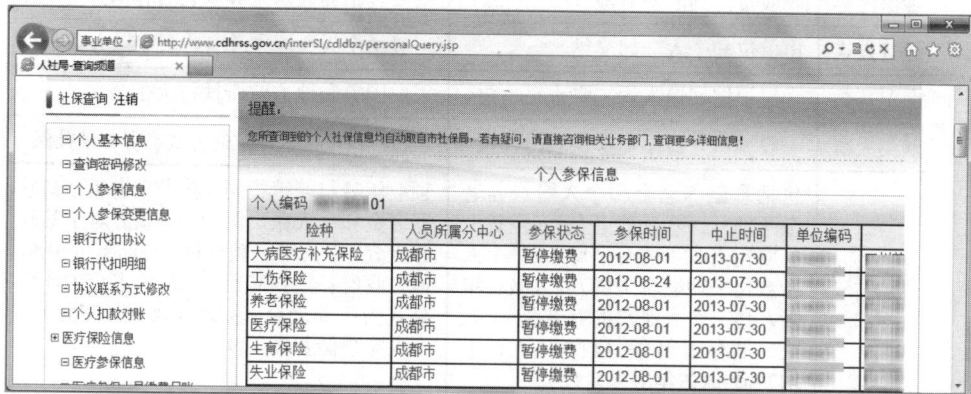

图 9-3　查看个人参保信息

此时在最右边的窗格中，单击任何一项的详情即可进行查询，如单击"医疗参保"超链接，此时将出现如图 9-4 所示的页面，出现个人医疗参保的详情信息，包括参保人员的姓名、性别、单位编码、单位名称、参保时间等。

图 9-4　个人医保信息

※知识延伸

对于社保，一般存在城镇社保和农村综合社保，那么两者之间到底孰优孰劣呢？具体比较如表 9-3 所示。

表 9-3　两大类社保的比较

划分方式	城镇社保	农村综合社保
参保内容	一般常提到的"五险一金"	主要包括养老保险和农村合作医疗
缴费方式	由单位和个人一起交纳	一般由个人、地方政府、国家三方面承担
缴费基数	一般根据城镇人均工资水平决定	采取国家和地方政府扶持大部分
购买人群	一般城镇户口不能参保农村社保	农村户口可以以单位的方式参保城镇社保
养老金的领取	包括基础养老金和个人账户养老金两部分，基础养老金=（全省上年度在岗职工的月平均工资+个人指数化平均缴费工资）/2×缴费年限×1%；个人账户的养老金=个人账户储存额/计发月数（（人口平均寿命-退休年龄）×12）	领取年龄与城镇相同，养老金也包括基础养老金和个人账户两部分，政府对于基础养老金，中西部全额支付，东部支付50%，地方政府补贴≥30元，一般养老金的计算公式为：养老金=基础养老金（55元）+个人账户储蓄额/139

在上例计算养老金的领取方式时，涉及了个人指数化月平均缴费工资，那么到底该如何计算呢？

> **计算个人指数化月平均缴费工资**
>
> 个人指数化月平均缴费工资一般是相对于城镇社保来说，个人指数化月平均缴费工资=全省上年度在岗职工的月均工资×本人平均的缴费指数。个人实际缴费指数与社会平均工资之比，一般为0.6~3。对于城镇养老金老说，一般来说，缴费基数越高，缴费期限越长，养老金就越多。

9.2.3　揭开神秘的面纱——万能险

如果我们接触过保险，如果我们了解过理财与保障兼顾的保险，那么除了分红险、年金险、投资连结险，我们就一定听过有着神秘面纱的万能险，那么万能险到底是不是万能的呢？

※事例故事

刘先生，24岁，单身，年收入6万元，在一个代理人的推荐下，他为自己购买一份万能险的终身寿险，年缴保费6 000元，保额为12万元，缴费期限为20年。

根据合同约定，他可以在压力最大的阶段，如在30~40岁不仅要供房供车，并且还有孩子，那么他就可以将保额提高到15~20万元，在签订合同的第四个年度，他每年可以获得当期应交保费的2%作为特别奖励，可以用来当经济拮据时缓交保费，还可以直接领取现金。

按中档的利率结算，到60岁时，保单的价值约为50万元，如果存于账户累计生息，保单价值可达到111万元。

如上例中刘先生购买的万能险，可以根据自己所处的不同时期，因为压力不同，适当的调整保额，如他在自己30~40岁，将自己的保额调高到15~20万的范围内，这主要是与自己年收入成正比的。

※知识看板

　　万能险是不是真的万能呢？它是不是真能实现一个人一生一张保单？下面就让我们来简单的认识一下什么是万能险。

1. 购买万能险需要注意的问题

　　对于购买万能险时要注意几项，具体如图 9-5 所示。

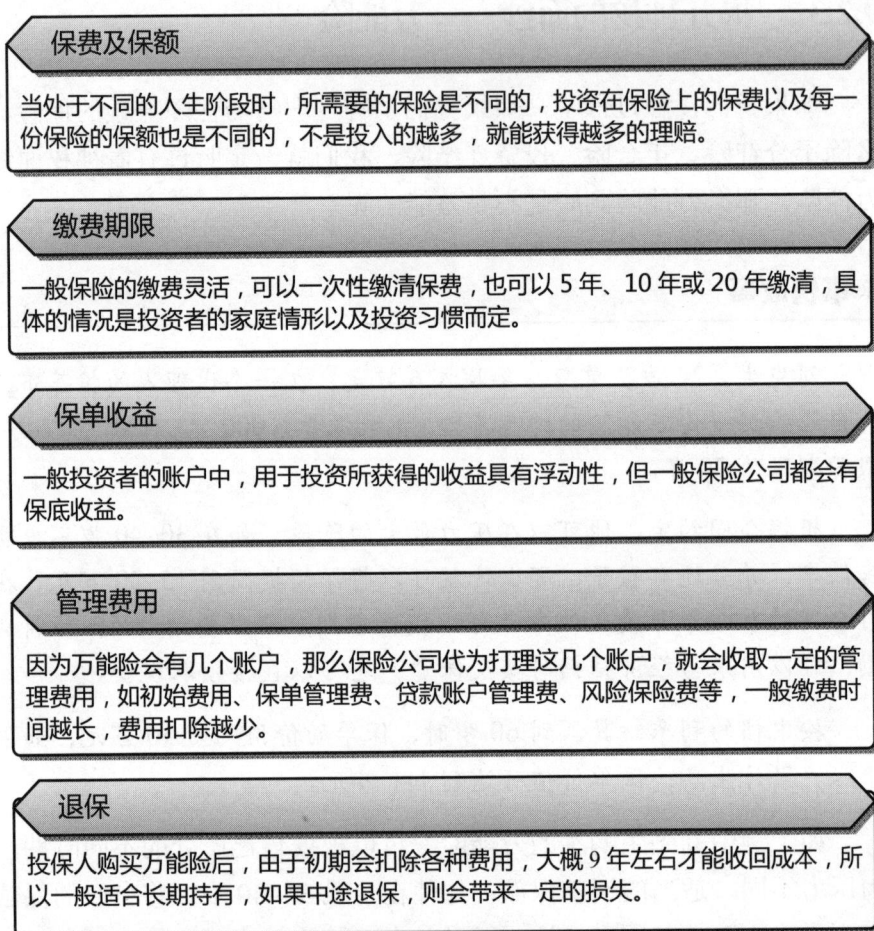

保费及保额

当处于不同的人生阶段时，所需要的保险是不同的，投资在保险上的保费以及每一份保险的保额也是不同的，不是投入的越多，就能获得越多的理赔。

缴费期限

一般保险的缴费灵活，可以一次性缴清保费，也可以 5 年、10 年或 20 年缴清，具体的情况是投资者的家庭情形以及投资习惯而定。

保单收益

一般投资者的账户中，用于投资所获得的收益具有浮动性，但一般保险公司都会有保底收益。

管理费用

因为万能险会有几个账户，那么保险公司代为打理这几个账户，就会收取一定的管理费用，如初始费用、保单管理费、贷款账户管理费、风险保险费等，一般缴费时间越长，费用扣除越少。

退保

投保人购买万能险后，由于初期会扣除各种费用，大概 9 年左右才能收回成本，所以一般适合长期持有，如果中途退保，则会带来一定的损失。

图 9-5　购买万能险的注意事项

除以上几点外，当我们打算购买万能险时，还应了解什么是部分领取。一般在个人投资账户里，由于投资初期账户余额较少，所以不能领取，但是在一定的年度后，就可以领取，所以在购买前就一定要问清楚何时开始领取，领多少，怎么领？

此外，还要注意账户演示表，一般各大保险公司的万能险都有一个未来的账户价值演示表，在以往的中、高、低利率下的假设收益状况，那么投保人可以根据利率自我计算一番。

当我们因压力增加，打算调整保额时，就需要追加相应的保费，那么在投保前一定要问清楚，能不能追加。如果是在银行购买的万能险，那么一般在开始时就是一次性交清，以后一般不能追加，如果要追加保费，就得重新购买一份，但对于一些保险公司的万能险来说，是可以在中途追加保费的。

2. 万能险的收益计算

对于万能险该如何计算它的收益呢？下面举例介绍。

张先生在银行购买了某保险公司的万能险，他一次性缴纳保费 1 万元，其中的 7.5% 作为初始费用，剩余的 9 250 元进入个人账户。

银行承诺保底利率为 2.5%，那么在 5 年后，个人的账户价值为 1.046 5 万元，保险公司还承诺，以账户价值的 5% 作为给客户的特别奖励，计算结果为 523 元，此时个人账户总价值为 1.098 8 万元，此时 5 年的投资收益为 988 元。

如果同样的投资本金 1 万元到银行存为定期，那么在 5 年后，税后的实际利息就为 2736 元。

从上例看，仅 5 年的收益，相对来说，万能险的投资收益低于银行理财产品，但是因为万能险，首先是保障，其次才是理财，而且投资年限越长，收益才会越高，这就需要投资者做好长期持有的打算，不要中途退保。

3. 与年金保险的比较

年金保险作为养老保险的一种补充，它与万能险存在怎样的区别呢？具体如表9-4所示。

表9-4 万能险与年金保险的比较

划分方式	万能险	年金保险
保额	根据人生阶段可调整	一般买定后就不再调整
保单收益	个人投资账户每年的收益	每年或每隔几年分红
保障重点	包括养老、教育、疾病等综合保险	重点在于年金领取养老
体检	需要体检	一般可以不用体检
保额起点	一般最低额为6万元	可以根据自己家庭情况调整，没有限制
保费支出	一般在年收入的9%~20%	年收入的9%~20%

但总的来说，它们都是一种投资理财的方式，都是为了以后的养老做准备，在拥有保障的同时，还能享有一定的投资收益，无论选择哪种，都要实现以最低的成本实现最高的投资。

9.2.4 最具技巧的保险——投资连结保险

有没有一种保险，既能保障，同时又能实现如股票、债券、基金一样的投资呢？有，那就是投资连结保险，简称投连险。

※事例故事

张先生，平时喜欢投资股票、证券、基金等，当他在为自己车险续保时，他看见了保险公司推出的名叫"投资连结保险"的理财保险，在对收益的一番计算下，他打算给自己购买一份。

于是他一次性缴纳保费 5 万元，扣除了初始费用 1 100 元，然后剩余的 4.89 万元被记入了他保单下的优越增值型和货币风险规避型账户。

他将保费的 60%分配到前面一个账户中，主要用于投资股票、开放式基金、风险高的债券等。保费的 40%放置在货币风险规避账户，用于投在收益较稳定的证券或其他固定资产收益类产品。

一般来说，在投资连结保险中，可以实现从风险高到风险低的转化，即增值型的账户可以转化为货币避险型账户，而增值的保单价值可作为孩子的教育金或将来的养老金。但在转换过程中，则投资者需要缴纳一定的手续费。

从上例可以看出，张先生购买的投资连结保险，与股票投资一样，存在几个账户，并且不同的账户分配与不同的保费，那么我们该怎样的去认识投资连结保险呢？

※知识看板

投资连结保险一般会设有保证收益账户、发展账户和基金账户等。

在每个账户里，不同的账户实现不同的投资组合，具有稳健性、激进型、自选型等，其中稳健型一般用来投资国债、银行存款等；激进型则一般用来投资股市或基金；自选型则是根据自身的风险偏好，自己选择。

一般，投资账户不会保底，保险公司在收取资产的管理费后，投资收益和投资损失由投保人自己承担，因此，购买投资连结保险就需要保户在追求高收益的同时也能承受一定的风险。

1. 投连险各大账户的管理

投资有风险，那么我们该如何针对这些风险做一定的规划或候补措施呢？对于投资连结保险最重要的是对于几大账户的管理，那么我们该如何去管理自己的账户呢？有没有什么特别的注意事项呢？下面简单以几个账户说明如下。

- **股票、债券、基金账户**：对此类账户，一般可以采取较为激进的投资，透过投资股票、债券、开放式基金等，实现高风险高收益。

- **发展账户**：此类账户，投资者首先应该保证资产的安全，而对于组合式投资，适合长期持有而目前被市场低估的基金品种，实现资产的长期稳定增长，同时为了保障货币的流动性，可投资一些流动性较好的基金，如货币基金。

- **保证收益账户**：这样的账户，一般用来做保守的投资，不仅要保证本金安全还要保证固定收益，可以用来做各种存款投资。

当我们知道这几个账户该如何投资后，那么该如何结合自己具体实际做一个规划呢？下面以例子做个简单说明。

吴先生，今年 26 岁，平时喜欢投资理财，并在 2011 年，为自己购买了一份投资连结保险，一次性缴纳保费 9 万，扣去初始费用 1 700元，剩余的 9.83 万元，计入他的保单账户，他选中了优先成长型账户和货币避险型账户。

预估下，在 2015 年他的两大账户的明细具体介绍如下，首先是优先型成长账户：根据保单生效后的价格为 0.97 元，在 2015 年账户价格为 1.30 元，账户的价值为 13.23 万元，期间的收益率为 32.26%，年化率为 7.24%。总体来说，9 万元的本金在 5 年的收益为 3.2 万元。

其次，在货币避险型账户，在投资初期的账户价格就为 1.06 元，期末价格为 1.30 元，5 年后的账户价值为 12.06 万元，期间的收益率为 20.63%，年化率为 4.80%，投资收益为 2 万元。

上例的吴先生就是将自己所交的保费分配到不同的账户用于投资理财，其中优先成长型一般就属于股票、债券、基金类账户，而货币避险型账户一般作为发展账户。

总的来说，在投资不同的账户时，投资人要考虑到保费分配到不同的账户时，比例的大小，此外还要考虑初始费用、资产管理费用、保单管理费和退保费等。

当然，如果要实现由高风险到低风险账户之间的转换的投资还要注意，需要交纳一定的投资账户的转换手续费，而不同的保险公司对各种费用的规定不同，具体以你手里握有保单为准。

2. 与万能险的比较

投资连结保险与万能险都属于理财保险家族的成员，都有其特色，我们在购买时该如何正确的区别呢？如表 9-5 所示。

表 9-5 投资连结保险与万能险的比较

划分方式	投资连结保险	万能险
保费用途	身故保障保额+投资理财收益	身故保障保额+投资理财收益
收益	不保底，风险收益投资人自己承担	保底，一般会设置最低保证利率
投资账户	多个投资账户，实现组合式投资	统一账户，保险公司集体运作
保额可变	申请增加或减少保额	按照不同需求调整保额
资金安全	存在一定的风险	本金安全
变现能力	一般在投资5年以后，可随时支取	与投资连结保险相同
投资渠道	可实现股票、债券、基金等多重投资	投资渠道相对单一

9.2.5   意外无处不在——意外险

每天，在晨报中，头条不是明星的八卦信息，就是全国大大小小的交通事故。我们每天看到这些消息，却不知道什么时候会停息。

但是如果有一天，我们不幸发生了意外，那么我们会怎样呢？是否能毫无牵挂？

※事例故事

汤女士，在朋友的推荐下，在网上购买了一份为期一年的意外保险，保费为90元。

前几天她因为睡觉落枕去医院就诊，被医生诊断为"落枕，颈背肌筋膜炎，但无外伤"，没被要求住院，只是开了点儿西药，连同挂号费总共花费500元。

回家后，她想起自己曾经购买的意外险，想着她这样的情况应该属于意外吧。于是她带着资料，到保险公司去进行理赔，但保险公司最后却拒绝理赔。

理由是意外伤害理赔一般会以造成伤害的最直接和最接近的原因来界定。而导致落枕的原因很多，包括睡觉姿势、外界压力、感染风寒等，而现在导致她的落枕的意外伤害因素却不能确定，因此无法给她进行理赔。

从上例中的汤女士的意外拒赔案例，我们可以看出，并不是每一种意外都能理赔，就算在理赔范围内，但是因为意外的伤害因素不能确定，也不能实现理赔，那么到底什么是意外险，意外伤害因素是如何确定的呢？

※知识看板

意外险，全称为意外伤害保险，它是指以意外伤害而致被保险人身故或残疾，为其给付相应保险金的一种人身保险，它包括两个大的方面，即意外和伤害。

意外是指被保险人遭受的伤害是无法预见的并且违背人的主观愿望的。

而对于开始提到的意外伤害，必须包含三个要素，首先是外来的致害物，直接给被保险人带来伤害；其次是侵害对象，侵害的是被保险人的身体；最后，致害物以一定的方式侵害被保险人身体的客观事实。

意外和伤害两者必须同时发生，这样才能构成保险事故，两者缺一不可，只有在确定为保险事故后，才能实现理赔。

在现在，人们对于意外险的购买，大多采用一种叫做"意外卡单"的形式购买，它类似于银行卡，当投保人在保险代理人或者保险公司购买后，通过在线激活就能生效，其保险期限一般为1年。

对于这类意外卡单，一般称其为短期的意外险，保险期限较短，从几天到几年不等，保费较低，从几元到几百元不等。

对于卡单的投保一般存在两种形式，即网络投保和纸质投保，卡单式的投保一般都是网络投保。

因为不定时的出差、旅游、回家、购买方便、快捷等，只需要投保人或保险代理人登录保险公司的系统，填写投保人信息、被保险人信息、受益人信息等。填写完成以后，再激活保单，这种卡单就像信用卡一样受到都市白领的欢迎。简单举例如下。

张先生是药品销售专员，需要不定时出差，于是他为自己购买过几份意外卡单，保障时间不同。他购买的意外卡单有最低保障为7天，5元一份的卡单，当然也有保障期一年，保费90元的卡单。

卡单生效的日期都由自己决定，保障航空、轮船和公交等方面带来的意外伤害。

对于90元的卡单来说，最高的航空意外保额为20万元，最低保额为6万元，只需要在出门前的前一晚，在网上激活，那么在出门当天的零点保单就已经生效。

此类意外卡单不能像购买其他商品般那样，认为实惠就多买几份，它同样遵循保险原则，不能重复投保。

　　但是对于这样的意外卡单，我们可以作为礼物送给朋友，但是我们一定要注意几个问题，具体如图 9-6 所示。

卡单性质	卡单投保前不记名、不挂失、不退换。
投保变更	投保后不退保、撤保、变更被保险人等。
资料的填写	填写资料时要准确，以便不出现理赔的纠纷。
理赔服务	一般各大保险公司在各地都有一些营业网点，所以可异地投保。
续保	相对来说，意外卡单是短期的投保，所以不要遗忘第二年的续保。
投保变更	投保完成后，下载电子保单作为法律依据。

图 9-6　购买意外卡单的注意事项

　　赠送别人卡单有好处也有坏处，其好处是体现了你对赠送人的关心，但是在出现理赔纠纷问题，并且发生的事故在免除责任范围之外时，如果没有得到很好的解决，除了对保险公司的责怪，你们之间的情谊也会受到影响，所以在作为礼物送出时，还是要慎重。

※知识延伸

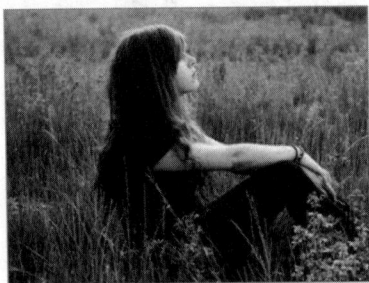

　　人们在闲暇之余、周末或者国庆长假，都渴望亲近自然，给心灵一场旅行。无论你是乘飞机、坐轮船还是自驾车出行，都需要给自己找一位老朋友，让它陪伴你一路平安，这就是旅游意外险。

　　旅游意外险是意外保险的一种，被保人在出差或者旅游途中遭受到人身伤害或者身故后，保险公司在保险责任范围内承担一定的赔付责任。

旅游意外险一般可分为两大类,交通工具意外险和旅游综合意外险,其中,前者一般是针对航空、火车、轮船等具体的交通工具而投保的意外险,而旅游综合意外险则包括的范围较多,但主要从旅游地点出发,如是境外旅游还是境内旅游。

相对来说,旅游综合意外险的保障会更全面,而交通工具意外险则适用于经常出差的人群,无论选择哪一类,投保人在投保时,都需要注意一些问题,具体如图 9-7 所示。

保费的选择

一般出外旅游的时间越长,保费就会越高,同时还要考虑清楚是在原有的意外保险基础上辅助购买,还是重新购买,可比较几家保障范围差不多的保险公司,看它的保费优惠程度,择优购买。

保额大小的确定

保额的大小应考虑出游地的风险大小,如果你是出国旅游或旅游地较远,最好选择最高保额,如果旅游者出行地是九寨沟、杭州西湖、海南岛等名胜地区,则可以选择中等的保额。

看清保险公司承保的内容

对一些高风险性的旅游活动,看清保险条款,看是否能承保,如果出外是攀岩、潜水或探险等高风险运动,一般很多公司不予承保。

境内旅游保额的确定

一般旅游市场的身故和伤残的保额确定在 20 万元~30 万元最好,相应的意外医疗的保额确定在 2 万元~3 万元,当然还是要考虑旅游出行的天数,旅游假期不同,购买期限也不同,保费也不同。

网点的选择

当我们考虑购买好险种以后,同时还要考虑到旅游景点是否有险种的网点机构。假如出险,也可以就在当地办理理赔,特别是自驾车出险,可以方便地在当地办理。

境外旅游保额的确定

具体根据旅游国家的整体医疗费水平选择保额,到一些医疗费较高的国家旅游,保额最好不低于 20 万元,当然如果行程较短,可选择保额在 9 万元左右。

图 9-7　购买旅游意外险的注意事项

9.2.6　给你的天使挑一份礼物——少儿险

对于宝宝，不仅是爱情的延续，更是上帝赐予你的最美丽的天使，从他走入这人世间，你会想把所有的东西都留给他，给他一切的温暖。

在当今科学技术日益发达的社会，我想大多的父母都希望自己的孩子，能受到良好的教育，不仅读完重点中学、大学，更希望他能在海外学习一门技术，可是这一切学习的背后，都需要金钱的支撑，这时候，你为什么不请求那位老朋友帮忙呢？

※事例故事

吴先生，33 岁，销售公司职员，常年在外出差，年薪 9 万元左右，妻子是一位私企的员工，年收入 5 万元，他和妻子都有社保，他们在市区购买了一套房子。

他家有个宝贝，今年 3 岁，他们打算将宝宝送入幼儿园，他们还希望将来宝宝能出国留学，于是现在就打算给宝宝做充足的教育储备。

夫妻俩本打算存在银行，但是又觉得存在银行利息较低，无法抵御通货膨胀，于是在一位朋友的建议下打算给孩子购买一份教育险，但是他们却不知道该如何来给孩子购买这份教育险。

上例如李先生的家庭，其家庭和事业都算稳定，孩子还处于教育起步期，涉及的教育花费还不算高，但是孩子在高中、大学、出国留学等时期涉及的高额费用就需要开始准备了。

此时选择为宝宝购买一份少儿险，就显得重要，特别是少儿险里的教育险，不仅保障理财，而且强制储蓄。

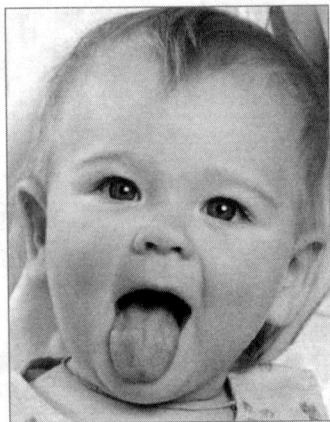

※知识看板

在少儿险里，除去少儿意外、疾病险，就少儿理财来论，一般包括少儿教育险和少儿分红险。

教育险相对来说，它主要以储蓄和保障为主，并且定期定额的缴纳保费，等到一定的时期，家长就可以给孩子领取教育金，举例如下：

胡先生给 3 岁的儿子购买了某保险公司的教育险，每年按期交纳保费 1.2 万元，年缴 15 年。

因为家庭经济条件较好，所以宝宝从上学到高中毕业都不领取教育金，从大学开始领取，即在宝宝 18~21 岁时，每年领取 2 000 元，等到宝宝 25 岁时，可以一次性领取创业金或婚嫁金 5 万元，等到宝宝 60 岁时，如果按照中档利率计算，宝宝的保单账户还有 60 多万元。

上例简单说就是一份宝宝的教育险，在 3 岁的时候开始缴纳保费，等到宝宝上大学时，就可以领取教育金，因为宝宝还小，所以所交保费相对来说还较低，如果孩子在 9 岁以上，保费还会更高，而且这份保单还是分红险的一种，每年分红，到 60 岁时，还可按照保险公司的利率计算保单的价值。

少儿分红险，也是分红险的一类，不过针对人群的少儿，每年的分红，可以作为宝宝每年的压岁钱，不同公司分红的比例也不同，在保单生效后每年或每两年或每 3 年领取分红，举例如下。

刘先生为宝宝购买了一份分红险，年缴保费 6 800 元，年缴 20 年，保额 5 万，那么宝宝可享有的保障如下：

每两年固定领取返还及红利，50 岁时为 32 万元，60 岁时为 46 万元，70 岁时为 66.5 万元，80 岁时为 113.5 万元。

如果宝宝不幸在 18 岁前身故，保险公司将返还保费，并且增加年增长率 2.5%；如果宝宝是在 18 岁后不幸身故，将给付 10 万元身故保险金；

如果宝宝年满80岁还健在，保险公司将给付满期金10万元。

从上例可以看出刘先生和胡先生都为孩子提前做了教育规划，不同的是胡先生为孩子重点购买的是教育险，根据宝宝所处的教育阶段，分段领取，而刘先生则重点在给宝宝购买分红险，每两年固定分红。

相对来说，无论给宝宝购买的保险的是教育还是分红，一般越早购买越好，因为越早购买，同样的保额，保费会更低，如果宝宝已经在10岁以上，那么购买教育险已经不划算，可以购买分红险，将领取的教育费作为分红。

※知识延伸

并不是所有的家庭都能投入较高的成本在宝宝的保险上的，那么，如果家庭积蓄较少就不能为宝宝购买保险了吗？无论是哪一类家庭，都可以为宝宝做出相应的保险规划，具体如图9-8所示。

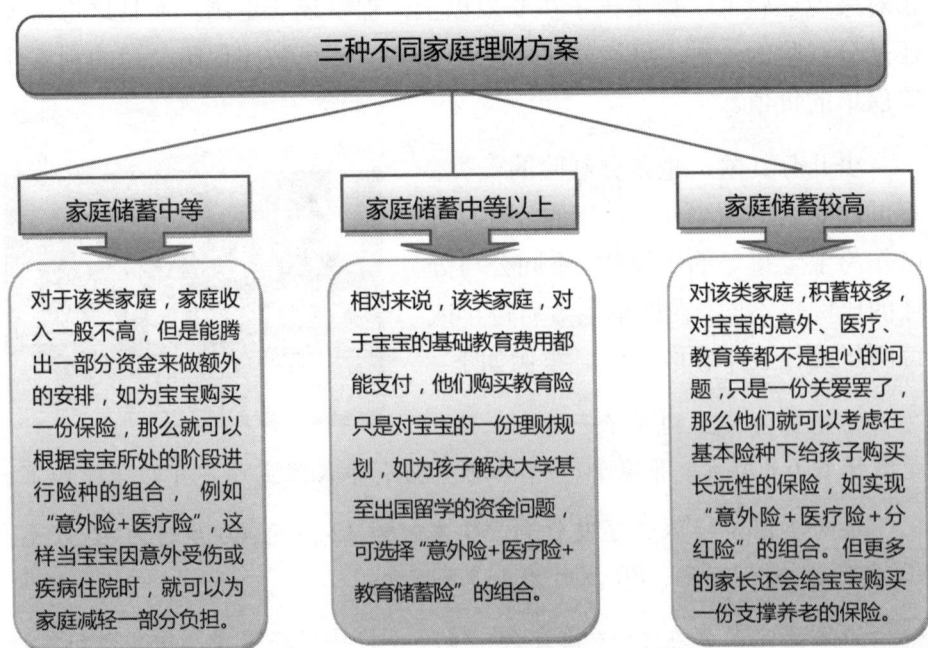

图 9-8　三种不同家庭的理财方案

购买不同的保险，支付不同的保费，享受不同的保障。在种种不同中，至少有一种是相通的，那就是对孩子的关爱，每一个家庭都可以从自身家庭的经济状况出发，给孩子做一份合理的安排，给宝宝准备一份天使的礼物。

初为人父人母，在享受宝宝带来喜悦的同时，更要想到身上的责任与压力。可为宝宝购买一份少儿险，让它来帮你分担一些压力，同时给宝宝多一份保障。

可是很多新妈妈们都在疑惑，孩子还这么小，怎么买呢？如果要买，该买哪些呢？

根据家庭收入的不同，可以做不同的规划。以具体家庭为例，吴妈妈刚刚给宝宝过完1岁的生日，她打算给自己的宝宝计划一份少儿险，但是由于自己不太懂，对于具体买什么，需要拿多少资金来买，她都不知道。在朋友的推荐下，一个保险公司的代理人给她做了三种规划，如图9-9所示。

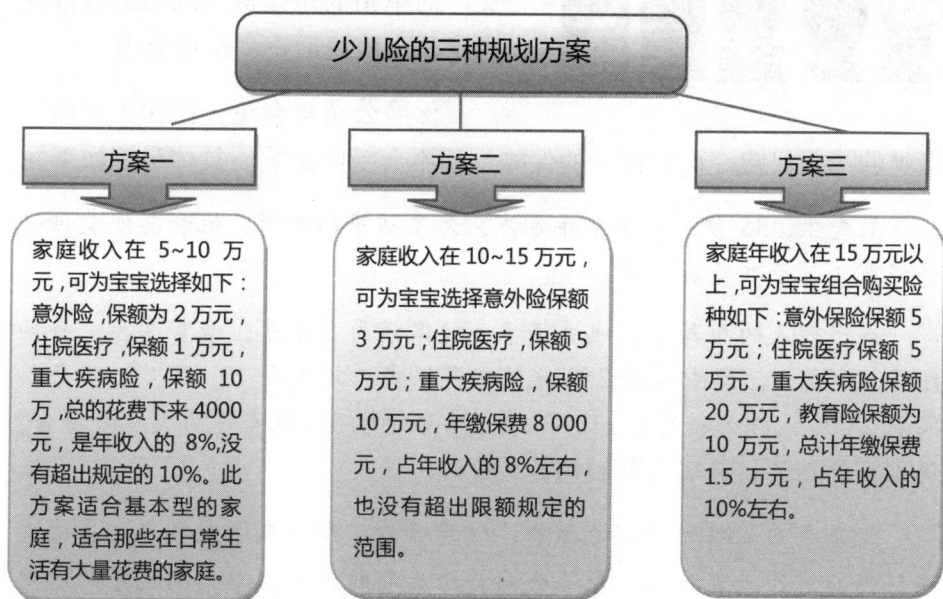

```
                ┌─────────────────────────┐
                │    少儿险的三种规划方案    │
                └─────────────────────────┘
```

方案一	方案二	方案三
家庭收入在 5~10 万元，可为宝宝选择如下：意外险，保额为 2 万元，住院医疗，保额 1 万元，重大疾病险，保额 10 万,总的花费下来 4000 元，是年收入的 8%,没有超出规定的 10%。此方案适合基本型的家庭，适合那些在日常生活有大量花费的家庭。	家庭收入在 10~15 万元，可为宝宝选择意外险保额 3 万元；住院医疗，保额 5 万元；重大疾病险，保额 10 万元，年缴保费 8 000 元，占年收入的 8%左右，也没有超出限额规定的范围。	家庭年收入在 15 万元以上，可为宝宝组合购买险种如下：意外保险保额 5 万元；住院医疗保额 5 万元，重大疾病险保额 20 万元，教育险保额为 10 万元，总计年缴保费 1.5 万元，占年收入的 10%左右。

图9-9 三种少儿险规划方案

吴妈妈在仔细计算代理人的方案后，最终选择了代理人推荐的第二套方案，因为现在宝宝还小，还没上幼儿园，所以她首先为宝宝考虑意外与医疗，等过一两年宝宝能上学的时候再把教育险给补上。

如上的吴妈妈为宝宝购买少儿险的案例，就是体现的从家庭的收入出发，从而给宝宝选一份少儿险。

新妈妈们在给宝宝们购买少儿险之前，一定要注意两点，一是保费不要超过自己年收入的9%，二是给宝宝投保的保额不要超过9万元。

你能陪他长大吗？

虽然不一定能陪着子女长大
但爱心却一定可以与他相伴
——只要拥有一份适当的保险

大学毕业前父亲不幸身故所占比例

我们都知道，宝宝最好的保障是父母，可是如果有一天，父母突然离去，而宝宝还未拥有为自己买单的能力时，该怎么办呢？别怕，有一位朋友叫"豁免附加险"，它可以帮你给宝宝买单。

豁免附加险一般指的是保费的豁免，简单指的是投保人因不幸身故或患上重大疾病后丧失缴费能力。

保险公司将会免去投保人之后该缴纳的一些保费，而对孩子的保障，都不会受此影响。具体举例如下。

刘先生，35岁，儿子今年8岁，为了孩子的教育，他和其他父母一样提前为孩子准备教育金。

在代理人的推荐下，他选择了一款保额为5万元，缴费9年，每年缴费4 000元，其中包括250元的豁免保费，儿子在15~17岁可以每年领取2 000元作为教育金，18~21岁，每年领取5 500元作为大学教育金，满期还能总计领取现金红利约3.4万元。

这每年的250元的豁免保费，就意味着，即使在缴费期内，当他遭遇任何的意外或者疾病，保险公司将为后期的保费买单，而儿子的这些教育保障将不会因此受到影响。

现在大多的保险公司都会提供少儿这种保费豁免功能，每年缴纳的保费较低，一般为几十元到几百元不等。不同的保险对保费豁免的收取也不同。

9.2.7 为我们的财富上锁——财产险

财产险，就是对于家庭财产购买保险，一般可以分为两大方面，一是为固定资产购买保险，如房屋及屋内设备；二是为一些流动资产购买保险，如债券、基金、存折，我们该如何为这两大类买保险呢？

1. 固定资产的理赔

当固定资产如房屋或机械设备出险后，一般就会办理理赔，那么该如何去要求赔款呢？相对来说固定资产的损失可以分为全部损失和部分损失，两者之间的赔款金额计算不一样，如表9-7所示。

表9-7 固定资产损失计算标准

划分标准	损失程度	赔付的标准
当保额≥重置或重建价值时	全部损失	理赔额=重置重建价值额-应扣残值
	部分损失	理赔额=损失金额-应扣残值
保额＜重置重建价值	全部损失	理赔额=保额-应扣残值
	部分损失	理赔额=保额×财产受损失的程度
保额=原值的加成=重置重建价值	总损失	理赔额≤重置重建价值额

当计算的依据已经确定的基础上，我们可以举例说明如下。

刘先生为自己的房屋投保了家庭财产综合险，保额为5万元，在保险期间因火灾造成损失2万元，投保时的房屋市场价为8万元，出险时的房屋市场价为9万元，那么刘先生可以得到的理赔为多少？

由上可知，刘先生是按固定资产原值投保，保额小于重置重建的情况，则理赔额=50 000元×（20 000/90 000）=9 000元。

上例就是典型的按照第二类计算公式来确定赔偿额的运用。

2. 流动资产的理赔

无论哪种保险的理赔都是参照保额来确定的,对于流动资产保额的计算,一般存在 3 种形式,一是按流动资产最近 12 个月的平均账目余额来确定保额;二是按流动资产最近账目余额确定保额;三是对于已经摊销或不列入账面的财产的保额由双方协商,可按财产的实际价值计算保额。

不同的保额确定方式也决定了理赔依据的不同,具体如表 9-8 所示。

表 9-8 流动资产损失计算标准

承保方式	损失程度	赔付的标准
按最近12个月的平均账面余额投保时	全部损失	按出险时的账面余额计算赔偿金额
	部分损失	按实际损失计算赔偿额
按最近账面余额投保	全部损失	按保额赔偿,如果流动资产的实际损失小于保额时,不能超过实际损失
	部分损失	按实际损失计算赔偿额,如果受损的保额低于出险时的实际价值,损失还要按一定的比例计算
按照已经摊销或未列入账面财产投保时	全部损失	按保额赔偿
	部分损失	按实际损失计算

知道了计算的依据,下面我们以一个实际例子来说明具体的计算方法。

某公司投保了财产综合险,其中流动资产的保额为 200 万元,按最近账面余额投保,在保险期内发生事故,损失 150 万元,其中施救费用 20 万元,在出险时流动资产的保险价值为 300 万元,那么可以得到的赔付约为 113 万元,因为该流动资产的保险价值高于保额,理赔额=实际损失×比例=(150 万+20 万)×200/300=113 万元。

由上例可知流动资产按账面余额投保,则适用于第二套公式,实际相对来说是部分损失,当保额低于出险时价值时,损失还要确定一定的比例。

9.3　如何网购保险产品

当我们已经认识了什么是保险，以及具体的保险品种后，此时就需要购买保险产品。这一般存在两种方式，一是通过保险代理人购买，二是通过网上系统购买。那么哪种方式较好呢？

9.3.1　通过保险代理人购买

购买保险，通过保险代理人购买，就如同我们买卖房屋需要需找中介一样。相对来说，保险代理人会更专业，如果保险代理人是优质的，那么他就能为你设置一份成本最小，但价值最优的保险组合。

购买保险如同理财一样，需要组合式进行，如果仅凭自己所了解到的去购买，会出现高成本，低效率的情形，而且在理赔时，程序也会相对麻烦。

购买保险是一种针对意外的投资，除了保障之外，关键的环节就是理赔，如果是自己在网上购买，那么出险后理赔就会困难得多，程序也更复杂，如果是购买的如同分红险、投连险、万能险等理财产品，那么它的红利分配，等也会存在一定的纠纷问题。

那么在购买保险时，我们就可以将一些每年保费缴纳较多的且缴费时间较长的保险，交给保险代理人给你打理，但是注意一定要是位优质的保险代理人。对于优质的保险代理人，我们在前文已经探讨过了，有任何关于你的保单的问题，都可以咨询你的保险代理人，特别是在出险后，要第一时间通知你的保险代理人。

9.3.2　网上购买保险

一般在网上购买的保险，最多的就是短期的意外险，如一些意外卡单。下面以 PICC 中国人民人寿保险公司为例，对此做一些简单的介绍。

首先登录该人保寿险公司首页，如图 9-10 所示，同时单击"意外险"

超链接，进行意外险的购买。

图 9-10　登录 PICC 首页

此时将出现所有的关于意外险的产品，从中任选一种适合自己的，可进行购买。如图 9-11 所示，有综合性的航空、轮船、公交车等的综合意外保险，还有只有单一的航空意外伤害保险，当投资者打算购买时，可单击"在线购买"按钮进行购买操作。

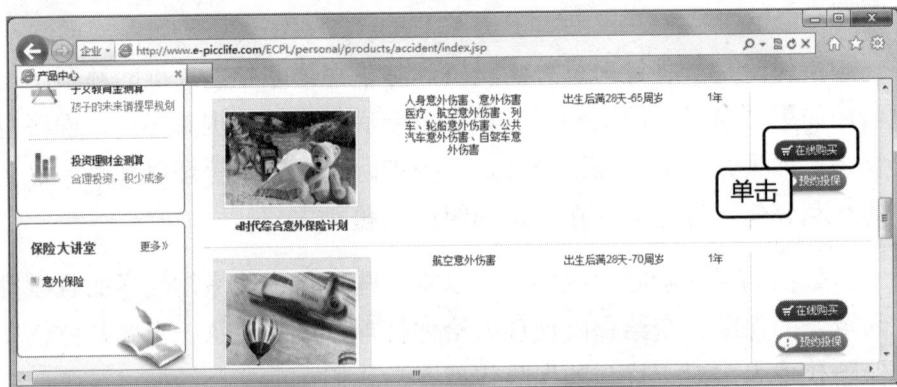

图 9-11　选择意外险的产品

此时将出现如图 9-12（左）所示的关于该产品的详情信息，包括适合的人群、保障的利益、支付方式等，此时在图 9-12（中）还将出现关于购买该产品的不同的档次及其对应的保额和保费，如图 9-12（右）所示，如普通款的保费为 68 元，贵宾款的保费为 88 元，卓越款的保费为为 168 元，确认后单击"在线购买"按钮。

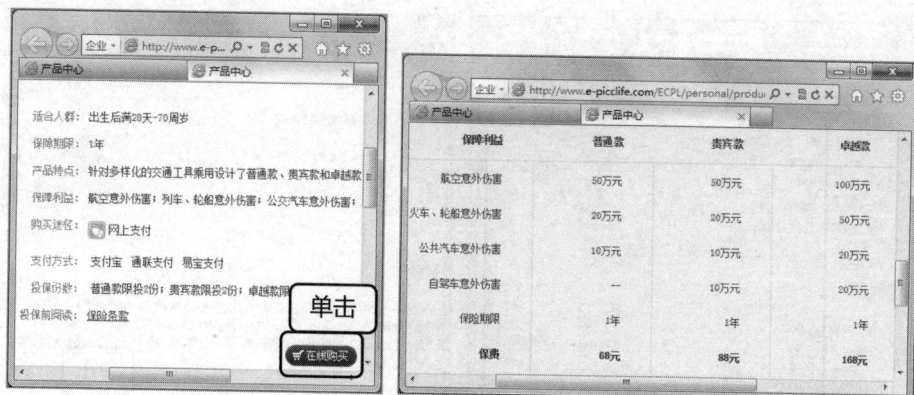

图9-12 产品详情（左）及其不同档次的保额和保费（右）

此时将进入如图9-13所示的页面，在其中显示的是保险条款，投资者应仔细阅读、理解，在同意该条款的基础上，在图9-14所示页面上，单击"同意"按钮进入下一步操作。

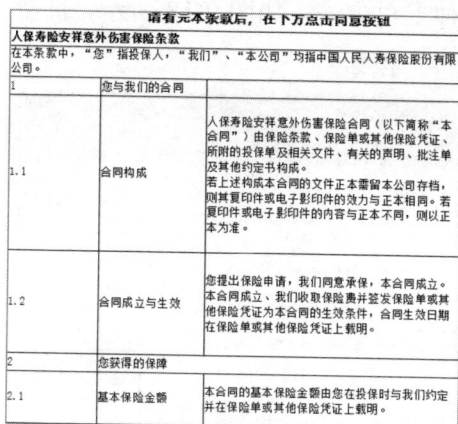

图9-13 保险条款

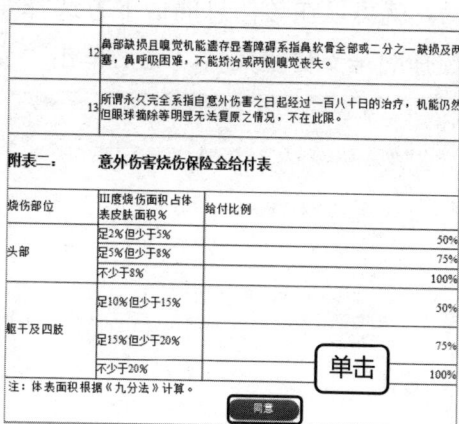

图9-14 单击"同意"按钮

此时将进入如图9-15所示的页面，需要对个人的购买信息进行详细填写，主要是保单信息、投保人信息、被保险人信息的填写，包括产品档次、姓名、证件类型等。

注意其中带"※"号的选项为必填项，并且填写的内容一定要真实可靠，当填写完成以后，就可以单击"下一步"按钮，进行接下来的操作，如图9-16所示。

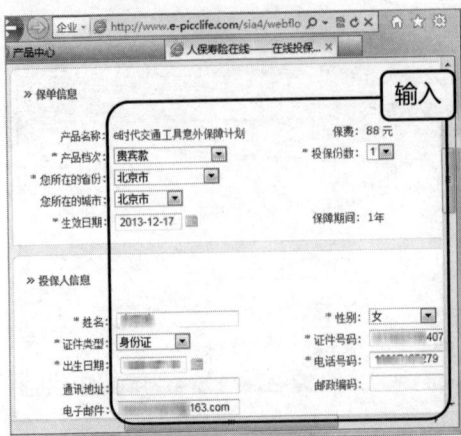

图 9-15　填写保单信息

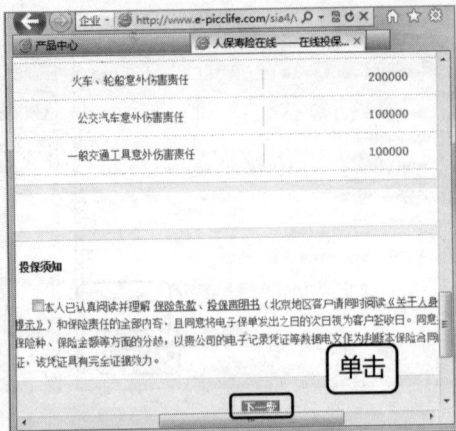

图 9-16　单击"下一步"按钮

此时将进入如图 9-17 所示的页面，需要投保人对自己所填写的信息进行确认，包括购买的险种、保费、投保人的相关信息等，当确认无误后，就可以在该信息的最下方选择一种支付方式，如图 9-18 所示，此处选择的是支付宝支付，之后单击"支付"按钮。

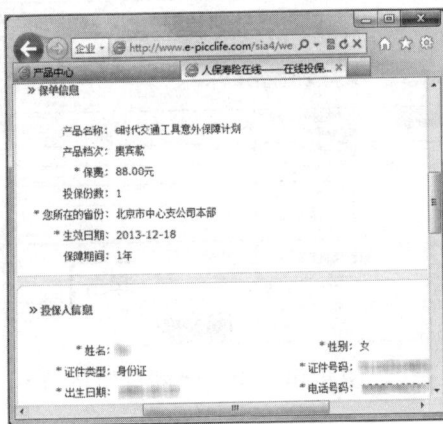

图 9-17　确认保单信息

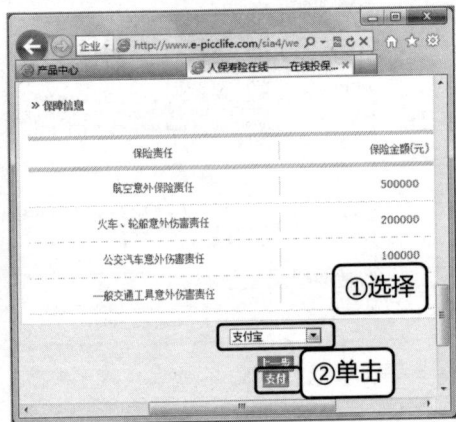

图 9-18　选择支付的方式

此时将进入如图 9-19 所示的页面，需要投资者登录自己的支付宝。如果投资者没有支付宝也可以支付，只要你拥有一张银行卡，支付宝可以为你创建一个账号，如图右边的窗格所示。

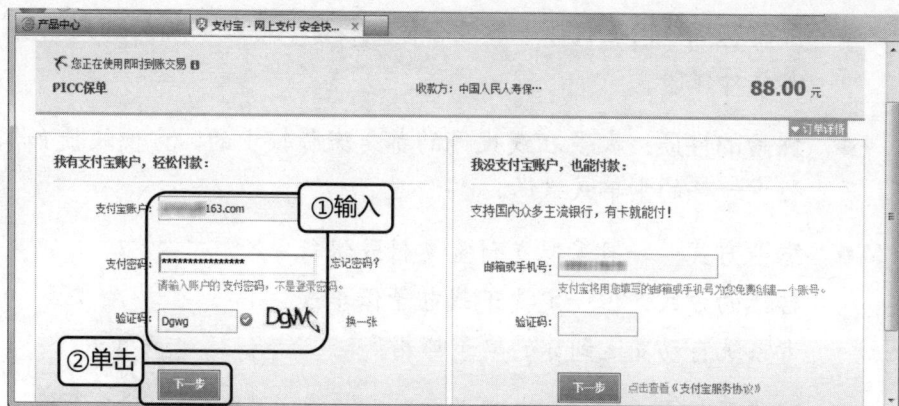

图 9-19　通过支付宝进行支付

对于接下来通过支付宝来支付保费的过程，就如同我们在淘宝网购一样，在这里不做详细的讲解。

当我们购买完成后，就要回到初始页面，进行卡单的在线激活。

首先是在购买卡单的首页单击"激活卡服务"超链接，此时需要投保人输入保险卡卡号、保险卡的密码以及验证码，输入完成后，单击"激活"按钮，如图 9-20 所示，进行激活操作，过程相对简单，在这里不做详细讲解。

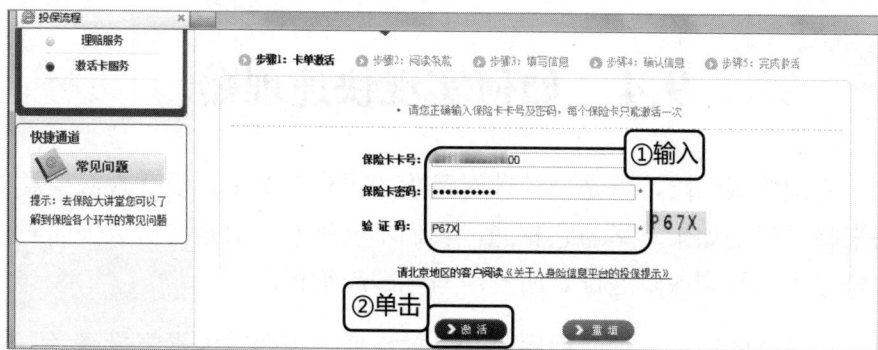

图 9-20　卡单的激活

以上就是在线购买保险的一些步骤，以意外卡的购买为例，如果投保人打算购买分红险、万能险或投资连结保险时，购买过程与此大同小异，但我们在购买时一定要注意以下几点。

- **品种选择**：网上投保一般适合保额较少、责任明确的短期保险，如意外保险。

- **保险的性质**：大多在线投保的都是缴费较少的，方便快捷如银行卡一样的卡单式投保。

- **缴费方式**：一般采取支付宝支付或银行转账的方式，但一定要下载电子保单或者系统自动发送到你的单子邮箱。

- **确定受益人**：填写电子保单时，指定受益人，避免以后理赔纠纷。

- **理赔**：网上购买的保险没有固定的保险代理人，因此理赔就可能存在一定的麻烦，投资者可以选择到保险公司咨询或拨打保险公司的人工服务。

- **组合式购买**：网上购买保险同样要明确自己的保险需求，为自己选择一份全面的保障，不同产品组合式购买。

- **同类比较**：对保障类似的产品，可到各大保险公司的网络平台去比较，做到低成本高价值化的投保。

9.4　如何实现快速理赔

人们购买保险，就是一种针对风险的投资与买单。没有人渴望意外的来临，但是如果不幸与它相遇，我们不能逃避，而是要勇敢去面对。这时你可以找到保险这位老朋友，与你一起承担。

在当今的市场，理赔程序复杂、效率低、拒赔等因素将投资者与保险的关系拉得越来越远，那么我们该如何做，才能实现自身的快速理赔，同时和保险的关系和好如初呢？

9.4.1　车险不予理赔的情形

在当今交通事故日益严峻的形式下，大多数车主都会给自己购买全险，全险一般包括交强险、第三者责任险、车损险、不计免赔险、车上人员险、盗抢险、划痕险、玻璃险、自然险、不计免赔等。

当然还有其他几十种险种，但是一般投资者在购买时都不做考虑，因为风险概率太低。

现在的保险理赔难更多是体现在车险的理赔上，那么我们该如何实现快速理赔呢？保险公司不予理赔的情形有哪些呢？如图 9-21 所示。

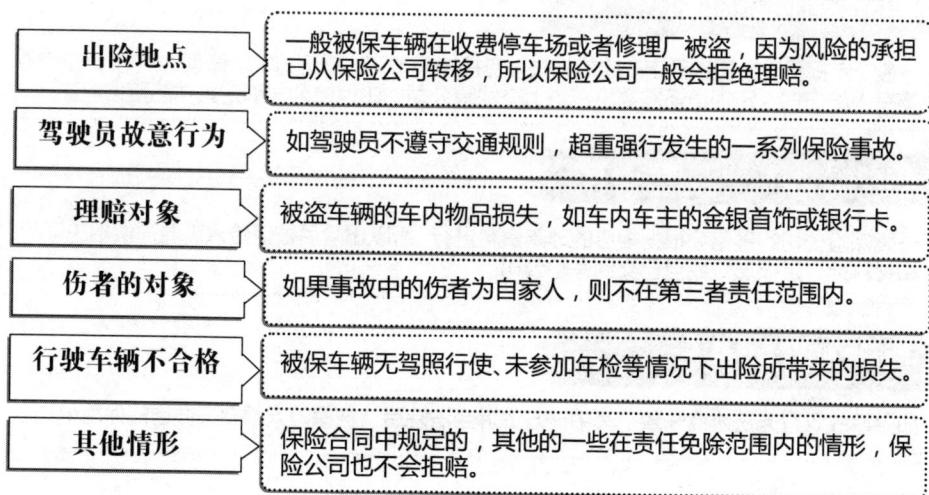

出险地点	一般被保车辆在收费停车场或者修理厂被盗，因为风险的承担已从保险公司转移，所以保险公司一般会拒绝理赔。
驾驶员故意行为	如驾驶员不遵守交通规则，超重强行发生的一系列保险事故。
理赔对象	被盗车辆的车内物品损失，如车内车主的金银首饰或银行卡。
伤者的对象	如果事故中的伤者为自家人，则不在第三者责任范围内。
行驶车辆不合格	被保车辆无驾照行使、未参加年检等情况下出险所带来的损失。
其他情形	保险合同中规定的，其他的一些在责任免除范围内的情形，保险公司也不会拒赔。

图 9-19　车险不予理赔的情形

以上只是一些简单的不予理赔的情形，具体的投资者可以参考保险合同，查看保险条款，如果出险的情形在保险责任范围内，那么接下来要做的就是实现快速理赔。

那么车险到底该如何快速理赔呢？要实现快速理赔有没有什么注意事项？又有没有什么小窍门呢？

9.4.2 怎样快速实现车险理赔

车主要想实现快速理赔也不是不可能，关键是要掌握一些理赔流程，按流程准备好资料，那样就能迅速得多。那么理赔程序到底是怎样的呢？

第一时间向保险公司报案

被保险人一旦出险，就要及时地向保险公司报案，并且要保护好现场。

协助保险公司定损

一般出险后，保险公司会派遣定损员现场查勘，出险人员要协助工作人员做好定损工作。

明确定损员确定的损失

一般"定损员"会初步确定一定的损失，包括修理费用、修理方式、修理地点等，如果现场有人员伤亡，定损员还需要将资料上交保险公司，由保险公司确定具体的赔偿金额。

被保险人准备一定的理赔材料

一般保险公司的理赔会根据相应的理赔资料进行，所以出险后被保险人需要提供相关证明和材料给"定损员"或自己交到保险公司。

上诉通知保险公司

如果事故双方无法协商一致，其中一方上诉至法院后，被保险人都要书面通知保险公司。

图 9-22　理赔程序

以上的车险事故理赔程序相对来说是比较顺利的情况，当然其中可能还会有些意外情况，比如事故双方协商可能需要一段时间，而且在双方无法协商一致的情况下，首先需要到交警部门协商，如果多次协商不成，其中一方可上诉至法院，等待法院判决，保险公司按法院判决给予相应的赔偿。

一般在理赔中，如果能注意一些事项，相应的理赔就会更顺利。那么该从哪些方面去注意呢？具体如图 9-23 所示。

现场的保护

被保险人在出险后，定损人员定损前，一定要保护好现场，如果现场被破坏，定损员将无法确定责任方，这将直接影响被保险人的理赔。

什么时候修车好

一般事故车辆在定损前不要擅自修理，自己修车的单据是不能作为理赔单据的，只有定损单上的价格才是作为理赔的唯一、有效的单据。

两证未年检不要上路

一般保险公司会开通一些短信提醒业务，提醒车主驾驶证、行驶证的有效期限，如果未及时年检，出险后，保险公司是会拒赔的。

双方协商"互碰自陪"

一般出险的双方如果损失金额在 2 000 元以下，经协商采取"互碰自陪"的原则，双方带齐相关资料可到保险公司理赔。

你必须了解的绝对免赔率

一般如果在负有责任的一方事故车辆逃逸，并且还无法找到的情况下，保险公司适用 30%的绝对免赔率。即在责任范围内只赔偿 70%。

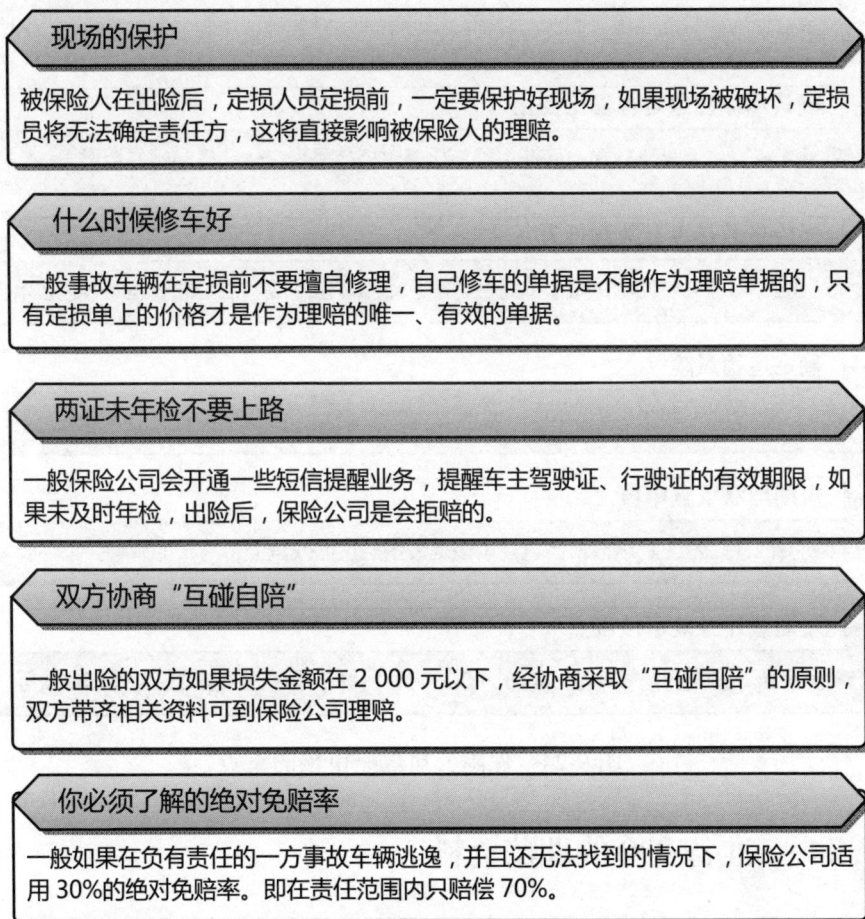

图 9-23　快速理赔的常见注意事项

9.4.3　保险公司审核的要点

一般保险公司对于投保人的保险金申请，需要经过多方面的审核，如果我们能够了解保险公司审核的重点，就能为快速理赔打下基础。

对于保险公司理赔审核的重点，如图 9-24 所示。

保险金申请书的审核

一般会对保险事故的原因、时间、地点、进行审核，然后确定是否在保险责任范围内。

确认承保对象是否发生变化

被保险人在发生保险事故时，职业工种与投保时相比是否变化、危险性是否增大。

保险事故是否有故意行为

一般保险公司还会对此次保险事故是否有故意行为，包括故意性犯罪或酒驾等进行审核。

确定道德风险

保险公司还会对一些常见道德风险，如自杀、自残、受益人故意谋害被保险人等进行审核。

短期理赔重点审核

一年期身故保险金理赔申请，会重点审核是否带病投保或其他未告知的事项。

短期意外身故审核重点

一般会审核死者是否是被保险人本人、是否持有保单、是否在保险责任范围内身故等。

图 9-24　保险公司理赔审核的重点

9.4.4　准备齐全的理赔资料

兵法有云，知己知彼，才能百战百胜，对于保险理赔不在于胜多少，而是在出险后，如何快速方便地办理理赔程序，从而降低自身损失。

当然，如果我们去保险公司进行理赔或委托代理人理赔是需要准备一些材料的。那么对于各项意外险的理赔，需要准备哪些理赔材料呢？

相对来说，对于意外事故的资料，包括事故类证明和医疗类证明。两者的理赔资料大同小异，一般车险的理赔，就是受伤的理赔，所以本小节将重点了解被保险人受伤住院后，申请理赔时需要准备的相关资料，具体如图 9-25 所示。

受伤住院后理赔需要准备的资料	保单	保单的正本或副本，不能用复印件代替，要原本。
	身份证件	能证明被保险人的身份证件.
	委托者	被委托办理者，需要向保险公司身份证明。
	受益人	受益人的身份证明，当有多个受益人时，需要所有人的身份证明。
	关系证明	受益人与被保险人的关系证明、受益人的银行活期账号。
	授权书	保险公司会一般会提供出险方理赔调查授权书。
	医院证明	需要医院的诊断证明，一般医院为保险公司的定点医院。
	票据类	住院收据发票原件、住院费用清单明细、出院证明等。
	事故证明	提供交警部门出具的意外事故证明。

图 9-25　受伤住院理赔需要准备的资料

　　如果被保险人，在此次事故中不幸死亡，那么在上面准备的资料的基础上，还需要准备交警部门的意外事故证明、勘察报告、验尸报告、死亡证明（必须为一定的权威部门出具）、火化证明（特殊情况未火化的需要提供相关证明证件）、户口注销证明（在被保险人户口所在地的户籍管理部门领取）。

　　当然如果投保时，选择了保险代理人，那么在出险后，要第一时间打电话给他，他将告诉你需要准备的材料。当资料准备齐全后，就可以交给他办理，那样会节省办理的时间。如果意外出险，没有住院，那么最快可当天申请，当天理赔。

10

房产投资与收藏投资

对于投资者，因为环境、年龄、专业等因素的不同，所选择的理财手段也会存在差异。有的投资者喜欢常见的股票、债券、基金等金融渠道的投资；但也有一些投资者热衷于房产、古董、艺术品等金融理财渠道外的投资。对于前者，前面几章已经做了详细的讲解，而对于后者，本章将做具体的讲解。

◇ 房产投资中的陷阱
◇ 新房买前查看楼盘
◇ 二手房卖前估价
◇ 计算贷款及装修费
◇ 邮票投资
◇ 古董收藏
◇ 钱币收藏
◇ 收藏可借助的网络平台

10.1　房产投资

　　自古以来衣、食、住、行就是人之根本，是人生活之必需，而作为其中之一的"住"，逐年来不仅仅是一种生活必需品，更日渐成为一种"奢侈品"，并日渐形成一种房产市场，也称为泡沫市场。不同的投资者以不同的方式，前赴后继地涌进这个市场，那么这个市场具有什么样的魔力呢？让我们一起去看看这个市场。

10.1.1　房产投资中的陷阱

　　房地产的投资一般指不同的投资者将一定的资本投入到房地产行业，投资于房地产的开发经营，一般可分为开发投资以及职业投资，前者一般指对于如一栋房屋修建过程的成本投资，另一种指房屋建成后的如对于房屋的家具、装修等的投资。下面以案例简单进行说明。

※事例故事

　　刘先生，今年40岁，在2007年的下半年，眼看几个朋友纷纷投资于房地产，于是自己也匆忙而入，当时以单价1.3万元的价格购买了70平方米的房屋，最后加上各种税费，总计94万元。根据当时国家政策，二套房需支付四成首付，利率上浮1.1倍，于是最后他支付首付37万元，贷款57万元。

　　然而在2008年，楼市出现泡沫，房价降为9 000元起，到2013年，他购买的房屋的二手房价格为1.9万~2万元/平方米，购买后空置两年，他一直将资金用于出租，到目前为止，租金大约为11万元，但是全部用于还贷，而到现在仍需要偿还40万元的本金。

　　根据中介的估价，他的房屋现在的市价约为102万元，如果此时卖掉房屋，将盈利28万元，但年收益率低于8.4%。

通过上例说明有些房产投资如股票一样，是一种高风险高回报的投资，但是与股票不同的是，它的投资期限相对来说更短，而且投资的成本也相对较高，那么任何一位投资者在房产投资前，需要对房产的特征有一定的了解。

※知识看板

任何一项投资都具有它的投资陷阱，如果投资者一不小心落入这些陷阱，那么将带来巨大的损失，如股票中的套牢。下面我们将对房产投资中的陷阱做简单讲解，具体如图 10-1 所示。

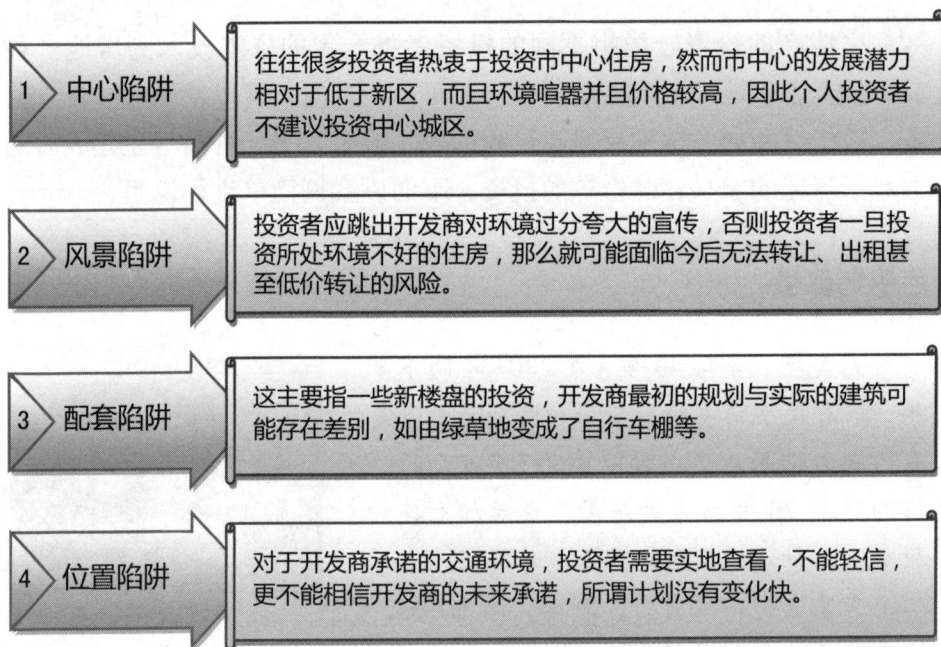

1	中心陷阱	往往很多投资者热衷于投资市中心住房，然而市中心的发展潜力相对于低于新区，而且环境喧嚣并且价格较高，因此个人投资者不建议投资中心城区。
2	风景陷阱	投资者应跳出开发商对环境过分夸大的宣传，否则投资者一旦投资所处环境不好的住房，那么就可能面临今后无法转让、出租甚至低价转让的风险。
3	配套陷阱	这主要指一些新楼盘的投资，开发商最初的规划与实际的建筑可能存在差别，如由绿草地变成了自行车棚等。
4	位置陷阱	对于开发商承诺的交通环境，投资者需要实地查看，不能轻信，更不能相信开发商的未来承诺，所谓计划没有变化快。

图 10-1　房产投资中的陷阱

上图所讲解的陷阱，一般适用于投资者购买新房，用来转让或出租，从而获得投资收益。当投资者从开发商手里购买房产时，称为新房投资；如果从一个投资者手里转到另一个投资者，那么就称为二手房投资。现在我们所指的房产投资，一般就指新房和二手房的投资，两者之间有何区别呢？

10.1.2 买卖新房和二手房

无论是购买新房还是二手房，在购买前我们都可以通过一些关于房产的网站对房产的位置、房价、价值等进行一些了解，具体操作如下。

1. 新房买前查看楼盘

对于一些房产的信息，我们常用的查询网站有 58 同城、搜房、房价网等，本节重点讲解通过搜房网查询新房信息，如图 10-2 所示，并且根据条件搜索。如图在搜索栏，选择城市为成都，开发商为万科，房屋性质为住宅，然后单击"搜索"按钮，当然投资者还可以根据区域、地铁、地图找房等查询。

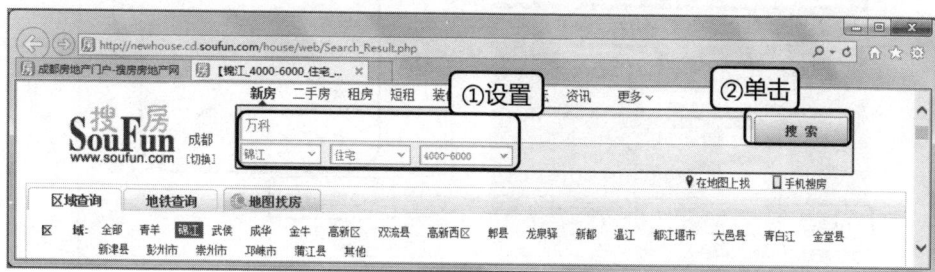

图 10-2　登录搜房网

此时将出现如图 10-3 所示的搜索结果，楼盘的名称为万科金域缇香，目前在售。投资者可单击楼盘名称，进行详情的了解，如图 10-4 所示。

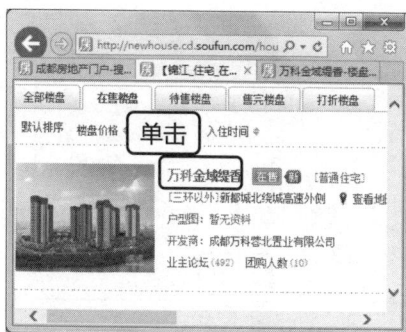

图 10-3　楼盘搜索结果

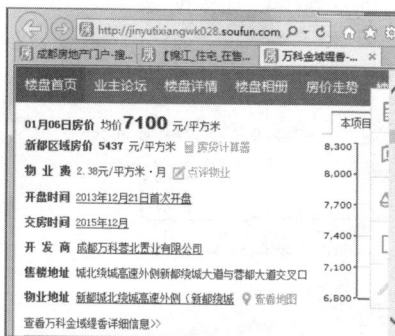

图 10-4　楼盘详情

2. 二手房卖前估价

当新房使用一定年限后，投资者可能会将房屋用于出租或转让，那么此时的新房就已经是二手房了。如果投资者卖出二手房，则首先需要对于市场行情有一定的了解，那么我们可以对于该房屋进行估价。

首先我们可以登录一个可以计算房价的网站，如图 10-5 所示，登录房价网，并且输入自己房屋的相关情形，开始估价，输入完成以后，单击"快速评估"按钮，此时将进入如图 10-6 所示的页面，需要投资者输入更加详细的房屋信息，如装修情况或车位情况，输入完成后单击"下一步"按钮。

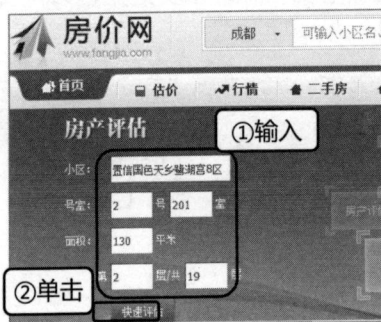

图 10-5　输入房屋信息

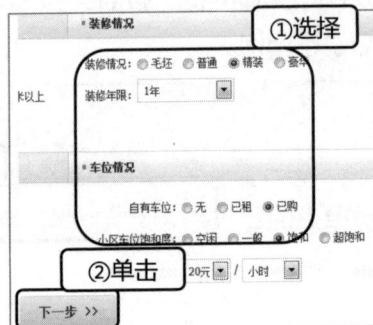

图 10-6　输入车位信息

紧接着我们还需要对于小区的环境进行选择，如图 10-7 所示，选择完成后单击"提交并查看估价结果"按钮，此时系统将自动计算出评估结果，如果投资者觉得计算有误，可以单击"房屋纠错"按钮，反应相关信息，如图 10-8 所示。

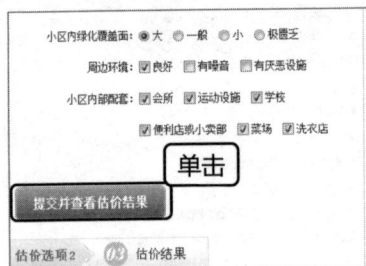

图 10-7　选择小区环境

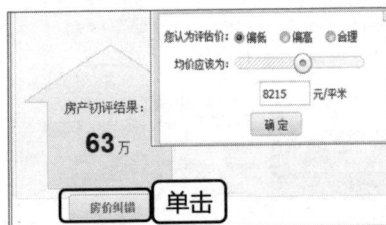

图 10-8　房产评估结果

3. 计算贷款及装修费

　　无论是购买新房还是二手房，对于一般的投资者，大多会实行按揭贷款，那么我们该如何计算贷款额呢？具体操作如下。

　　首先我们需要登录房价网，如图 10-9 所示，并在该页面单击"贷款服务"超链接，此时系统将自动出现如图 10-10 所示的页面，需要投资者输入贷款的金额以及贷款期限，输入完成后单击"快速搜索"按钮。

图 10-9　选择贷款服务　　　　　　图 10-10　贷款搜索页面

　　此时将出现具体的搜索结果，如图 10-11 所示，显示我国各大银行的利息、年利率、还款方式、放款时间、是否提供公积金贷款等，如果投资者想要了解更多的信息，那么可单击"查看详细"超链接。

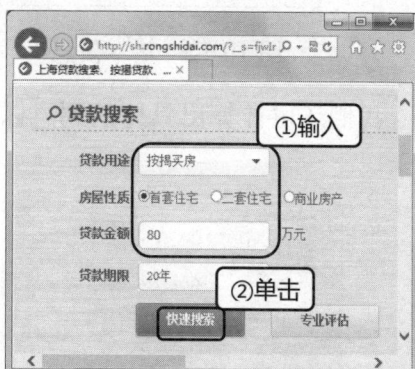

图 10-11　各大银行的贷款信息

　　紧接着我们将看到贷款的基本信息，如年利率、额度范围、贷款期限、放款时间等，如图 10-12 所示，同时我们还将看到投资者能申请的具体条件，如有合法收入、稳定的经济收入、信用良好等，如图 10-13

所示。

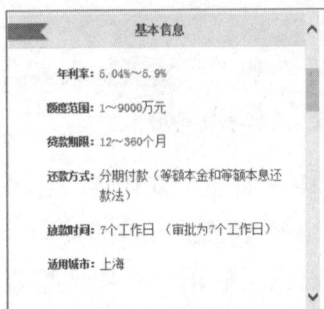

图 10-12　基本信息

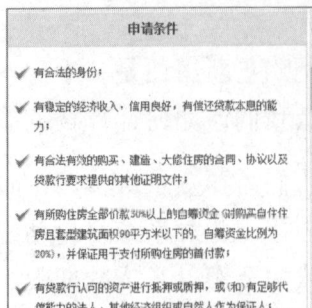

图 10-13　申请条件

我们还可计算出具体的利息以及所需的材料，如图 10-14 和图 10-15 所示。

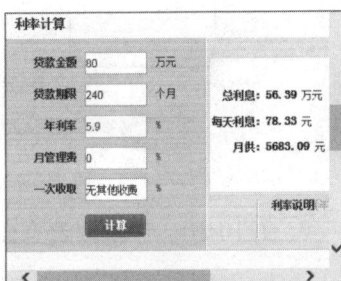

图 10-14　计算贷款利率

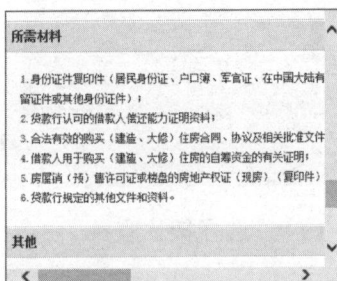

图 10-15　贷款材料

无论是贷款还是一次性付清，买房后接下来就需要对房屋进行装修，那么装修费该如何计算呢？如何减少成本呢？我们可以借助一些装修网络平台，了解相关信息。图 10-16 所示页面为土巴兔网。

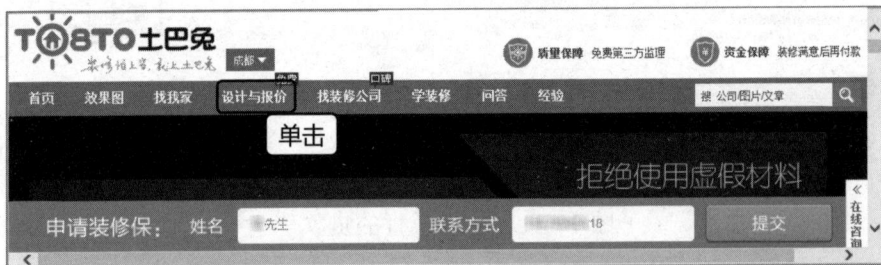

图 10-16　登录装修网

在上图中我们可以单击"设计与报价"超链接先设计室内装修，此时将出现免费的户型设计，如图 10-17 所示，同时需要投资者输入个人及房屋信息，如称呼、装修类型、装修面积、预算金额等，输入完成后，单击"免费户型设计"按钮，即可申请户型设计，系统将提示申请成功，如图 10-18 所示。

图 10-17　输入信息　　　图 10-18 确定

10.2　邮票、古董、钱币投资

邮票在很久以前仅仅是作为一种联系的代表，而随着时间的累积，它也渐渐的划归于古董一行。在收藏界中，邮票的投资起点相对较低，大多邮票的投资者都是从点滴收藏做起。

10.2.1　邮票投资

如同人讲究人品，邮票也讲究品相。邮票的品相一般可分为极优品、最上品、上品、次上品、中品、下品、劣品 7 个等级。那么作为一个邮票的收藏者，我们该如何去衡量品相的高低呢？

投资者收集的邮票一般可分为两种，一是新邮票，二是旧邮票。对于新邮票来说，好的品相一般表现在票面完整、图案清晰、色彩艳丽、背胶完好等方面，而对于旧邮票来说，上品一般表现为票面完整、邮章清晰、邮章占据票面的 1/4。

如收藏古董一样，我们需要辨别邮票的真伪，从而确定它的收藏价值，对于存在的一些假票，具体表现如表 10-1 所示。

表 10-1　几种假邮票的表现形式

名称	定义
完全的假票	这种假票完全是一种仿制品，从用纸、背胶、齿孔、印制手段、盖销邮戳乃至于加盖的文字，都是假的
齿孔假票	造假者一般根据邮票价格，决定邮票是否有齿孔，如当无齿票价格高于有齿票时，造假者会把有齿孔票的齿孔剪去，充作无齿票
假刷色票	该类邮票一般指投资者通过使用化学药物或磨损或掩盖等手段，改变原票的颜色，使它变为珍罕品，对于该类邮票，需要专家鉴定
假背胶票	一般指投资者收集的背胶光滑的邮票可能是被清洗会再重新涂上的
假水印票	一般指造价商在无水印版的邮票上人为制造水印图
假加盖票	邮票本身为真票，只是在真票上的盖章存在真伪之分

对于不同的假票，投资者在收集时，一定要注意区分，以避免带来损失。当投资者收集一定的产品后，一般就需要对其进行保存。对于投资者，该如何保存邮票也存在一定的技巧。

首先，要注意防潮，可用专门的护邮袋或邮册；其次，还要注意不要人为折损，如不能经常用手来移动查看邮票，以免损坏邮票，投资者可以选择使用一些小工具；最后，安全地整理邮票，当投资者整理收藏的邮票时，一定要注意是否损坏到四角和齿孔。

10.2.2　古董收藏

古董又称为古玩，古董的收藏简单来说指的是对一种艺术品的收藏，一般存在两大类古董，一是按照材质来划分，古董可分为陶瓷、玉石、珠宝、金属等；二是按照使用的用途来划分，可分为具有历史意义的文房四宝、某一朝代的器皿用具或梳妆饰品、古代钱币以及具有年代的书籍报刊或烟标海报等，是一种历史发展的见证。当投资者收藏时一定要注意如图 10-19 所示的四点内容。

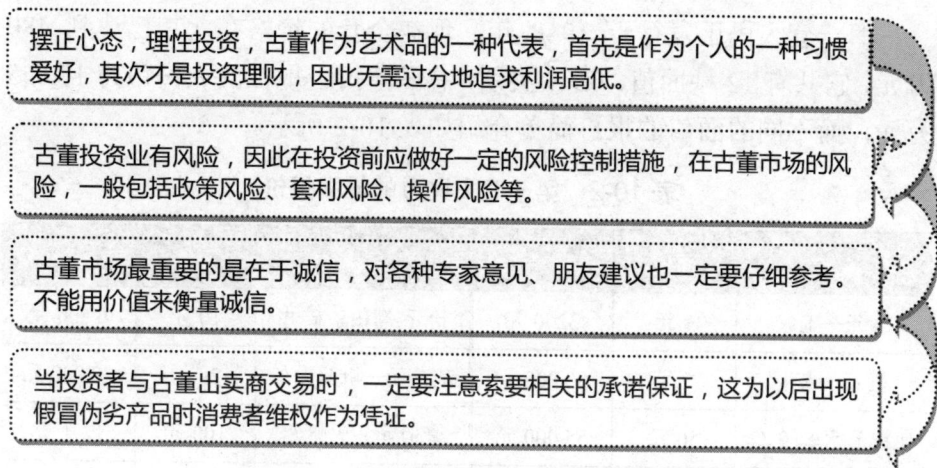

摆正心态，理性投资，古董作为艺术品的一种代表，首先是作为个人的一种习惯爱好，其次才是投资理财，因此无需过分地追求利润高低。

古董投资业有风险，因此在投资前应做好一定的风险控制措施，在古董市场的风险，一般包括政策风险、套利风险、操作风险等。

古董市场最重要的是在于诚信，对各种专家意见、朋友建议也一定要仔细参考。不能用价值来衡量诚信。

当投资者与古董出卖商交易时，一定要注意索要相关的承诺保证，这为以后出现假冒伪劣产品时消费者维权作为凭证。

图 10-19　古董收藏时需要注意的几点

对于刚走入这个市场的投资者来说，可以从一些小物件的收藏开始，从而积累一定的投资经验，同时加强专业方面的学习，并多阅读与此相关的书籍。

10.2.3　钱币收藏

钱币的收藏一般包括古代的各种钱币，如秦代以后的方孔钱、唐朝的元宝、清朝的银币，此外还有新中国成立以后发行的几套人民币，当然还有一些投资者热衷于投资国外的一些钱币。

无论是各种古代货币还是现在纸币，无论它们是否已经退出流通领域，在它们的背后都拥有着一定的政治、经济、历史、文化价值，不仅图案优美，而且做工精细，所以钱币的收藏也是一种艺术品的收藏。

人们对于钱币的收藏主要在于实现保值增值，因为一些钱币已经退出流通的领域，随着时间的累积，就具有一定的增值潜力，它们的市场价已经远远超出了实际面值。

相对来说，现在人们收藏的最多的人民币是第二套和第三套人民币，最具价值的却是第一套人民币。曾有人说第一套人民币可以买一栋别墅，可见其收藏价值之高。

第一套人民币发行于 1948 年，现在全套的价格在北京已达到 480 万元，它共有 12 种面值，62 个类别，总面值折合现在的人民币为 17.655 万元，而不同的面值的报价简单介绍如表 10-2 所示。

表 10-2　第一套人民币的最高报价

名称	面值	市场参考价	名称	面值	市场参考价
壹元—工农	1 元	3200 元	拾元-灌田，矿井	10 元	6 500 元
伍元—水牛	5 元	90 000 元	贰拾元—帆船火车	20 元	20 000 元
伍拾元-水车,矿车	50 元	55 000 元	壹佰元—大帆船	100 元	12 万元
壹佰元-黄色北海桥	100 元	12 万元	贰佰元-排云殿	200 元	10 万元
伍佰元-瞻德城	500 元	70 万元	壹仟元-双马耕地	1 000 元	15 万元
壹万元-牧马	10 000 元	140 万元	伍仟元-蒙古包	5 000 元	80 万元
伍万元-收割机	50 000 元	28 万元	壹万元-牧马	10 000 元	140 万元
第一套大全套	——	480 万元			

相对来说，第一套人民币从诞生到如今已经拥有 60 多年的时间，因为稀有，所以价格一路上升，在拍卖市场上屡创新高。

10.2.4　收藏可借助的网络平台

无论投资者是选择邮票投资还是古董投资或钱币投资，都可以借助一定的网络平台进行买卖或者行情分析，并了解相关的市场，常用的一些网站如天下收藏网、华夏收藏网、中国收藏网等。这些都是综合性的网站，在该类平台可以对邮票、古董、钱币等进行综合性的了解。

本小节以中国收藏网做具体的讲解，不仅可以了解国内投资，还可以放眼国际。登录中国收藏网，如图 10-20 所示。

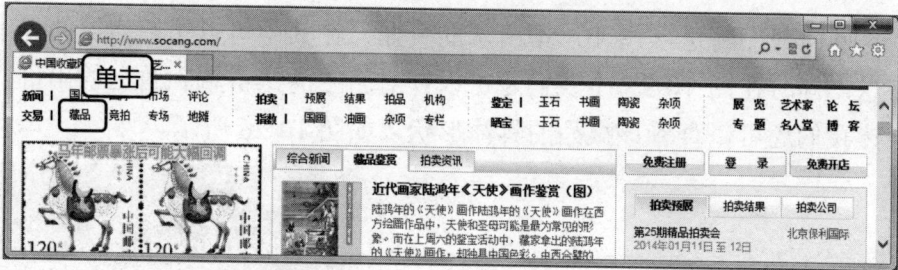

图 10-20　登录天下收藏网

　　此时如果我们在上图中单击"藏品"超链接，那么将进入如图 10-21 和图 10-22 所示的页面，出现收藏品的各种分类，如中国书籍、玉器翡翠、古币钱币、邮票油品等，我们可以选择自己感兴趣的藏品进行了解。如图 10-22 所示，单击"古币钱币"超链接，我们可以对与此相关的藏品进行了解。

图 10-21　藏品分类

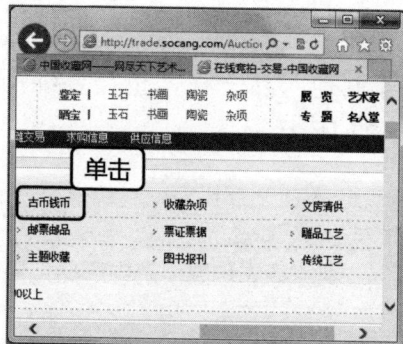

图 10-22　了解钱币

　　此时我们将进入如图 10-23 所示的页面，出现搜索结果，如清朝的三两银锭，标价为 5 万元，投资者还可以单击"查看详情"按钮，了解更多信息。

图 10-23　钱币的搜索结果

此时我们将进入图 10-24 所示的页面，在其中可以了解店铺的详细信息，同时在图 10-25 中我们还可以针对店主的出价输入自己的出价，当然我们还可以查看该藏品的具体形状，如图 10-26 所示。

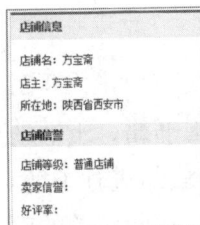

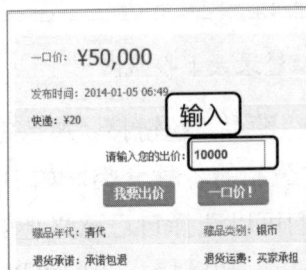

图 10-24　店铺　　图 10-25　了解钱币　　图 10-26　了解钱币

相对来说，买家如果对某一藏品感兴趣，无论是钱币还是古董，如同买卖其他产品一样，也需要经历一定的购买程序才能购买，具体如图 10-27 所示。

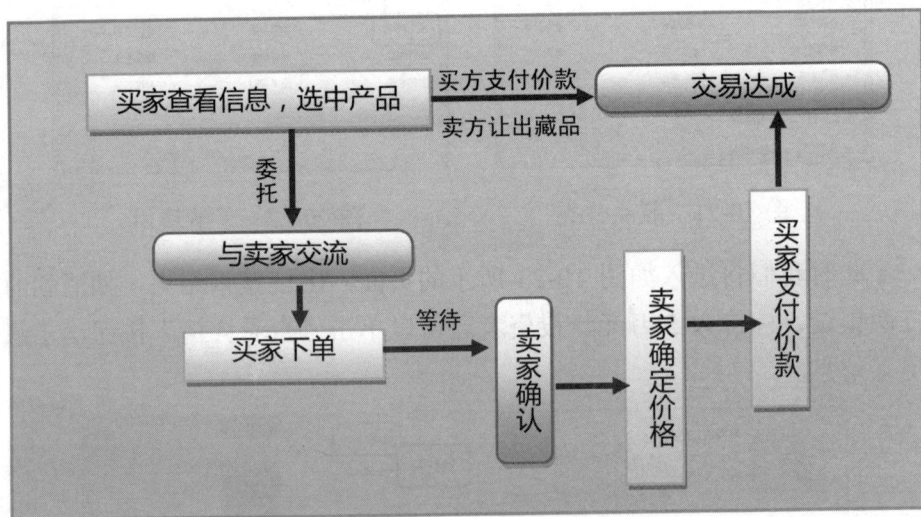

图 10-27　购买藏品具体程序

11

足不出户，网络理财

随着社会的不断发展，个人储蓄的不断增加，理财已成为一种必需。各种理财工具不断涌现，如股票、债券、基金、期货等，同时网络的全球化更带来了网络经济化，理财重点不在于投资成本的多少，而在于快速、方便、高效。那么具体该如何操作呢？本章将给你答案。

◇ 网络理财的品种及操作流程
◇ 常用的网络理财网站
◇ 如何开通网银
◇ 如何利用网银购买保险
◇ 购买人民币白银
◇ 购买实物贵金属
◇ 查询交易明细
◇ 申请提取黄金
◇ 余额宝——消费与储蓄同时进行
◇ 百度理财——不仅可以百问，还可以百理

11.1　了解网络理财

网络理财作为一种新型的理财方式，一般指个人或家庭通过各种网络平台，了解最新的网络资讯，并根据外界市场的变化不断调整自己的资产投资，从而实现个人或家庭的资产收益最大化。

网络理财一般包括网上查询理财信息、对于理财信息进行分析、设计个人理财方案等，与传统的理财方式相比，它的投资起点较低而且方便快捷，手续费也相对较低，因此受到各类投资者的青睐。

11.1.1　网络理财的品种及操作流程

我们知道在投资市场，各种投资品种琳琅满目，各具特色，那么当我们通过网络理财选择这些投资品种时，该如何去挑选呢？

※知识看板

我们可以在网上投资股票、计算存贷款利息、投保、买卖债券、基金、期货、网上自助贷款、网上理财咨询和网上自助缴费等，网络理财相对来说不仅实现的是投资者的方便，而且更为银行或其他理财机构提供了便利，实现的是一种双赢。

网络理财具有相对优势，具体表现在信息、成本、时间、效率和服务等方面。对于投资者来说，投资失败的一个重要原因就是信息不对称，通过抓住一些错误信息，从而做出错误的决策，最后导致投资失败。

据统计，一般网络证券交易的行情信息在 8~10 秒就会更新一次，投资者通过各种网络平台就能抓住最新的信息，从而抓住投资机遇。

通过各种网络平台还可以实现全球性的理财，如投资外汇、黄金、期货等，在全球市场，可实现 24 小时的投资。

相对于个人对于行情的分析，我们在网络平台上还可以参考一些专家分析，借鉴吸收，同时决定是进入市场还是退出。

网络理财和其他传统理财一样，需要遵循一定的理财程序，它的操作流程具体如下图 11-1 所示。

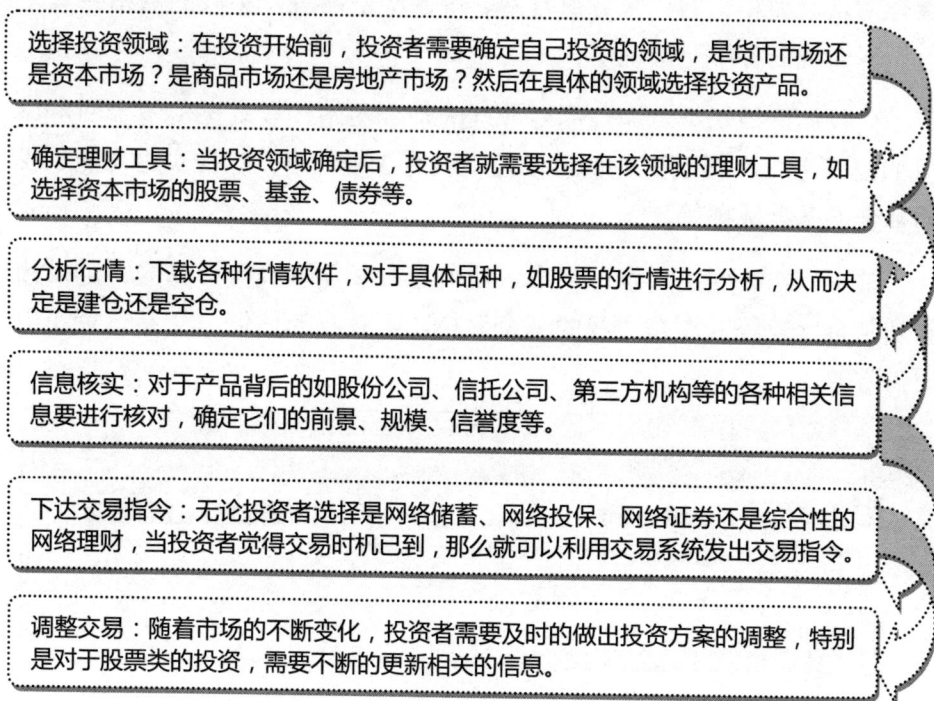

选择投资领域：在投资开始前，投资者需要确定自己投资的领域，是货币市场还是资本市场？是商品市场还是房地产市场？然后在具体的领域选择投资产品。

确定理财工具：当投资领域确定后，投资者就需要选择在该领域的理财工具，如选择资本市场的股票、基金、债券等。

分析行情：下载各种行情软件，对于具体品种，如股票的行情进行分析，从而决定是建仓还是空仓。

信息核实：对于产品背后的如股份公司、信托公司、第三方机构等的各种相关信息要进行核对，确定它们的前景、规模、信誉度等。

下达交易指令：无论投资者选择是网络储蓄、网络投保、网络证券还是综合性的网络理财，当投资者觉得交易时机已到，那么就可以利用交易系统发出交易指令。

调整交易：随着市场的不断变化，投资者需要及时的做出投资方案的调整，特别是对于股票类的投资，需要不断的更新相关的信息。

图 11-1　网络理财的操作流程

网络理财不断地呈现一种新的模式，如出现的个人的新型的网络理财方式，如余额宝、华夏活期通、汇添富天天宝等，它们的收益怎样呢？

岁末年初，个人网络理财收益大涨

　　余额宝、汇添富天天宝、华夏活期通等个人网络理财产品，从 2013 年 12 月开始，7 日年化收益率一路上扬，前两者的 7 日年化收益率由 12 月初的 5%左右，到 2014 年的 1 月 2 日已经超过了 6.7%，而华夏活期通当前的 7 日年化收益率也达到 5.7%左右，高于同期银行的存款利率

11.1.2　常用的网络理财网站

网络理财，当然离不开网站的使用，根据投资的金融工具的不同，具有单一的专业性的各种经济网站，如各种基金网、期货网、股票网等。

但也常常具有各种综合性的网站，它们包括了股票、债券、基金等综合信息，如和讯网、东方财富网、中国经济网等，不同的网站各具特色，下面我们各举一例说明。

如我们选择一个单一性的专业性的基金网站，登录 U8 基金网，如图 11-2 所示，在该页面我们可以发现具有 3 个栏目，包括实用功能、我的基金、基金数据等。

其中，在"实用功能"栏中，我们可以发现有收益计算器、定投计算和基金比较等，而在"我的基金"栏，则有我的估值、交易记录和历史盈亏等。

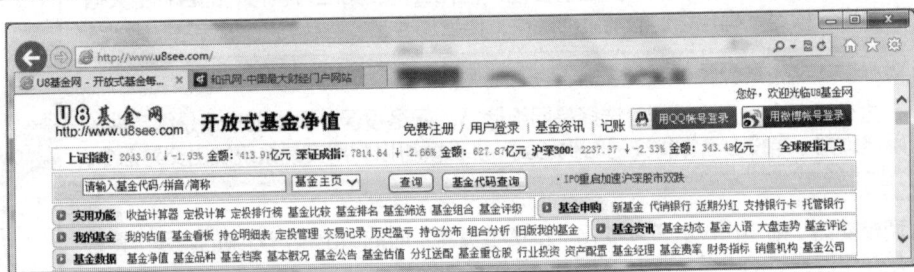

图 11-2　U8 基金网

除了以上的单一网站，我们常常还会用到一些综合性的网站，如图 11-3 所示的和讯网，在该页面具有外汇、债券、股票等的相关信息。

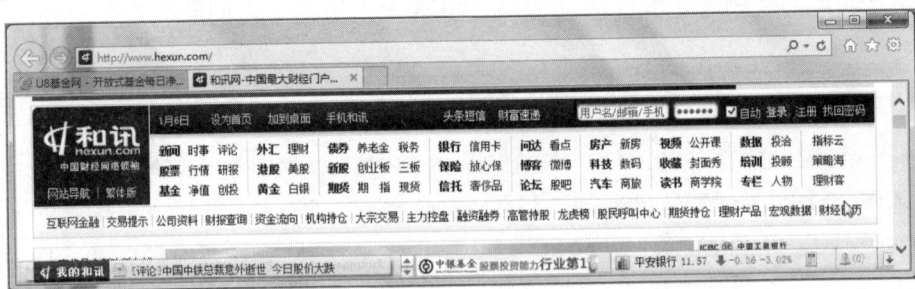

图 11-3　和讯网

11.2 挑选各种网络理财

由上一节我们知道网络理财拥有各种理财工具，如通过网络账户买卖股票、债券和基金等，不同的理财工具对应的操作程序不同，但我们要实现各种理财的前提都是要拥有一个网上银行账户，即所谓的网银。

11.2.1 如何开通网银

网银又可以称为网络银行或在线银行，是银行通过自己的网络平台向客户提供各种如开户、对账、查询、销户等传统服务项目，实现投资者在家里或办公室就能管理自己的银行储蓄、个人贷款、个人理财等，它是银行柜台在网上的延伸，它不受时间、地点和空间的限制。

※知识看板

当我们选择任何一家银行开通账户时，一般柜台人员都会询问我们是否需要开通网银，如果投资者需要开通网银，那么就需要完成一系列步骤。具体操作介绍如下。

首先我们任选五大银行之一，如图 11-4 所示为工行，进行网银开通演示，在登录的首页，单击"个人网上银行登录"按钮下的"注册"超链接。

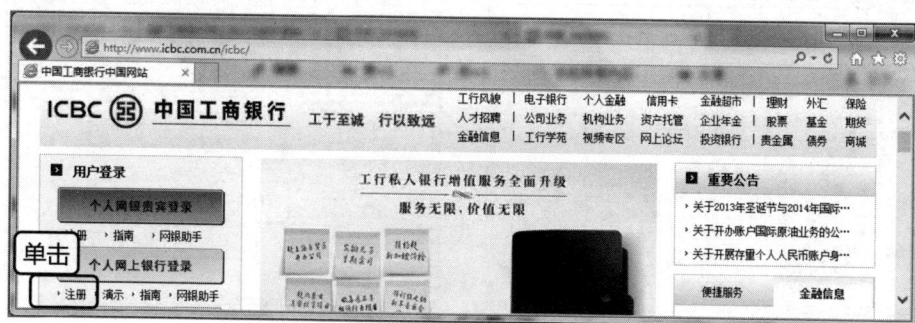

图 11-4 登录工行首页

此时我们将会看到系统自动弹出的网上自助注册须知，如图 11-5 所示，如果投资者已经决定开通网银，那么就可以在该页面单击"注册个人网上银行"按钮，紧接着我们将会进入如图 11-6 所示的页面。

在该页面需要投资者输入个人账户以及账户密码，当都输入完成以后就可以单击"提交"按钮，从而进入下一步的操作。

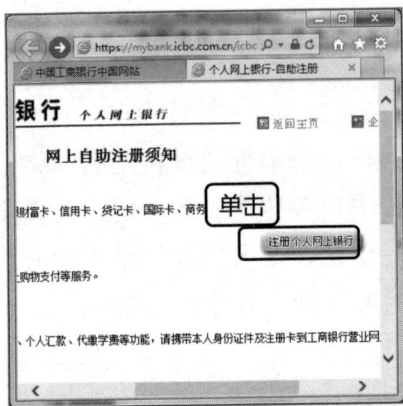

图 11-5　注册须知

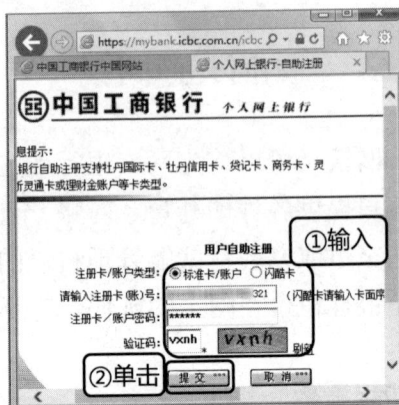

图 11-6　输入账号

此时系统将提示我们与银行签订电子银行个人服务协议，如图 11-7 和图 11-8 所示，当阅读完成后，单击"接受此协议"按钮，进入接下来的操作。

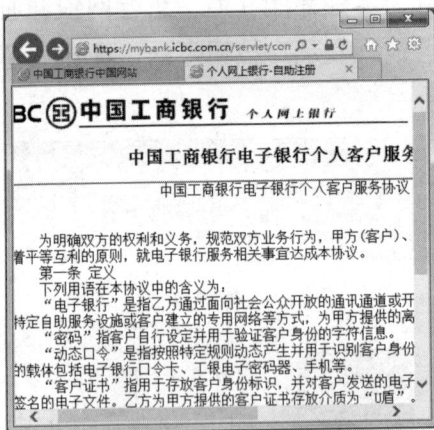

图 11-7　服务协议

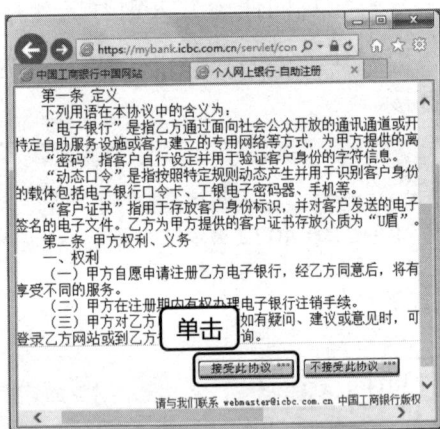

图 11-8　接受协议

紧接着投资者就需要填写个人信息以及用卡信息，从而完成个人银行的注册，如图 11-9 所示，其中的注册卡/账户密码为投资者的银行卡密码，而输入的登录密码则是投资者重新设定的密码，登录网银时使用的密码。

当所有的信息都输入完成以后，就可以单击"提交"按钮。此时系统将会提示如图 11-10 所示的页面，需要投资者对于开通网银的银行卡进行再次确认，此时如果投资确定银行卡账号无误，那么就可以单击"确定"按钮，确认注册开户，然后系统就会告知投资者网银开通成功。

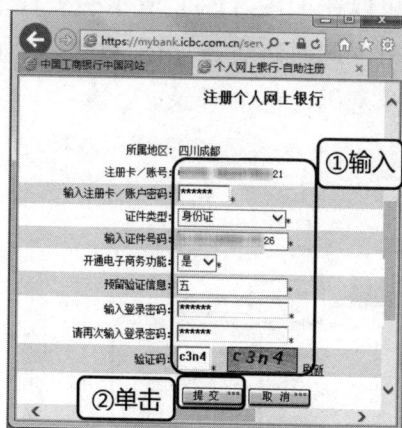

图 11-9　填写注册信息　　　　　图 11-10　确认开户

当投资者开通网银以后，在首次支付前，需要首先登录个人网银账号，修改网银的登录密码为数字与字母的组合，同时需要激活口令。这一类的投资者称为动态口令客户，而如果投资者选择安装驱动，并下载证书，那么就是所谓的 U 盾客户。

一般前者的交易金额会有限制，如单笔支付限额为 1 000 元，每日累计不超过 5 000 元，口令可使用 1 000 次，然后需要重新申请。

如果投资者为 U 盾客户，那么交易额是不会有限制的，而且在 24 小时内都可以进行大额转账。

相对来说，U 盾的客户使用较多，因为其不仅可通过电脑或手机随时随地完成转账操作，并且交易额还不受限制。

11.2.2　如何利用网银购买保险

当我们已经开通网银，那么就可以利用网银来购买各种金融理财产品，当选择的网络平台不同，它的操作程序也不同。

1. 通过银行官网购买

当我们已经拥有网银账户以后，就可以在如图 11-11 所示的工行首页页面中单击"个人网上银行登录"按钮，此时将进入如图 11-12 所示的页面，投资者此时需要输入个人账号及密码，然后登录。

图 11-11　选择网银登录

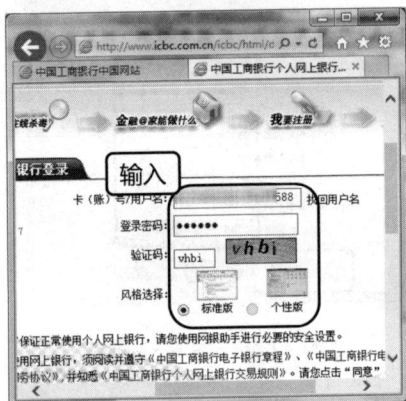
图 11-12　输入账号

此时将进入如图 11-13 所示的页面，出现可网络理财的各项金融工具。

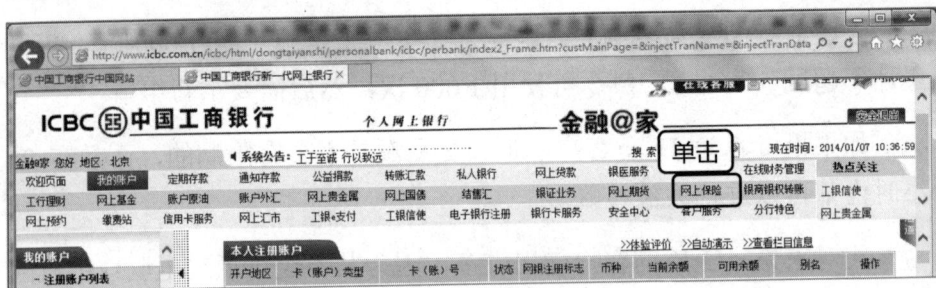
图 11-13　网银界面

　　在上图所示的页面中，单击"网上保险"超链接，此时就将出现网上保险的各项相关内容，此时投资者可以输入条件选择保险。

　　如险种名称、险种类型、保险公司名称等，当选择完成后，单击"查询"按钮，此时在该页面的下方，将出现查询到的相关险种。如果投资者决定购买该产品，可单击"投保"超链接，开始投保，如图 11-14 所示。

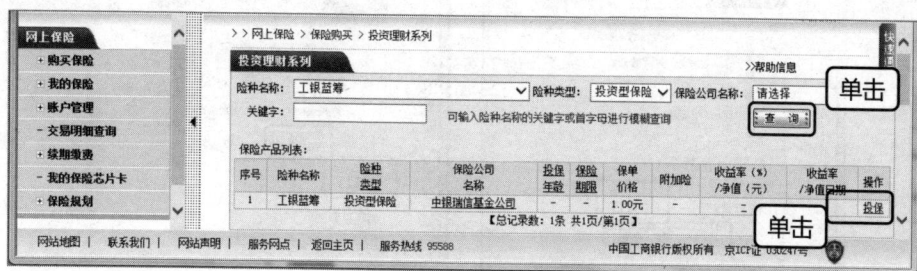

图 11-14　选择投保险种

　　此时系统将自动根据投资者的账号，开始投保的填写，如图 11-15 和图 11-16 所示。在图 11-15 中，将出现关于该险种的发行价、个人最高购买金额和最低购买金额。

　　而在图 11-16 中，还告诉了我们个人的最低追加购买金额、交易极差、卡里还剩余的余额等，而在该页面的下方还需要投资者填写自己的购买金额及营销业务员代码。当所有的选项都填写完成以后，单击"确认"按钮。

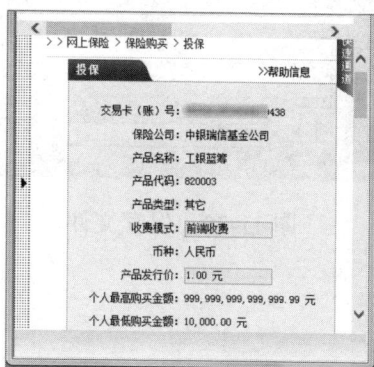

图 11-15　投保信息

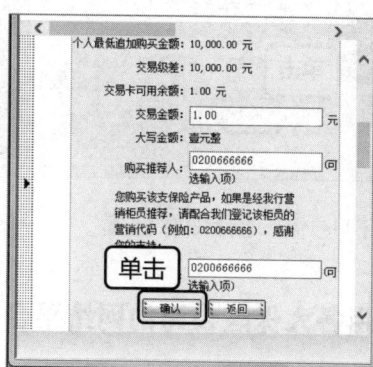

图 11-16　输入交易金额

　　此时将进入如图 11-17 所示的页面，需要投资者对于自己的投保信息进行确认，如投资者交易卡号、产品代码、申购金额等。当投资者确认无误后，就可以单击"确认"按钮，此时系统将自动进入如图 11-18 所示的页面，此时可单击"下载"按钮，对于该保单的信息进行下载保存。

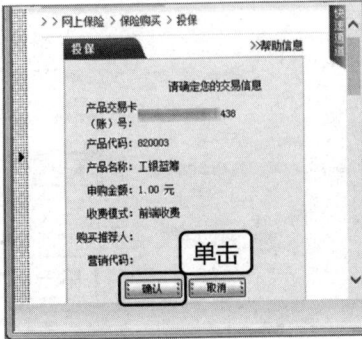

图 11-17　确认投保信息

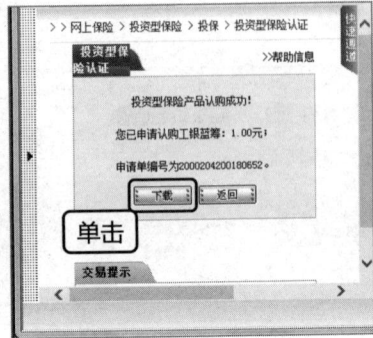

图 11-18　投保成功

　　此时系统将自动打开如图 11-19 所示的对话框，提醒投资者下载该数据文本，系统将自动默认保存在 C 盘，此时投资者可单击"确定"按钮进行下一步操作，紧接着系统将自动打开关于保存在 C 盘空间的具体位置的对话框，此时投资者只需要单击"保存"按钮，如图 11-20 所示。

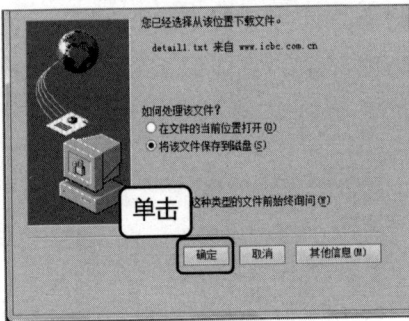

图 11-19　选择保存位置

图 11-20　保存文件

2. 利用各大保险公司的网络平台

　　相对于通过登录银行的官网购买保险，投资者还可以通过直接登录一些保险公司的官网而直接进行购买。图 11-21 所示为登录 PICC 人保寿险的首页，然后单击"产品中心"超链接，找到需要购买的产品。

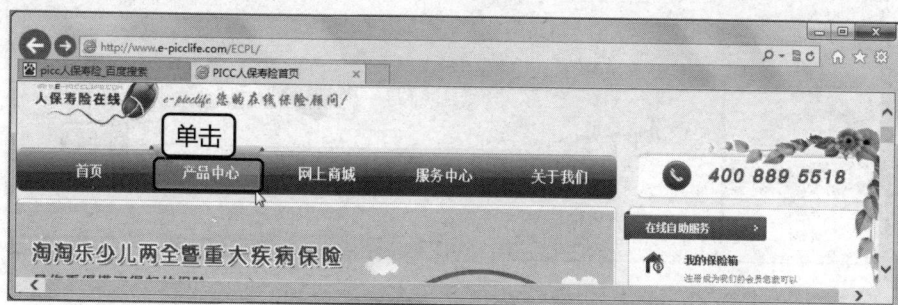

图 11-21 登录 PICC 人保寿险首页

此时系统将自动打开如图 11-22 所示的页面，在该页面投资者可以根据三大条件选择产品，如在左边的个人保险产品栏内，根据险种类型选择要购买的产品，如图所示有健康险、意外险、养老险等，同时投资者还可以根据关键字来选择，如图所示为根据不同的年龄选择。

此外，投资者还可以根据公司推荐，选择不同类型的产品，投资者可以根据自己的习惯进行选择，根据险种类型选择产品。在个人表现产品栏内，直接单击"理财险"超链接，进入理财保险产品的挑选。

图 11-22 按条件选择产品

此时将出现较多的理财保险，如图 11-23 所示，投资者可以根据自己的关心点，重点选择，但是无论何时，投资者选择哪一类的保险产品，在该页面都将出现关于该产品的保障利益、适合人群和保障期限等，如果投资者还想了解更多的信息，可以单击"在线购买"按钮，进入详情了解。

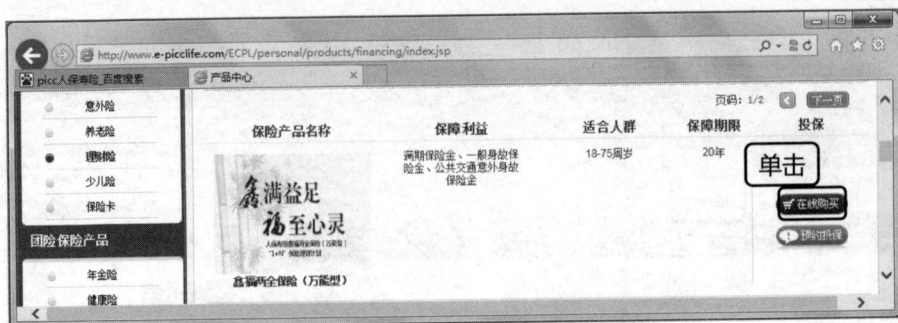

图 11-23　产品搜索结果

　　此时将进入如图 11-24 所示的页面，在其中，投资者将可以了解该产品除了适合人群、保障利益、保险期限外的信息，如购买途径为网上支付，支付方式可为支付宝、易宝支付、通联支付等。

　　而在该页面的下方，我们将了解到关于该产品的特点、投资说明、结算利率等方面的信息，如图 11-25 所示。投资者需要对于该产品进行仔细分析，然后决定是否投保，如果放弃投保则可以退出该页面，如果要投保则需要在图 11-24 中单击"在线购买"按钮，从而进行购买支付。

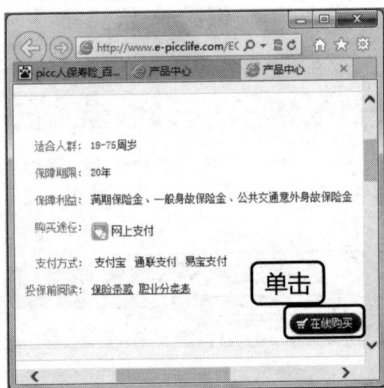

图 11-24　产品信息

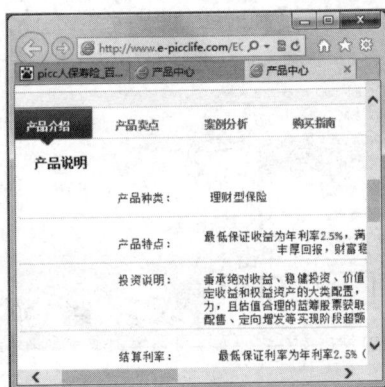

图 11-25　产品说明

　　此时系统将自动提示，投资者在购买前需要阅读关于该产品的相关条款。投资者要仔细阅读，避免购买以后出现投保纠纷。当阅读完毕以后，可单击"同意"按钮，从而进入下一步操作，如图 11-26 和图 11-27 所示。

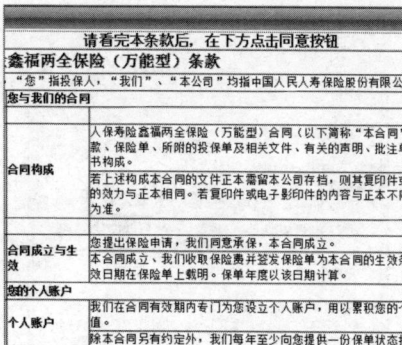

图 11-26　阅读保险条款　　图 11-27　单击"同意"按钮

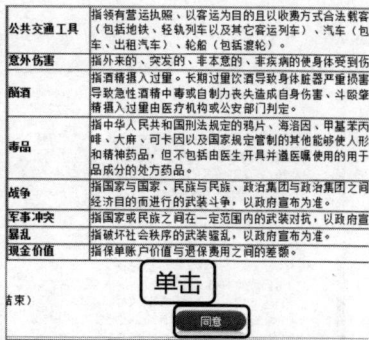

此时我们将进入保单的填写页面，如图 11-28 所示。如保费金额的填写，公司还有规定，规定保险金额起止范围，而且还告知初始费用 80元、缴费类型为一次性缴清、保障期限 20 年、生效日期在投保的第二日的零时。

紧接着，我们还需要对于投保人的信息进行填写，如图 11-29 所示，注意投资者的证件号、电子邮箱、手机号码等信息一定要填写准确，因为这与我们填写电子保单以及受到纸质的保险合同息息相关，不能马虎。

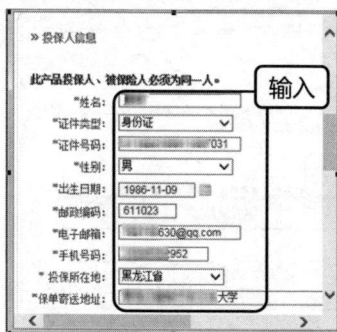

图 11-28　输入保费　　图 11-29　填写投保人信息

当信息填写完成以后，已经对保障责任进行了解以后，就单击"下一步"按钮，进行下一步操作，如图 11-30 所示。

此时就需要投资者对于健康进行告知，如图 11-31 所示页面列出的一些事项，投资者应如实告知，不能带病投保，审核时也不能通过。当投资者无以上的事项时，可选中"否"单选按钮，并对下面的特别说明进行了解。

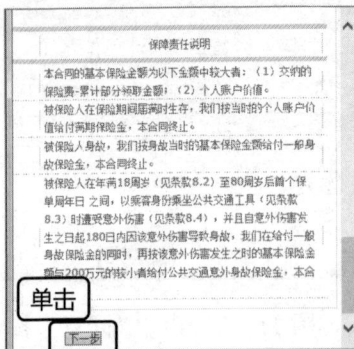

图 11-30 保险责任说明   图 11-31   健康告知

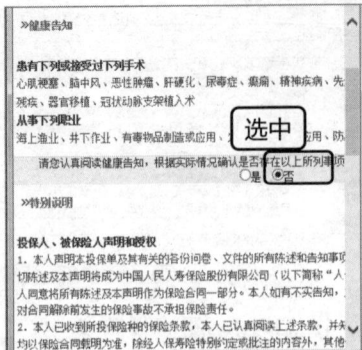

投资者一定要仔细阅读该说明，特别是关于第三条说明，当阅读完成以后，需要在如图 11-32 所示的页面中，在该页面的下方文本框中输入第三条说明，然后单击"下一步"按钮，此时将进入如图 11-33 所示的页面。

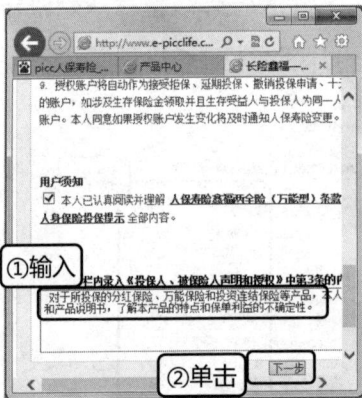

图 11-32   用户须知   图 11-33   确认保单信息

在上图中，需要投资者对于保单信息、投保人的信息，进行再次确认，并且在该页面的下方将会告知我们关于保单的去向，如电子保单的回执将会发送投资者填写的邮箱，需要投资者去签收；而对于纸质的保单，保险公司将根据投资者填写的邮寄地址进行邮寄，如图 11-34 所示。

当投资者确定信息有误时，可单击"修改投保信息"按钮，对于投保的相关信息进行修改。如果投资者确定信息无误，那么就可以单击"下一步"按钮，此时将出现如图 11-35 所示的页面。

在该页面中提醒了关于购买的相关产品以及选择支付的方式，该公司提供了两种支付方式，一是支付宝，二是通联支付，投资者可以根据自己的消费习惯，选择性支付，在这里不做详细讲解。

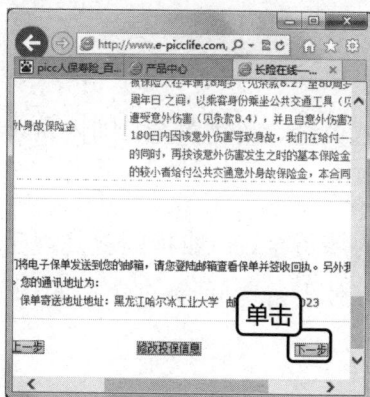

图 11-34　保单签收　　　　图 11-35　选择支付方式

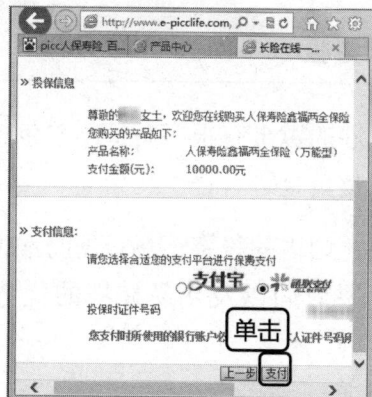

相对来说，投资者购买保险，更多地会选择去保险公司的网络平台，在经过多家分析比较后，而在该网络平台实现保单的购买。但该类投资一般为一些工作繁忙的投资者，购买的理财型或短期意外险等，但也会存在有保险业务员直接上门服务。

而对于一些中老年的保险投资者，一般会选择到保险公司的柜台购买，签署纸质的保单，并寻求一个业务员为自己服务，实现安全放心的购买。

11.2.3　利用网银来买卖贵金属

对于贵金属的买卖，除了去一些贵金属交易所，我们也可以通过银行提供的网络平台，通过网银进行购买。然而在购买之前，我们需要对我们的购买对象进行一定的了解，具体介绍如下。

1. 实物贵金属——黄金

任何一项投资的开始都是从了解市场开始，我们投资黄金也一样，在现在通过膨胀、钱不值钱的条件下，更多的投资者将投资眼光放在了不易贬值的贵金属——黄金、白银上，首先让我们先了解它可投资的种类。

※知识看板

可炒的黄金有很多种，一般包括纸黄金、实物黄金、国内黄金期货、国际现货黄金等。

而在国内的投资市场，我们常说的炒黄金，一般指的就是现货黄金，具有交易时间以及交易杠杆的优势，对于各类黄金的介绍如图 11-36 所示。

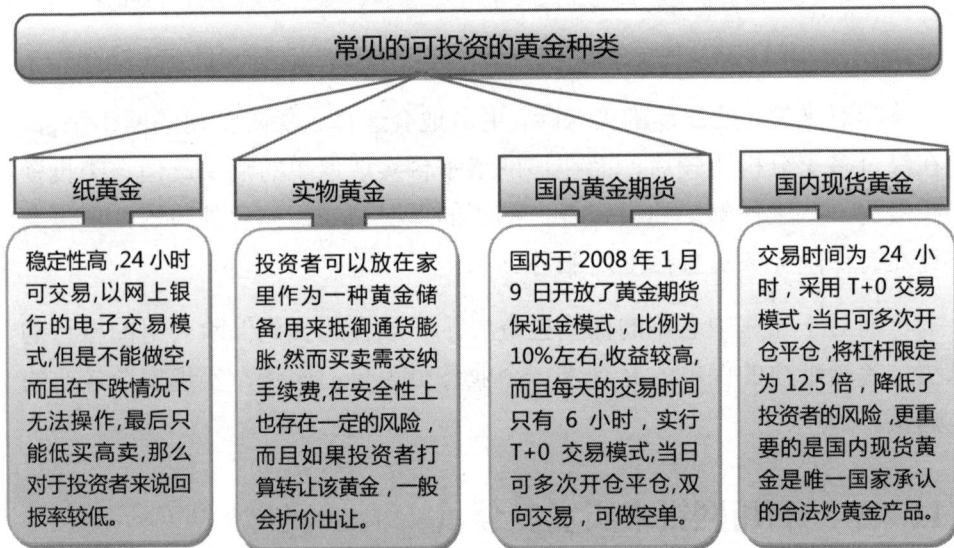

常见的可投资的黄金种类			
纸黄金	**实物黄金**	**国内黄金期货**	**国内现货黄金**
稳定性高，24 小时可交易，以网上银行的电子交易模式，但是不能做空，而且在下跌情况下无法操作，最后只能低买高卖，那么对于投资者来说回报率较低。	投资者可以放在家里作为一种黄金储备，用来抵御通货膨胀，然而买卖需交纳手续费，在安全性上也存在一定的风险，而且如果投资者打算转让该黄金，一般会折价出让。	国内于 2008 年 1 月 9 日开放了黄金期货保证金模式，比例为 10%左右，收益较高，而且每天的交易时间只有 6 小时，实行 T+0 交易模式，当日可多次开仓平仓，双向交易，可做空单。	交易时间为 24 小时，采用 T+0 交易模式，当日可多次开仓平仓，将杠杆限定为 12.5 倍，降低了投资者的风险，更重要的是国内现货黄金是唯一国家承认的合法炒黄金产品。

图 11-36　炒黄金的种类

相对来说，因为投资习惯、投资成本和市场等因素的影响，投资者可选择的黄金种类也存在不同，但是无论哪种黄金投资都需要遵循一定市场规律，以及运用一定的交易模式。

在黄金市场常被使用的一种交易模式称为黄金 T+D，即黄金的延期交易，它具有的特点一定的特色，如表 11-1 所示。

表 11-1　黄金 T+D 的特点

名称	定义
定义	黄金 T+D，是指由上海黄金交易所统一制定的、规定在将来某一特定的时间和地点交割一定数量标的物的一种标准化合约
交易模式	黄金 T+D 可以随时开仓、平仓，就意味着投资者可以当天开仓也可以当天平仓，当然如果延后也可以
合约内容	合约名称、交易单位、报价单位、最小变动价位、每日价格最大波动限制、交易时间、交割日期、交割品级、交割地点、最低交易保证金、交易手续费、交割方式、交易代码等
交易品种	AU（T+D）、Ag（T+D）
交易保证金	15%
交易单位	1 千克/手
最小变动价位	0.01 元/克或 1 元/公斤
原始保证金	一般指进入头寸所需要的一定的期初抵押存款
交易方式	自由报价然后撮合成交
交易原则	价格优先、时间优先
交易时间	日市：每周一至周五　09:00~11:30　13:30~15:30 夜市：每周一至周四　21:00~02:30 其中每日的 21:00 开盘到次日 15:30 收盘为一个交易日
交易所	上海黄金交易所

买卖黄金建议通过一些正规的平台进行，如上海黄金交易所，此外还有天津贵金属交易平台。两者不同之处在于，前者是由央行组建，而且实行会员制，后者是在农业银行、光大银行或交通银行实性资金托管的一种金融机构。

2. 购买人民币白银

首先当我们已经登录网银后，将进入如图 11-37 所示的页面，单击"网上贵金属"超链接，此时将出现网上贵金属下的各项操作，单击"账户贵金属"超链接，此时将出现关于贵金属的实时行情区，如图 11-38 所示。

图 11-37　网上贵金属　　　　图 11-38　查看实时行情

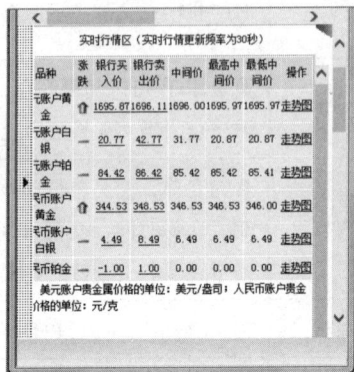

除了行情区之外，还有交易区。在交易区，投资者可以进行选择性的交易，首先选择交易品种、交易类型和交易数量等，如图 11-39 所示。

当选择完成以后，单击"提交"按钮，同时进入 11-40 图所示页面，这里需要投资者对于购买信息进行确认，当确认完成以后，单击"确认"按钮，此时，系统将自动提示交易完成，如图 11-41 所示。

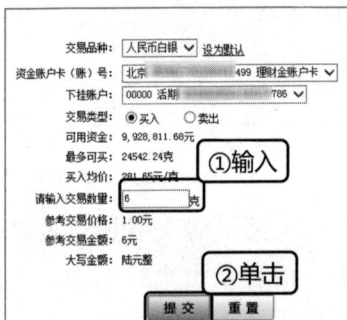

图 11-39　输入交易数量　　　　图 11-40　确认信息　　　　图 11-41　完成交易

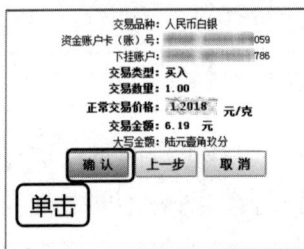

3. 购买实物贵金属

除了购买人民币白银、人民币黄金、美元黄金外，我们还可以购买一些实物贵金属，具体操作程序如下。

首先在实物贵金属的栏目下，单击"行情与交易"超链接，可以看到将出现三大类交易品种，如 Au100g、Au99.95、Au99.99，它们的涨跌幅度、开盘价、收盘价、最高价和最低价等都存在不同，如图 11-42 所示。

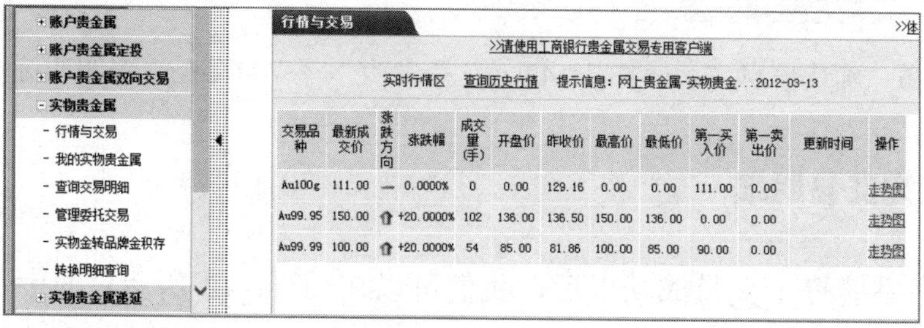

图 11-42　输入交易数量

此时可以在交易区进行买卖的信息查询，如可以选择委托买卖，此时系统将提示我们可使用的资金、交易品种、委托价格和委托数量等，当我们都选择完成以后，就可以单击"提交"按钮，如图 11-43 所示。

紧接着我们需要对于购买信息进行确认，如图 11-44 所示，同时投资者还可以开通短信提醒业务，确认完成后单击"确定"按钮，此时需要输入 SM 卡的个人识别码，输入完成以后单击"确定"按钮，如图 11-45 所示。

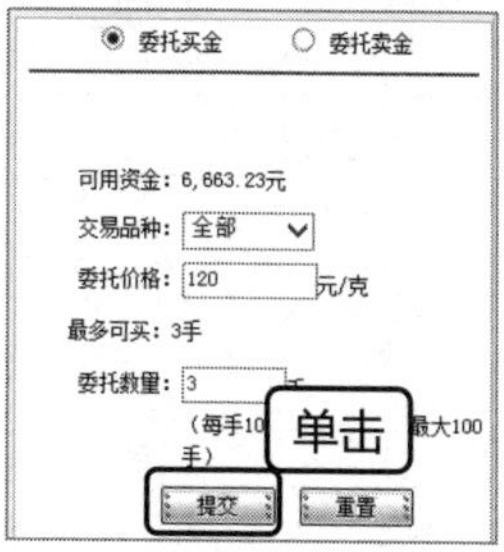

图 11-43　选择品种

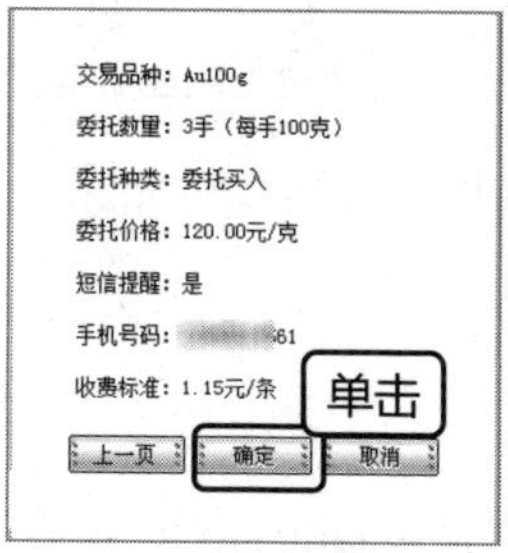

图 11-44　确认信息

图 11-45　输入识别码

此时就将出现如图 11-46 所示的提示，提示关于投资者注册账号以及交易日期，当投资者确认无误以后，单击"确定"按钮，进入如图 11-47 所示的页面，系统自动提示交易成功，此时还可查询明细，如图 11-48 所示。

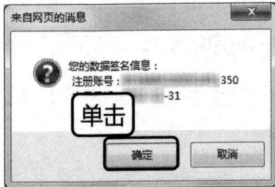

图 11-46 确认信息　　　图 11-47 交易成功　　　11-48 查明明细

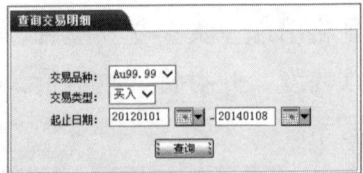

4. 查询交易明细

当系统提示交易成功以后，我们可以在图 11-42 所示页面中，单击"查询交易明细"超链接，此时将进入如图 11-48 所示的页面，投资者输入查询的条件，如交易品种、交易类型、交易的起止日期，此时将进入如图 11-49 所示，出现具体的交易品种，成交价格、成交数量、成交金额等，即可完成查询。

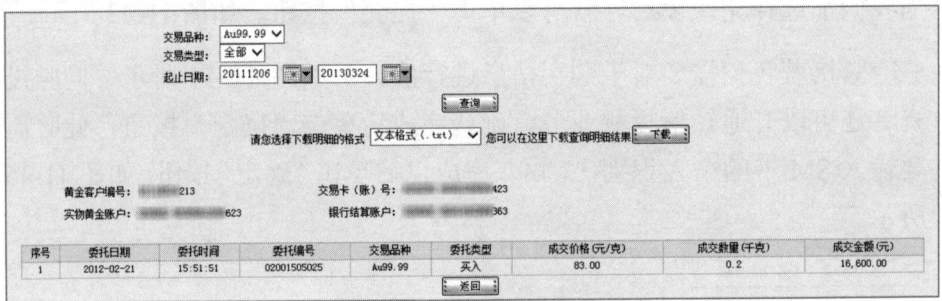

图 11-49 明细查询结果

5. 申请提取黄金

因为购买的是实物黄金，所以我们可以申请提取黄金，在图 11-42 所示的页面中单击"我的实物贵金属"超链接，此时将出现如图 11-50

所示的交易品种，单击"提金"超链接。

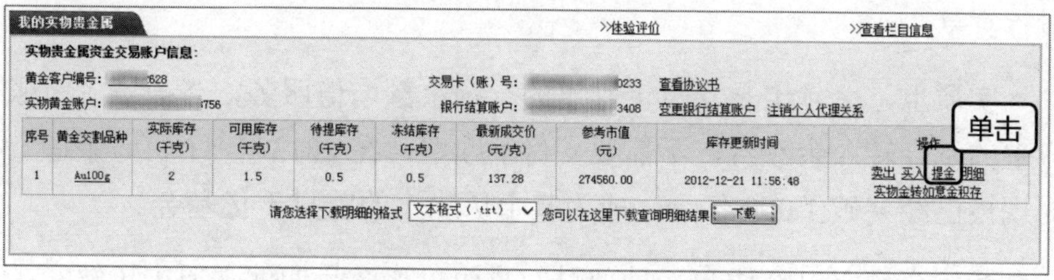

图 11-50　单击"提金"超链接

此时需要投资者输入提金的仓库、受理的银行、提货日期等，当选择完成以后，单击"提交"按钮，接下来需要输入支付密码，如图 11-51 所示，输入完成以后，单击"确认"按钮，系统将提示申请成功，如图 11-52 所示。

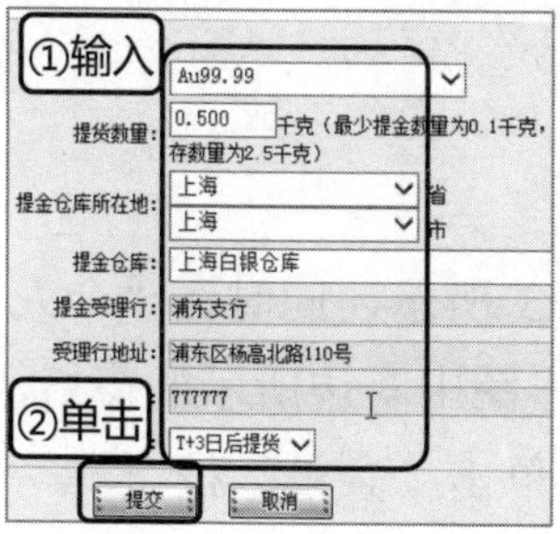

图 11-52　输入提金信息

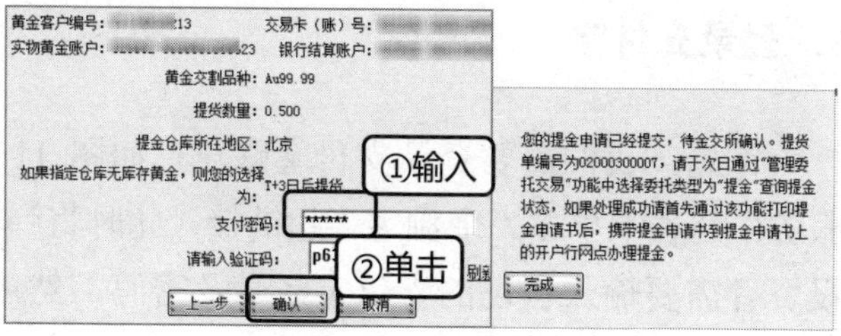

图 11-52　确认信息

11.2.4　余额宝——消费与储蓄同时进行

当投资者将 1 万元存入银行，作为定期的储蓄，那么这笔钱就不能轻易地被取出，特别是已经快接近存期的时候，一旦取出，那么收益就将会受影响，由定期利息变为活期利息。那么，有没有一种储蓄可以消费与储蓄兼顾，消费不会影响收益呢？有，那就是余额宝。

※知识看板

余额宝是在 2013 年 6 月 13 日，由阿里巴巴集团支付宝上线所推出的一种存款业务，投资者支付宝的余额不仅可以用来消费，而且还可以作为一种存款，按时得到一定的利息，而且相对的收益率会高于同期的银行存款。

实质上，余额宝是支付宝推出的一项余额增值服务，当投资者将账户中的资金转入余额宝，不需要支付手续费，在 2013 年 11 月，余额宝的规模已经突破 1 000 亿元，成为基金历史上的首只千亿基金。

竟然余额宝已经成为一种理财的热门，那么我们就需要去了解它，了解它的特色，并决定是否投资，如果决定投资，那就要快速出击，同时我们还要掌握它的操作流程，从而实现方便、快捷有效的投资。

因为余额宝是在支付宝的平台上产生，那么我们要了解余额宝，首先就要从支付宝开始，在支付宝的官方网站，去了解余额宝，具体操作如下。

1. 登录支付宝

首先，我们需要登录支付宝账户，如图 11-53 所示，同时在"个人服务"列表下单击"余额宝"超链接，此时将弹出图中右边所示的窗格，投资者需要输入自己的支付宝账号及密码，然后单击"登录"按钮。

如果投资者还没有支付宝账户，那么首先需要注册一个支付宝账户，然后再进行如下的操作。

图 11-53　登录支付宝账号

2.　转入余额宝

当我们进入支付宝页面以后，除了关于个人账户信息以外，还存在余额宝的相关信息。在余额宝栏目下，单击"转入"按钮，如图 11-54所示，此时投资者将进入如图 11-55 所示的页面，需要投资者输入转入的金额，选择转入的方式，最后单击"下一步"按钮，进入下一步操作。

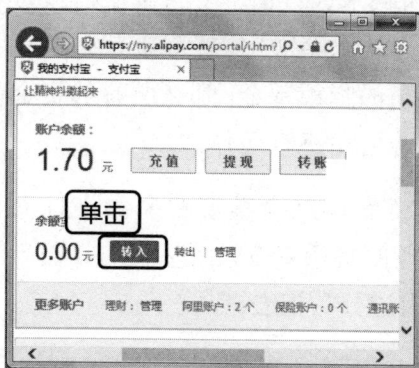

图 11-54　转入余额宝

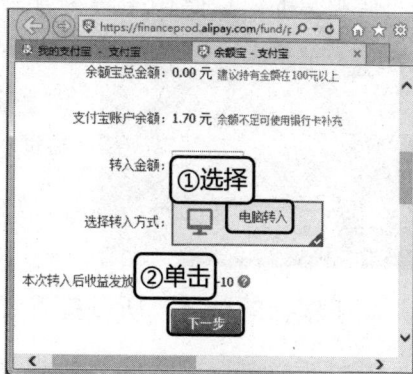

图 11-55　选择转入方式

因为此时支付宝余额不足，所以将选择通过储蓄卡转入相关金额，如图 11-56所示。在选定支付的银行卡之后就可以确认付款了，如图 11-57所示。

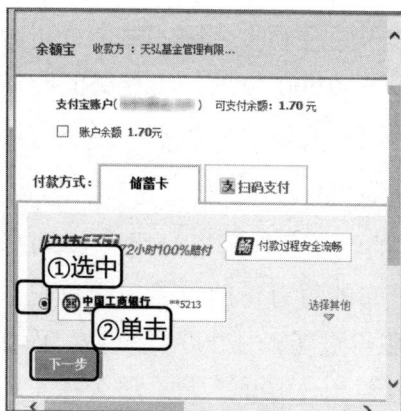

图 11-56　选择银行卡

图 11-57　付款确认

当转入完成以后，投资者就可以返回个人支付宝的首页，进行余额宝的余额查询。当投资者决定转入金额时，都会对收益进行考虑。对于余额宝高于银行储蓄的利率，不少投资者产生担忧，实际上，余额宝的收益不是一种利息，而是一种投资收益。

3. 计算余额宝的收益

余额宝的出现是由于各大基金公司将基金直销于支付宝中，投资者一旦将资金转入余额宝，实际上就是购买了该基金公司的货币基金，那么所有的资金都是通过基金公司进行运作。

当投资者通过余额宝的余额进行支付时，就是赎回货币基金，而基金的收益一般都是高于银行的储蓄，所以投资者不用过分的担心。

所以我们可以将余额宝看成一种购买基金，只是起点金额较少，而且可以如同支付宝一样转账消费，同时还可以如银行储蓄一般实现稳定收益。

一般余额宝的资金会在转入的第二个工作日，根据投资购买的基金份额进行确认，并且对于确认后的份额还要计算相关的收益。

简单说就是对于投资者在星期一转入的余额宝金额，基金公司会在星期二开始确认份额，并且在星期三中午 12:00 以前，将相关的收益配置到余额宝账户内。要注意在国家的法定假期以及双休日，基金公司是不会配置收益的，因为不会对份额进行确定。

那么，基金公司是怎样计算余额宝的收益呢？可以沿用公式，收益=（余额宝资金额/10 000）×基金公司公布的每万份的收益。简单说，当投资者在 1 月 7 日 15:00 前在余额宝账户里转入 1 000 元资金，而在 1 月 8 日基金公司公布他们的每万份的收益为 1.190 7 元，那么在 1 月 9 日，投资者者可以查询投资收益就为 0.119 1 元。

当然作为投资来说，有盈利就会有亏损，但余额宝购买的是一种货币基金，而货币基金的风险相对较小，出现亏损的几率也较小，到目前为止还没有亏损的记录。

11.2.5　百度理财——不仅可以百问，还可以百理

当下是一个网络经济时代，网络生活化，生活网络化。开车走哪，百度一下；吃饭去哪，百度一下；哪最好玩，百度一下。如果我们要理财，可不可以百度一下呢？

答案是肯定的，因为它有一个专业的理财平台——百度理财。在2013 年 10 月 28 日，"百度金融中心——理财"正式上线，与其他金融机构一起共同制定各种金融产品。

"百发"最先推出为不同的投资者提供多元化的投资渠道，到目前为止还推出了"百赚"理财计划，但是对于高达 8%的年化收益率，百度不会对收益进行承诺，而是尽力达到。对于不同的产品特色，我们可以到百度理财进行了解，具体操作如下。

在百度窗口搜索"百度理财"官网，此时我们将进入如图 11-58 所示的百度理财平台，我们可以挑选各种理财产品。在图 11-59 所示页面中，显示了收益为 8.156%的百发产品，而另一个 "百度理财"产品收益则为 5.729%。

图 11-58　登录百度理财　　　图 11-59　购买百赚

当然，如果投资者想要购买该类产品，首先需要注册一个百度账号，注册成功以后，就可以登录进行购买。

读 者 意 见 反 馈 表

亲爱的读者：

感谢您对中国铁道出版社的支持，您的建议是我们不断改进工作的信息来源，您的需求是我们不断开拓创新的基础。为了更好地服务读者，出版更多的精品图书，希望您能在百忙之中抽出时间填写这份意见反馈表发给我们。随书纸制表格请在填好后剪下寄到：北京市西城区右安门西街8号中国铁道出版社综合编辑部 苏茜 收（邮编：100054）。或者采用传真（010-63549458）方式发送。此外，读者也可以直接通过电子邮件把意见反馈给我们，E-mail地址是：4278268@qq.com。我们将选出意见中肯的热心读者，赠送本社的其他图书作为奖励。同时，我们将充分考虑您的意见和建议，并尽可能地给您满意的答复。谢谢！

- -

所购书名：_____

个人资料：

姓名：_____ 性别：_____ 年龄：_____ 文化程度：_____

职业：_____ 电话：_____ E-mail：_____

通信地址：_____ 邮编：_____

- -

您是如何得知本书的：

□书店宣传 □网络宣传 □展会促销 □出版社图书目录 □老师指定 □杂志、报纸等的介绍 □别人推荐 □其他（请指明）_____

您从何处得到本书的：

□书店 □邮购 □商场、超市等卖场 □图书销售的网站 □培训学校 □其他

影响您购买本书的因素（可多选）：

□内容实用 □价格合理 □装帧设计精美 □带多媒体教学光盘 □优惠促销 □书评广告 □出版社知名度 □作者名气 □工作、生活和学习的需要 □其他

您对本书封面设计的满意程度：

□很满意 □比较满意 □一般 □不满意 □改进建议

您对本书的总体满意程度：

从文字的角度 □很满意 □比较满意 □一般 □不满意

从技术的角度 □很满意 □比较满意 □一般 □不满意

您希望书中图的比例是多少：

□少量的图片辅以大量的文字 □图文比例相当 □大量的图片辅以少量的文字

您希望本书的定价是多少：

本书最令您满意的是：

1.

2.

您在使用本书时遇到哪些困难：

1.

2.

您希望本书在哪些方面进行改进：

1.

2.

您需要购买哪些方面的图书？对我社现有图书有什么好的建议？

您更喜欢阅读哪些类型和层次的计算机书籍（可多选）？

□入门类 □精通类 □综合类 □问答类 □图解类 □查询手册类 □实例教程类

您在学习计算机的过程中有什么困难？

您的其他要求：